计算机网络资源共享机制研究

孙绍荣　杜　薇　刘晓露　刘　伟　著

科　学　出　版　社

北　京

内容简介

随着网络技术的飞速发展，用户对分布式开放环境中资源共享和交互协作的需求与日俱增。本书主要围绕网格环境中资源配置机制、分布式开放环境中的动态主观信任管理机制及其应用展开研究，解决在网格环境资源共享中的配置机制问题和分布式开放环境中资源共享与交互协作时存在的安全问题。主要提出基于社会效用的网格资源拍卖机制、基于云模型的信任管理模型、基于风险感知的资源服务可信决策模型、基于 Chernoff 界的风险度量方法和基于可靠性感知的多准则数据副本选择策略。

本书可以供计算机科学与管理学等领域的研究人员参考，也可以供相关专业的研究生与教师阅读。

图书在版编目(CIP)数据

计算机网络资源共享机制研究/孙绍荣等著. —北京：科学出版社，2013.11
ISBN 978-7-03-038856-8

Ⅰ. ①计… Ⅱ. ①孙… Ⅲ. ①计算机网络－信息资源－资源共享－研究
Ⅳ. ①G250.73

中国版本图书馆 CIP 数据核字(2013)第 243791 号

责任编辑：张 濮 陈 静 王晓丽/责任校对：赵桂芬
责任印制：张 倩/封面设计：迷底书装

科学出版社 出版
北京东黄城根北街 16 号
邮政编码：100717
http://www.sciencep.com
北京凌奇印刷有限责任公司 印刷

科学出版社发行 各地新华书店经销
*

2013 年 11 月第 一 版 开本：720×1 000 1/16
2013 年 11 月第一次印刷 印张：10 1/2
字数：200 000
POD定价： 48.00元
(如有印装质量问题，我社负责调换)

前　言

随着互联网技术的飞速发展，用户对分布式开放环境中资源共享和交互协作的需求与日俱增。网格与云计算等将互联网上的所有资源连接成一个整体，形成可以相互调度和根据用户需要进行统一配置的功能性整体资源。因此，网络资源的科学配置与调度，特别是资源的共享以发挥网络资源的最大效益就成为计算机科学与管理学的交叉学科问题。在这个问题中，计算机网络资源共享机制是一个核心问题。而形成有效的资源配置机制的重要方法是对资源配置的制度规则进行科学的设计，这方面主要涉及管理学中的制度设计理论与技术，是管理学在网络资源共享机制设计中的一个重要应用。

早期的计算机技术研究所关注的重点，主要是单机的软硬件问题，如计算速度与存储量等，这些方面的研究都可以说是纯工业性的研究。后来，随着计算机网络化的发展，各计算机之间对资源的共享与协作等方面的问题日益突出，特别是协议、信任、资源调配等成为研究热点，计算机科学领域的研究开始向管理学领域拓展。

另一方面，管理学领域所关注的制度与机制设计问题，也从纯粹的只关注人的行为的管理，开始向计算机之间的协作等方向扩展。实际上，制度规则与机制等的设计问题，在人的行为与计算机行为这两个方面都有共同的适用环境，也有许多共同的问题。因此，研究计算机之间的资源共享与资源配置问题，是管理学向计算机科学拓展的一个重要方向。

如上所述，计算机科学与管理学在共同的实践需求的驱动下，终于走到了一起，形成了计算机科学与管理学的交叉研究领域：网络资源的共享机制与制度的设计。

全书的主要内容如下。

（1）提出一种基于社会效用的网格资源拍卖机制，解决网格资源配置问题。分析目前已有的网格资源配置方法的研究成果，利用经济方法研究网格资源配置这一当前网格研究的新热点，设计了一种新的拍卖机制来进行网格资源配置，该机制是在第二价格拍卖基础上考虑对社会效用的评估。这种新的拍卖机制既考虑用户的社会效用，又具有诱导用户给出真实报价的作用，从而既维护了服务系统的利益，又维护了社会的利益，具有明显的优点。

（2）提出一种基于云模型的信任管理模型，结合云模型的基本原理设计各阶段的算法，提高了信任演化过程的合理性。新的基于云模型的信任演化策略包含信任的传递、合并、评估和更新四个阶段，可以描述分布式开放环境中协作双方信任演化的基本过程。在信任传递算法中引入诚实度参数，并采用云的形式度量该值，为量化实体对推荐信息的认同程度提供了统一的标准。在信任的评估算法中采用改进的相似云算子评价信任关系，能较合理地反映两个云的相似程度。

（3）提出一种基于风险感知的资源服务可信决策模型，较好地体现了信任和风险对决策结果的共同作用效果。为了体现可信决策中决策者的主观意愿，应综合考虑信任和风险两个因素对决策结果的影响。风险不同于信任，但又与其存在一定的联系。分析信任与风险的关系，探讨实体可信度的构成，指出信誉是风险的主要来源。所提出的将信任与风险相融合的可信决策模型提高决策结果的合理性和准确性。

（4）提出一种基于 Chernoff 界的风险度量方法，这是一种实用性更强、更具操作性的风险度计算方法。分布式开放环境的复杂性和动态性使精确量化风险十分困难，目前已有的风险评估方法所需参数难以获取，假设条件过于理想化；而运用 Chernoff 界思想，采用保证风险不超过决策者可承受范围的思路，在不影响评估结果准确性的前提下，避免了获取精确值时可能遇到的困难，在决策者允许的风险范围内增加了实体间资源共享和交互协作的机会，并且更符合真实场景中实施决策的思路。

（5）提出一种基于可靠性感知的多准则数据副本选择策略，能很好地评估数据副本的可靠性，且具有实用性。将提出的基于云模型的信任模型用于评估副本的可靠性，较好地满足用户带有模糊性和定性的数据服务质量需求，并充分考虑副本可靠性对任务调度目标的影响，使构建的模型更贴近真实场景。所提出的策略能有效地降低副本失效率，达到在不可靠环境中缩短应用的完成时间，减少其执行成本的目的，同时在一定程度上验证了本书所提出的主观信任管理模型的实用性。

总体来说，本书就网络资源的共享机制的相关问题进行了一定的研究，尤其是采用制度设计技术对相关机制进行了构建。近年来，制度设计和机制设计受到相关部门的高度重视。本书的出版得到了国家自然科学基金项目（70871080、71171134、61202173）、上海市哲学社会科学规划课题（2011BGL006）、上海市教育委员会科研创新重点项目（11ZS138）和上海市一流学科建设项目（S1201YLXK）支持，在此表示真诚的感谢。本书中的某些内容分别借鉴了这些项目的部分研究结果。

本书所做的研究主要围绕网络资源共享中的配置机制问题和网络资源共享中的信任机制问题展开。这些研究内容，既可以作为计算机网络资源配置机制方面的研究参考资料，也可以作为管理学中的机制设计与制度设计方面的案例与素材。

在本书的撰写过程中，参考引用了一些相关专著和论文的内容。在此谨向这些专著和论文的作者致以诚挚的感谢，正是借鉴了他们的研究成果才有了本书的出版。

由于作者水平有限，书中难免存在疏漏与不足之处，敬请同行和读者批评指正。

孙绍荣

2013 年 7 月

目　录

第 1 章　计算机网络资源共享机制概述

近年来，服务计算、协同计算、普适计算、移动计算和对等计算等基于开放网络的新兴分布式计算模式层出不穷，为各类用户提供了更多共享资源和交互协作的机会，逐步形成了一种分布式开放的计算环境。从传统的封闭集中式环境到目前蓬勃发展的分布式开放环境，有三个明显的转变[1]：①对参与实体（包括用户和资源）从熟识向无完整信息甚至陌生转变；②计算环境从相对封闭、静态向开放、动态转变；③管理方式从系统集中控制向参与实体自主实施决策转变。简言之，分布式开放环境呈现出参与实体高度自治、环境异构多变和交互协作灵活复杂的显著特征。

随着网络技术的飞速发展，用户对分布式开放环境中资源共享和交互协作的需求与日俱增。网格（grid）将因特网（Internet）上的所有资源连接成一个整体，网格环境中资源的有效配置成为网格技术中的关键问题和网络资源共享中的一大瓶颈。同时，面对参与实体动态性和环境开放性带来的安全威胁，研究如何建立相应的主观信任管理机制，对提高共享资源的安全性和协作过程的可靠性至关重要。

在计算机网络资源共享机制中存在两个问题：网络资源共享中的配置机制问题和网络资源共享中的信任机制问题。本书所做的研究主要围绕这两大问题展开。

1.1　网络资源共享中的配置机制问题

1.1.1　研究背景、目的与意义

在计算机网络中，网络资源配置问题主要是以网格资源配置的形式表现出来的。随着因特网的快速普及，需要解决的一个非常重要的问题是如何使一个人使用多台计算机就像透明地使用一台计算机一样，即如何将因特网上所有资源连成一个整体，实现所有资源的全面连通，这就需要使用网格技术。而在网格系统中，资源不仅分布于不同的地理位置、属于不同的所有者，而且是异构的和动态变化的。网格资源的这些特点使得网格资源的配置成为网格技术的关键问题。

本书分析目前已有的网格资源配置方法的研究成果，设计了一种新的拍卖机制——基于社会效用的网格资源拍卖机制来进行网格资源配置，该机制是在第二价格拍卖基础上考虑对社会效用的评估。这种新的拍卖机制既考虑用户的社会效

用，又具有诱导用户给出真实报价的作用，从而既维护了社会的利益，又维护了服务系统的利益，具有明显的优点。

1.1.2　网格

1. 网格的由来和概念

网格这个词来自于电力网格（power grid），网格技术出现于 20 世纪 90 年代中期。电力网格用高压线路把分散在各地的发电站连接在一起，向用户提供源源不断的电力。当用户用电的时候，只需插上插头、打开开关，而不需要关心电能的来源，即从哪个电站送来的，也不需要知道使用的电能的发电方式（即是水电、火电还是核电[2]等）。建设网格的初衷与电力网格类似，是希望它能够把分布在因特网上数以亿计的计算机、存储器、各种设备、数据库等连接起来，形成一个虚拟的、空前强大的超级计算机，以满足不断增长的计算、存储需求，把信息世界连接成一个有机的整体。

网格是伴随着因特网技术而迅速发展起来的，不管狭义的还是广义的网格，它的目的都是要利用因特网把分散在不同地理位置的无数单个计算机组织成一台“虚拟的超级计算机”，连成一个整体，以实现计算资源、存储资源、带宽资源、软件资源、数据资源、信息资源、知识资源、专家资源等各种资源的全面共享。其规模可以大到某个国家或某几个国家组成的联合体，小到企事业单位、局域网，甚至家庭和个人。如果把每一台参与计算的计算机看成一个“节点”，就像摆放在围棋上的棋子一样，将计算机网络看成围棋上的连线，那么整个计算机系统便是由成千上万个“节点”组成的“网格”，所以整个系统就称为“网格”。传统因特网实现了计算机硬件的连通，万维网实现了网页的连通，而网格则致力于实现因特网上所有资源的全面连通。

2. 网格的功能

网格需要具备三种基本功能：任务管理、任务调度和资源管理。

（1）任务管理：当用户提交任务清单时，为任务指定所需要的资源、删除任务并监测任务在不同时刻的运行状态。

（2）任务调度：为用户提交的任务安排运行日程和策略。安排并不是随意的，而是按照任务的类型、所需要的资源、可用资源等情况进行合理的安排。

（3）资源管理：确定并监测在网格环境中资源的使用状况，同时收集任务运行时的资源占用数据。

3. 网格的优势

（1）资源共享，消除信息孤岛。网格利用因特网技术把各种资源连接成一个逻辑整体，把分散在不同地理位置的无数的单个计算机组织成一台“虚拟的超级计算机”，从而具有提供资源共享、有效消除信息孤岛、实现应用程序互联互通的特性。网格与计算机网络是有区别的：计算机网络实现的是一种硬件的连通，而网格实现的是应用层面的连通，并试图实现因特网上所有资源的全面连通。

（2）协同工作。很多网格节点可以共同处理一个项目，资源分布广泛，不同资源拥有者拥有的资源可以用来共同完成某一项服务。

（3）通用开放标准，非集中控制，非平凡服务质量。这是被尊称为“网格计算之父”的 Foster Ian 提出的网格检验标准。网格所用的标准基于国际的开放技术标准，这跟以前很多行业、部门或者公司推出的软件产品的标准是有明显区别的。

（4）动态功能，高度可扩展性。网格是一个异构的、动态的分布式环境，对资源的使用和供应都是在不断地变化的。网格可以提供动态的服务来适应变化的环境，同时网格并不是限制性的，资源可随时自由地加入和离开网格系统，它实现了高度的可扩展性。

4. 网格的研究现状

网格计算，也叫做分布式计算，它是一门计算机科学，研究如何把一个需要非常巨大的计算能力才能解决的问题分成若干个小的问题，然后把这些小的问题分别分配给许多计算机进行处理，最后把这些计算结果汇总得出最终结果。

网格计算源于美国和欧洲（英国、德国等）的研究计划，作为一种新兴的计算机技术，网格计算的研究正从美国和欧洲迅速向世界上的其他国家和地区传播。各国都非常重视网格技术的研究与发展，各国政府、相应的国际组织，以及大的企业财团已经在网格计算的研究领域投入了大量的人力、物力和资金。全球网格论坛（Global Grid Forum，GGF）、地区和国家的网格论坛正在迅速发展，其学术交流活动也正在积极有条不紊地展开。

美国是网格技术的倡导者，也是目前网格技术研究的引领者，是研究网格技术领域中最为成熟的国家。欧洲的网格研究起步也很早，已经启动了很多比较前沿的研究计划，如英国的 e-Science、德国的 Cactus、法国的 Xtreme Web 等。日本、韩国、印度、泰国、新加坡和马来西亚等亚洲国家也在各国政府及相关企业的大力支持下，积极地开展了网格技术的研究，并积极地与国际上的其他网格研究计划进行合作研究。

我国的网格研究也在迅速展开，主要有国家 863 计划重大专项支持的中国国家网格（China National Grid，CNGrid）、中国科学院牵头的“国家高性能计算环境”（National High Performance Computing Environment，NHPCE）项目、国家自然科学基金委员会网格（National Natural Science Foundation of China Grid，NSFC Grid）、教育部支持的重点项目“现金计算基础设施北京试点工程”、“上海教育科研网格”、中国航天科工集团第二研究院和清华大学共同开展的“仿真网格”、中国科学院计算技术研究所领衔开发的“织女星网格”项目等[3]。

网格作为一个重要的新兴领域，目前已经形成在全球范围的研究热潮，其中较有代表性的成果有 Globus[4]、Condor[5]、Legion[6]、DataGrid[7]、NetSolve[8]、e-Science[9]、ApGrid[10]、Cactus[11]、Javalin[12]、GrADS[13]、Ninf[14]、TeraGrid[15]、DataTAG[16]、CrossGrid[17]、Albatross[18]、MPICH-G2[19]等。其中，NetSolve 和 Ninf 是集成的网格系统，Globus 和 Legion 是网格中间件，Cactus 和 GrADS 是用户级中间件，DataGrid、TeraGrid 和 CrossGrid 是网格应用。

5. 网格的体系结构

网格的体系结构是网格资源之间的关系所形成的体系。在网络体系结构领域，人们主要研究网格系统的组成结构，各个组成部分的功能、目的和特点，以及网格各部分之间的关系。网络的体系结构是保证网格有效运行的重要基础和保证。Foster Ian 将网格体系结构定义为“划分系统基本组件，指定系统组件的目的与功能，说明组件之间如何相互作用的技术”。由此可知，网格体系结构是网格的骨架，如果不能建立一个合理的网格体系结构，那么设计和构建好网格也是空谈。

到目前为止，人们研究出的主流的网格体系结构主要有以下 3 种。

（1）Foster Ian 等在 2001 年提出的五层沙漏结构[20]。

（2）在以 IBM 为代表的工业界的影响下，考虑到 Web 技术的发展与影响，Foster Ian 等结合五层沙漏结构和 Web Service 提出的开放网格服务体系结构（Open Grid Services Architecture，OGSA）。

（3）由 Globus 联盟、IBM 和惠普（HP）等于 2004 年初共同提出的 Web Service 资源框架（Web Service Resource Framework，WSRF）。WSRF v1.2 规范已于 2006 年 4 月 3日被批准为结构化信息标准促进组织（Organization for the Advancement of Structured Information Standards，OASIS）标准。

下面简要介绍这三个主要的网格体系结构。

1）五层沙漏结构

五层沙漏结构是由 Foster Ian 等在 2001 年研究出的一种颇具代表性的网格体系结构，主要侧重于定性的描述而不是具体的协议定义，从整体上易于理解，影响范围十分广泛。它以协议为中心，强调服务与应用程序接口（Application

Programming Interface，API）和软件开发工具包（Software Development Kit，SDK）的重要性。五层沙漏结构中，根据各组成部分与共享资源之间的距离，将对共享资源进行操作、使用和管理的功能分散在五个不同的层次。这五个层次自底向上依次为构造层（fabric）、连接层（connectivity）、资源层（resource）、汇聚层（collective）和应用层（application）。网格的五层沙漏结构模型如图 1-1 所示①。

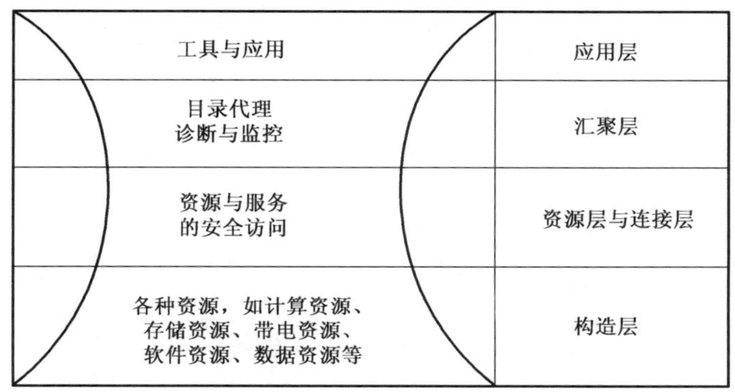

图 1-1　网格的五层沙漏结构模型

五层沙漏结构中，构造层与物理的共享资源最为接近，因此底层与特定资源相关的成分就比较多，而上层是更加抽象资源的表示。

（1）构造层：在结构模型的底层，连接具体的物理资源，通过对局部资源的管理，为上层访问本地资源提供统一接口，以此来屏蔽各地资源的异构性。

（2）连接层：在构造层的上一层，定义了在网格环境中所需的核心的通信和认证协议，在孤立的单个资源间建立了联系，支持安全、便捷的通信。

（3）资源层：在连接层的上一层，反映抽象的局部资源的特征，实现对单个资源的共享，建立在连接层的通信和认证协议之上。

（4）汇聚层：在资源层的上一层，将下面以单个资源形式表现出来的资源集中起来，协调解决资源之间的问题，负责实现多种资源的共享。

（5）应用层：在结构模型的顶层，与资源的距离最远，解决的是应用层面的问题，如什么样的资源可以提供给虚拟组织、如何协调虚拟组织之间的关系使之共享资源等。每一层的 API 都可以看成与特定服务交换协议信息的实现，应用层可以调用更高层次的框架和 API 库。

由图 1-1 可以看出，资源层和连接层共同组成了五层结构的“瓶颈”部分，使得该结构呈沙漏形状。资源层和连接层是核心协议部分，在模型中起承上启下的作用。五层沙漏结构中各部分协议的数量是不同的，对于其最核心的部分，不

① 此图引自：http://www.ibm.com/developerworks/cn/grid/gr-fann/index.html?ca=drs-cn

仅要实现上层各种协议向核心协议的映射，还要实现核心协议向下层各种协议的映射，而且核心协议在所有支持网格计算的地方都应该得到支持。所以，核心协议部分就成为了协议层次结构中的一个“瓶颈”。

为了便于理解，将五层沙漏结构的五个层次与TCP/IP（Transmission Control Protocol/Internet Protocol）网络协议结构进行粗略的对比，如图1-2所示[①]。

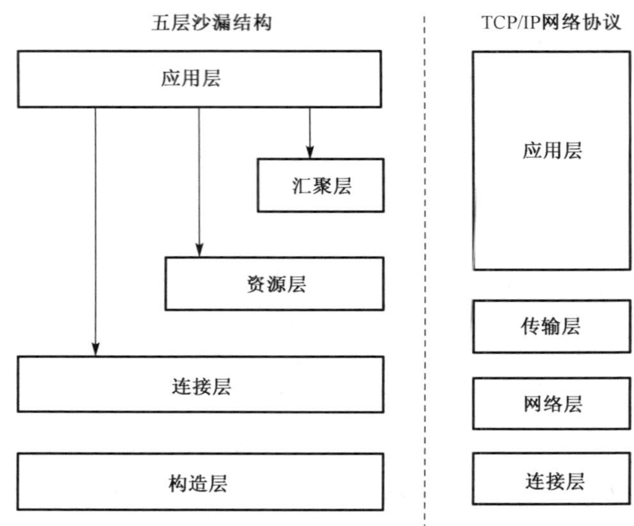

图1-2 五层沙漏结构与TCP/IP网络协议结构的对比

2）开放网格服务体系结构

开放网格服务体系结构（OGSA）是继五层沙漏结构之后，目前最重要也是最新的一种网格体系结构。OGSA是以五层沙漏结构为基础并结合Web Service技术所提出来的，主要解决了两个重要问题，即标准服务接口的定义和协议的识别。另外，OGSA中有两大关键技术，即网格计算技术和Web Service技术，将原来按照两条路线进行的研究归纳到一条主线上。

五层沙漏结构是以协议为中心，而OGSA则是以服务为中心。在OGSA中，服务的概念是很广泛的，包括各种计算资源、存储资源、数据库、带宽、程序、信息和知识等。总之，一切都是服务。OGSA是以服务为中心，从用户的角度来看待网格系统，实现对服务的共享。正因为如此，OGSA将网格从以科学和工程计算为中心的学术研究领域，扩展到更广泛的以分布式系统服务集成为主要特征的社会经济活动领域。OGSA的体系结构如图1-3所示[②]。

① 此图引自：http://www.ibm.com/developerworks/cn/grid/gr-fann/index.html?ca=drs-cn

② 此图引自：黄飞雪，李志洁. 网格资源的经济配置模型. 北京：科学出版社，2010

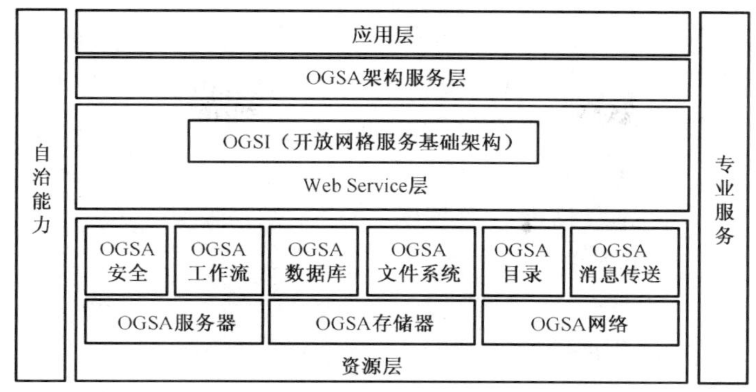

图 1-3　OGSA 的体系结构

OGSA 架构自底向上由四个层次组成：资源层、Web Service 层、OGSA 架构服务层、应用层。

（1）资源层是 OGSA 架构以及网格计算的中心部分，资源不仅是指物理资源，还包括逻辑资源。物理资源包括 OGSA 服务器、OGSA 存储器和 OGSA 网络等。而逻辑资源建立在物理资源之上，通过虚拟化和聚合物理层的资源提供额外的功能。这些功能服务是由通用的中间件（如 OGSA 工作流、OGSA 数据库和 OGSA 文件系统等）在物理网格之上提供的。

（2）Web Service 层及定义网格服务的开放网格服务基础架构（Open Grid Services Infrastructure，OGSI）扩展。资源层中的所有资源都被建模为服务，建立在标准的 Web Service 技术之上的 OGSI 规范定义了网格服务。OGSI 利用 Web Service 机制（如 XML 与 Web Service 描述语言）为所有网格资源指定标准的接口、行为与交互。OGSI 还进一步扩展了 Web Service 的能力，提供动态的、可管理的 Web Service 的能力，这对于网格资源的建模是不可或缺的。

（3）OGSA 架构服务层。OGSA 中所有网格资源都被理解成服务，Web Service 层及其 OGSI 扩展为这一层提供了基础设施。OGSA 将成为一个更加强大的面向服务的体系结构。

（4）网格应用层。随着时间的推移，一些构建于 OGSA 之上的网格应用（如服务或应用程序等）将越来越丰富多彩，这些服务或应用程序构成了网格应用层。

3）Web Service 资源框架（WSRF）

在 OGSA 刚提出后不久，开放网格服务基础架构（OGSI）草案便提出了。OGSI 规范是通过扩展 Web Service 描述语言（Web Service Description Language，WSDL）和 XML Schema 的使用来解决 Web Service 问题的。

WSRF 的出现有其特定的原因：其一，OGSI 将资源的状态封装起来，并将具有状态的资源建模为 Web Service，这种做法容易引起“Web Service 有没有状态和实例"的争议，同时某些 Web Service 不能满足网格服务的动态创建和销毁的需求；其二，OGSI 规范没有对资源和服务进行区分，而且 OGSI 单个规范中的内容太多，所有接口和操作都与服务数据有关，缺乏通用性；其三，目前的 Web Service 和 XML 工具过多采用 XML 模式，可移植性差。另外，OGSI 过分强调网格服务和 Web Service 之间的区别，从而导致了两者不能很好地融合。

图 1-4 所示为 WSRF 的体系结构[3]。

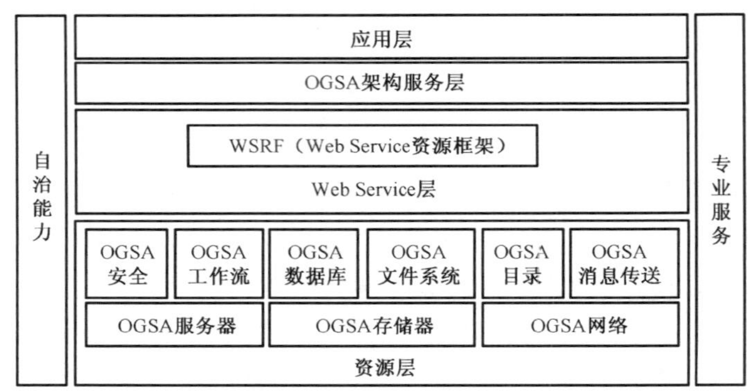

图 1-4　WSRF 的体系结构

比较图 1-3 和图 1-4 可以看出，OGSA 体系结构和 WSRF 体系结构之间的区别在于 Web Service 层，与 OGSI 相比，WSRF 具有许多优势。WSRF 是 OGSA 的最新核心规范，加速了网格和 Web Service 两者的融合。OGSI 规范的规模非常庞大，读者不能明确具体任务中所需的组件，而 WSRF 将功能进行分离，简化并拓展了组合的伸缩性。同时，WSRF 融入 Web Service 标准，更全面地扩展了现有的 XML 标准。WSRF 中的通知接口支持通常事件系统中要求的以及现存的面向消息的中间件所支持的各种功能，弥补了 OGSI 的不足。

1.1.3　网格资源

1. 网格资源的概念

网格资源是指所有能够通过网格远程使用的实体，包括计算机硬件、计算机软件、设备和仪器、人类资源等。计算机硬件包括处理器、存储器、运算器、硬盘以及其他计算机硬件设施；计算机软件包括系统软件、应用程序、数据和文档等；设备和仪器包括通信介质、电子设备、天文望远镜、显微镜和传感器等；人类资源是指人所拥有的信息、知识和能力等多种因素，是网格中最具有伸缩性的资源。

2. 网格资源的种类

网格资源的种类有很多，可以根据不同的标准将它们分成不同的类别。根据资源能否移动可将资源分为可移动资源和不可移动资源。可移动资源包括数据、软件和程序等；不可移动资源是指无法通过网格操作实现地理位置移动的资源，如各种计算机硬件、设备和仪器等。根据资源是否可重复使用可将资源分为可重复使用的资源和不可重复使用的资源。根据资源是否可复制可将资源分为可复制的资源和不可复制的资源，其中可复制的资源是指可以通过指令或服务请求把一份资源复制成多份的资源，如数据、应用程序和代码等。

3. 网格资源的特点

网格环境中的资源具有以往并行系统、集群系统和分布式系统中的资源所不具备的特点。网格资源的特点可主要归纳为以下几点。

（1）分布性。在网格环境中，资源并不是集中在一起，而是分散在各个不同地域和管理机构中，由不同的管理机构拥有和操作，并且在使用策略和安全机制上各不相同，不同管理机构可能会使用不同的局部资源管理系统。

（2）异构性。网格中的资源种类繁多，功能各异，访问接口也不尽相同，所属的本地管理机构不同，其中的共享规则不同，而且各种计算资源的性能及负载情况等也存在差异。

（3）自治性。网格环境中，资源并不是统一进行管理的，而是由本地管理机构管理。资源的所有权属于资源提供者，对网格资源的使用必须遵循资源提供者的管理策略。网格环境中的资源在地理上是广泛分布的，而且每个资源隶属于不同的管理机构，不同的管理机构对本地计算资源有不同的管理策略（如资源管理机制、政策、计费模型等），因此在网格环境下对资源的管理不存在统一的管理策略，这与我国的民族自治区、自治县的管理制度类似。

（4）动态性。网格中的资源并不是静止的，而是动态存在的，有不同的存取花费模式，可随时自由地加入和离开网格系统。在不断变化的网格环境中，资源的可用状态、服务能力、负载状况等都会随时间而动态变化。网格对资源的使用和资源的供应都在不断地变化之中，这使得网格是一个异构、动态的分布式环境。

1.1.4　网格资源配置

1. 网格资源管理的概念

网格资源管理是网格的一项基本功能，目的是控制网格资源管理和服务向包括用户、应用或服务在内的其他实体提供可用能力。在面向服务的网格体系结构中，网格资源不能再狭义地理解为某种物理实体，而是指在网络化环境中可被共享和利用的任何能力，包括计算机、存储系统、网络、计算机程序和数据库等。

网格资源管理是网格计算需首先解决的问题，这主要是因为网格环境中的资源管理和传统计算机的本地系统中资源管理是不同的：前者是跨越多个管理机构的，这种情况下的网格资源调度就成为网格资源管理中的一项关键技术。网格资源调度的实质就是将合适的资源配置到相应的任务上，在满足用户需求的前提下任务完成时间尽量短的同时使资源利用率尽量高。

网格资源管理的核心目的是要在资源提供者和用户之间建立一种共同协议，在这种共同协议的约束下，资源提供者同意向用户提供执行任务的资源和能力。网格环境所管理的资源跨越多个管理机构，这种分布使得相似的资源在进行配置和管理时会产生异构性问题，而且网格资源的供需状况也会始终处于动态的变化之中。因此，网格资源的异构性、动态性给网格资源的管理和配置增加了一定的难度。

在文献[21]～文献[23]的研究中描述了网格资源管理的框架和体系结构。下面简要介绍网格资源管理系统。

网格资源管理系统中的实体主要有三类：用户（即资源请求者）、资源提供者和资源中介（即资源管理器）。根据资源管理过程中信息流动路径的不同，资源管理系统主要可分为以下三种形式。

（1）直线型结构。当用户向资源中介提出请求的时候，资源中介为用户寻找合适的资源并驱动资源工作。资源工作完成后，为用户服务的结果仍然是通过资源中介返回给用户，如图 1-5 所示。

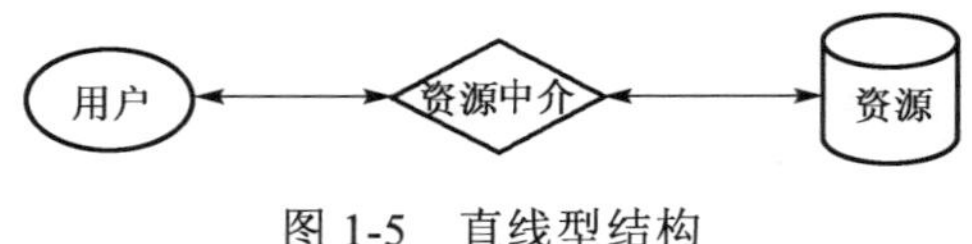

图 1-5　直线型结构

（2）折线型结构。当用户向资源中介提出请求的时候，资源中介为用户找到合适的资源，并不直接驱动资源工作，而是把资源标志名称和使用资源的接口信息返回给用户。用户根据这些信息组织信息和数据，驱动资源工作，从而得到资源提供的服务，如图 1-6 所示。

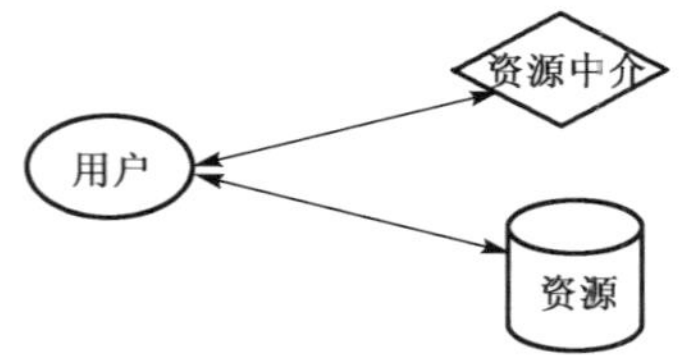

图 1-6　折线型结构

（3）三角型结构。当用户向资源中介提出请求的时候，资源中介为用户找到合适的资源并驱动资源工作。资源工作完成后，并不是由资源中介把服务结果返回给用户，而是由资源中介告诉资源把服务结果用何种形式、向哪个地址返回给用户，最终由资源将服务结果返回给用户，如图1-7所示。

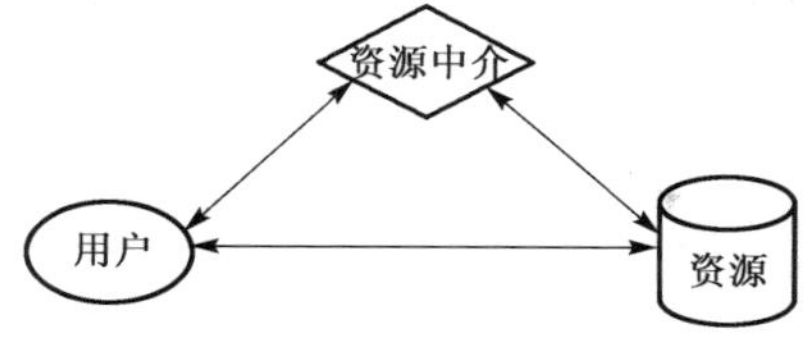

图1-7　三角型结构

直线型结构中用户接口简单，信息流动的路径也简单。折线型结构中用户驱动资源工作，适用于用户和资源提供者需要协商的场合。而三角型结构综合了前两种结构的特点，具备了两者的优点和缺点，适合接口简单并且注重输出效果的场合。

2. 网格资源配置及其重要性

网格的核心思想是为终端用户提供网络资源共享与协同一体化的运行服务平台，使用户可以最大限度地共享资源，包括中央处理器（Central Processing Unit，CPU）、磁盘空间、内存空间、网络带宽和专业处理能力等，协同资源完成目标。

网格计算是通过网络将广域范围的各类计算资源（包括超级计算机、集群、工作站、个人计算机等）、数据资源、存储资源和其他各类资源统一组织管理，形成一个可相互利用、相互合作、对用户相对透明的高性能计算环境，使得用户可以像登录一台超巨型机一样使用它。

在网格系统中，资源分布于不同地理位置，属于不同的所有者，而且是异构的和动态变化的。通常网格用户提交的任务在目标、时间限制、优先级和预算经费等方面各不相同。因此，在满足用户任务需求且不超出预算经费的前提下，将资源适当地配置给相应的任务完成计算并不容易。另一方面，由于资源提供者在资源能力、资源可用性、资源使用代价与安全策略上存在差异，要想将资源配置给合适的任务以使资源的利用率和相应的收益最大同样也十分困难。因此，网格资源配置是网格计算的关键问题之一。

网格资源管理是网格计算的核心问题，而资源配置和资源配置算法又是资源管理的关键技术和核心问题。提高网格系统的性能，就要提高资源管理的效率和设计好的资源配置算法，从而满足用户需求并为其他服务提供支持。

1.2　网络资源共享中的信任机制问题

1.2.1　研究背景、目的与意义

在分布式开放的计算环境中实现资源共享和交互协作会面临若干新问题，特

别是由环境的开放性、动态性和复杂性引发的安全问题对传统安全机制的挑战。在以用户体验为驱动力的今天，信息技术（Information Technology，IT）资源服务化已成为必然趋势。分布式开放环境中的用户往往通过请求服务的方式获得对资源的使用权，并在此基础上，与服务提供方协作完成某项任务。作为服务提供方，资源提供者需要考察服务请求方的身份、权限等，以保证资源不被恶意破坏；而作为服务请求方，用户需要确认服务提供方的身份、提供服务的质量等，以防止被虚假服务欺骗或获得低质服务。因此，为了保证分布式开放环境中资源共享和交互协作的安全，应着力从以下两个角度开展工作。一方面，必须动态、准确地评估交互双方的可信程度。然而，参与实体的动态性使分布式开放环境中的信任关系具有极强的不确定性，传统的访问控制策略在处理此类问题时暴露出无法克服的弱点。另一方面，必须对是否提供资源服务做出可信决策。但是，环境的开放性使资源共享和交互协作过程本身存在风险。此时，仅依赖对资源请求方的信任程度确定决策结果显然是不全面的，还应充分考虑决策者对风险的承受能力。由于风险与信任是相互关联的，所以单纯运用传统的信息安全风险评估手段或简单地将其叠加到信任关系的评估机制中，均不可能很好地实现可信决策。

信任管理机制有助于在无足够先验知识的参与者之间构建健康有效的协作关系，这已成为解决分布式开放环境中安全问题的核心支撑技术之一[24]。自 1996 年 Blaze 将信任管理的概念引入网络安全领域以来，国内外学者围绕信任管理及其相关问题展开了广泛的研究，提出了多种通用的或适用于特定环境的信任管理模型。但是，新环境、新应用和新需求的不断涌现，使已有解决方案也表现出种种不足。

本书在深入分析国内外现有研究成果的基础上，为满足分布式开放环境中资源共享和交互协作的安全需求，研究与之适应的动态信任管理机制和风险量化方法，旨在准确地评估主观信任关系，有效地实施可信决策，为用户提供安全可靠、方便快捷的计算环境。随后，将提出的信任管理机制应用于新兴的分布式开放环境——数据密集型计算环境中，实现对可靠数据副本的筛选。此项工作既是为了在具体应用环境中验证提出的信任管理机制解决实际问题的能力，也为解决在数据密集型计算环境中因使用复制技术而带来的数据副本选择问题提供一种新途径。

1.2.2 相关概念

1. 信任、认证、授权和访问控制

信任（trust）可分为客观信任和主观信任。本书在文献[25]的基础上，归纳了两类信任的区别，如表 1-1 所示。

两类信任可以看做信任的两个方面，虽然存在诸多差异，但是并不矛盾，在实际应用中甚至是互补的[25]。本书以主观信任为研究对象，后续内容中如果没有特别说明，信任均指主观信任。

表 1-1　客观信任与主观信任的区别

	客观信任	主观信任
名称	理性信任	感性信任
特点	精确、客观	不确定（模糊、随机）、主观
表达方式	二值逻辑（如信任/不信任、0/1、T/F 等非此即彼的方式）	连续数值（如区间[0, 1]内的任何实数），离散级别（如按集合{0, 0.5, 1}中的三个数划分相应的三个信任等级，不信任、较信任、信任），模糊数学（如隶属函数）
动态性	静态、与活动无直接关系	动态、与活动相关，随活动结果不断更新
判断条件	信任关系本身	经验、信誉或风险分析
判断结果	确定的判断结果（是/否）	主观信任的程度（可信的概率）
应用领域	安全控制、管理	电子商务、辅助决策

认证（authentication）是确认用户身份的过程，说明拥有特定证书（credential）或令牌（token）的实体是合法的，属于客观信任。而主观信任是指实体可以完成另一个实体的合法期望的能力。一个实体可信任说明其有能力进行交互，并且在交互的过程中不会出现未预期的情况。因此，认证完成身份证明时认证通过并不等同于可信任。

授权（authorization）是指根据用户身份配置和限定其使用权限。认证仅保证实体是其声称的实体，并不涉及其访问权限。可信任则是认证通过后量化实体行为能力的一个指标，同样也不能决定该实体在系统中具体可以做什么。而授权才是根据所确定的个体身份和可信程度赋予其访问系统资源权限的过程。可见，认证和信任是授权的前提和依据。

综上所述，确认实体的身份是与其建立信任关系的前提；实体的可信度是为其授权时需考虑的重要因素之一；系统依据实体被授予的权限，按照预置的安全策略实施访问控制（access control）。经过认证、信任和授权这三个阶段，就可以完成分布式开放系统中的访问控制。

2. 安全、信任和信誉

安全（security）一直是计算机领域关注的热点。传统的安全措施包括认证、访问控制和加密等，称为“硬安全”（hard security）[26]，对应的是客观信任。随着分布式系统的普及，系统间的动态协作越来越频繁，规模越来越大，复杂性越来越强，传统的安全措施无法解决新的安全需求，于是出现了“软安全”（soft security）——主观信任[26]。但是，信任并不等价于安全，也无法完全取代传统的安全机制。目前，信任更多的是作为一种安全增强的手段，为系统的安全决策提供更加合理的依据。

信任是人类社会的自然属性之一，通常被认为是主观的、模糊的和随机的，甚至是不可信的。长期以来，与信任相关的工作一直侧重于在人文科学中进行定性研究，缺乏系统的定量分析。然而，开放式系统的出现和飞速发展，迫切需要进行信任的可形式化和可计算，以辅助系统进行大规模的协作。此时，面临的首要问题就是如何准确合理地表述信任。个人经验不同，对信任的理解存在差异；研究的出发点、上下文和目标不同，也会对信任的定义发生相应变化[27]。AL-Mutairi[28]综述了若干领域对信任的定义，而几乎所有研究信任模型或信任管理技术的文献也都根据各自的需要定义了信任，下面列举三个在计算机领域常见或常被引用的信任定义。

（1）Gambetta[29]认为“信任（不信任）是主观概率的特定级别，一个智能体利用这种级别评估另一个智能体或智能群体执行某个行为的可能。评估时间可以是在评估者监视被评估者的行为之前，也可以是在某种影响评估者行为的上下文环境中”。

（2）Grandison[30-31]在总结了诸多关于信任的研究工作基础上，定义因特网应用中的信任是“对一个实体在特定环境中具备可信、安全和可靠行动能力的坚定信心”。

（3）Jøsang 等[32]定义了两种通用的信任：Reliability Trust 和 Decision Trust。前者的定义是“信任是一种主观概率，个体 A 期望个体 B 以此概率执行某个给定的动作，而 A 的利益依赖该动作”。后者的定义是“信任是一方认为在特定情形下相对安全，即使可能存在负面结果，也愿意依赖某事或某人的程度”。

面对这种情况，许多研究[25,33-34]不再纠结于信任的自然语言定义，而是通过对众多定义的分析，抽取出了信任的属性和特点。然后，在形式化信任的过程中，采用合适的理论或方法准确描述这些属性，较好地解决信任定义混乱对研究的负面影响，为信任的量化工作奠定了基础。文献[34]全面地总结了信任的十个属性——主观性、动态性、多维性、可度量性、弱传递性、非对称性、模糊性、时间衰减性、上下文相关性和双边/多边关系。需要指出的是，如果完备地表达这些属性，那么可能会导致信任模型过于复杂而不实用，在某些具体应用环境中，某些属性可能退化或消失。因此，在具体研究时，可以根据需要选择其中的部分属性作为重点研究对象。考虑到数据密集型计算环境的特点和信任模型的可用性，本书采用与文献[34]类似的信任定义。

定义 1.1（信任）　信任是在给定的上下文约束（包括时间和环境因素）中，一个实体综合考虑自身的直接经验和其他实体的推荐信息，对另一个实体未来行为的主观期望。

定义 1.1 描述了本书关注的若干信任属性：主观性、时间衰减性、上下文相关性和双边/多边关系。此外，本书在研究信任时，还涉及其动态性、可度量性、弱传递性、非对称性和模糊性。信任的多维性指信任是多维属性融合作用的综合，往往与评价双方的多个属性相关[34]。本书第 4 章提出的信任模型是一维的，但是根据需要做适当扩充后，可以很容易地形成二维甚至多维模型。第 5 章给出的信任机制仅适用于一维的情况。

信誉（reputation）和信任是两个极易混淆的概念。在绝大多数关于信任管理的研究中，信誉几乎是与信任同时出现的，甚至有很多文献完全不区分二者。事实上，信任与信誉存在密切联系，但不能等同对待。Jøsang 等在文献[32]中用一个简单的描述区别了两者：我信任你，因为你的信誉好；我信任你，虽然你的信誉不好。该评述首先充分体现了信任的主观性和双边关系性。同时，说明信誉可以影响信任评价，却并不能唯一决定信任。信任的确定取决于多个因素（多维性），而信誉只是其中的一维因素。但是，Jøsang 等的描述没有明确定义信誉。那么，信誉究竟是什么？应该如何描述和量化信誉呢？

与信任类似，信誉到目前也没有统一的定义，被引用较多的是文献[35]～文献[41]中给出的信誉定义。其中，文献[38]较好地阐述了信任与信誉的关系，认为信誉系统是创建信任关系的一种途径。文献[36]则指出了利用信誉快速、准确地创建信任所必备的三个条件。此外，文献[33]和文献[34]虽然没有给出关于信誉的定义，但是文献[33]从不同侧面比较了信任与信誉，认为信任是信任方从个体角度对被信任方未来行为的主观猜测和主观信赖，是一种一对一的关系；而信誉是一个群体从系统全局角度出发对一个实体过去行为的全面总结，体现了群体对该实体的综合评价和共同可信赖度。文献[34]则分析总结了信任与信誉的共同点——主观性、动态性、多维性、可度量性和模糊性。考虑到本书在第 5 章研究可信决策中的风险时的需要，本书采用与文献[35]、文献[38]和文献[41]类似的信誉定义。

定义 1.2（信誉） 一个实体的信誉是在特定的时间段和上下文环境中，所有其他实体依据对该实体历史行为的观察，对该实体形成的大众观点。

联系定义 1.1 和上述关于信誉与信任关系的分析，可以认为信誉对应于定义 1.1 中“其他实体的推荐信息”。而这种理解方式也与上述“信誉只是影响信任的一个因素”的观点吻合。

3. 信任关系、信任模型和信任管理（三个术语中的信任是广义概念）

信任关系是希望实现协作的双方在交互过程中形成的相互观点。信任模型对信任关系进行形式化的表示和推理，主要完成：信任关系的合理表示和操作、信任关系的推理、信任关系的准确计算和评估等工作。而信任管理（技术、系统）

着重研究如何在具体应用环境中管理（包括收集、评估、监督等）信任关系，并据此支持可信决策。可见，信任关系是信任模型与信任管理的共同研究对象，而信任模型和信任管理分别从理论和实用角度表现信任关系。信任模型以抽象的形式描述信任管理系统，信任管理则是信任模型在应用系统中的具体体现[25]。三者之间的关系如图 1-8 所示。

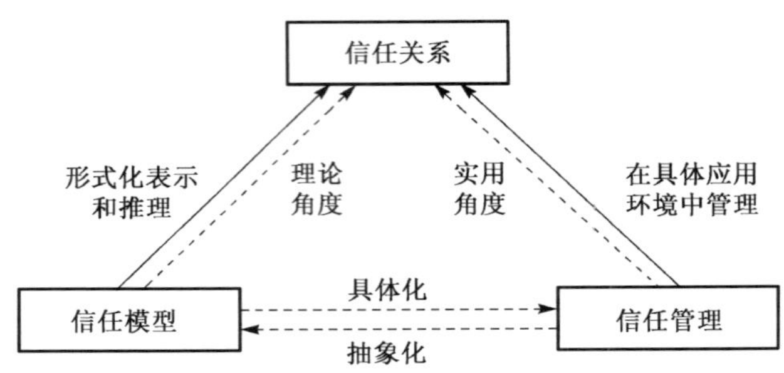

图 1-8　信任关系、信任模型和信任管理三者之间的关系

1994 年，Marsh[42]在其博士论文中界定了信任，划分了信任内容和信任程度，提出了体现信任主观性的量化模型，第一次从理论角度系统地探讨了信任的形式化问题，使信任成为一种可度量、可计算和可比较的概念。这一开创性工作为运用人类社会中的信任思想实现计算机领域中的安全机制奠定了坚实的基础。在文献[42]工作的基础上，1996 年 Blaze 等[43]首次将“信任”引入网络安全领域，提出采用“信任管理”的方式解决因特网网络服务的安全问题。文献[43]承认“开放系统中的安全信息是不完整的，需要借助可信第三方提供的附加安全信息才能完成系统的安全决策”，信任管理就是希望“采用一种统一的方法描述和解释安全策略、安全凭证以及用于直接授权关键性安全操作的信任关系”，这也是信任管理的初始定义。该定义主要涉及对客观信任关系的管理，尤其是授权的管理，这显然无法满足主观信任管理的需要，存在一定的局限性。此后，国内外学者继续从不同角度、不同应用环境对信任管理技术展开了更加深入的系统研究。1999 年 Povey[44]将信任管理定义为信任意向的获取、评估和实施。这一定义更具一般性，也逐步体现了信任管理过程中的主观性和动态性，但是对于如何获取、怎样评估及实施均没有具体说明，不利于形式化研究的开展。2000 年 Jøsang 等[45]和 Grandison 等[30]分别在自己的研究中重新将信任管理定义为“以评估和决策为目的，对因特网应用中与信任关系的完整性、安全性或可靠性相关的证据进行收集、编码、分析和表示的行为”。其中，“证据”不仅包括文献[43]给出的信任管理定义中涉及的凭证，还包括主观信任判断时所需的风险评估、使用经验和推荐信息；而“分析”过程则指依据信任需求完成信任评估或计算。该定义涵盖了对客观信任和主观信任的

综合评判，是目前公认的较为全面的一种定义。信任管理定义的发展也体现了其研究从传统的静态集中式向现代的动态分布式转变的趋势。

信任模型也是在信任管理相关文献中出现频率极高的词汇。据统计，目前常见的有理性信任模型、感性信任模型、客观信任模型、主观信任模型、静态信任模型、动态信任模型、基于公钥体系的信任模型、基于策略的信任模型、基于凭证的信任模型、基于证书的信任模型、基于政策的信任模型、基于推荐的信任模型、基于声誉的信任模型、基于信誉的信任模型、基于经验的信任模型、基于声望的信任模型、基于社会网络的信任模型等数十种提法。这些信任模型是否真的完全不同呢？分析发现，信任模型的分类之所以混乱，也是由信任管理领域的术语滥用造成的。在上述各种信任模型的提法中，有些模型的确存在差异，但是也有一些模型是有联系的，甚至还有一些模型的信任管理方式在原理上是完全相同的。基于前面对三组概念区别的详细阐述，结合信任管理在安全方案中的地位，这些信任模型在安全模型中所处地位及其之间的关系如图 1-9 所示。图中每个灰色区域内的信任模型在原理上是完全相同的。需要说明的是，在具体设计和实施这些原理相同的信任模型时，不同的研究可能采用完全不同的技术和手段。例如，同样是一个群体中每个实体对实体 A 的评价，有的研究中采用求算术平均值的方式，而有的研究中则以加权和作为评估结果。

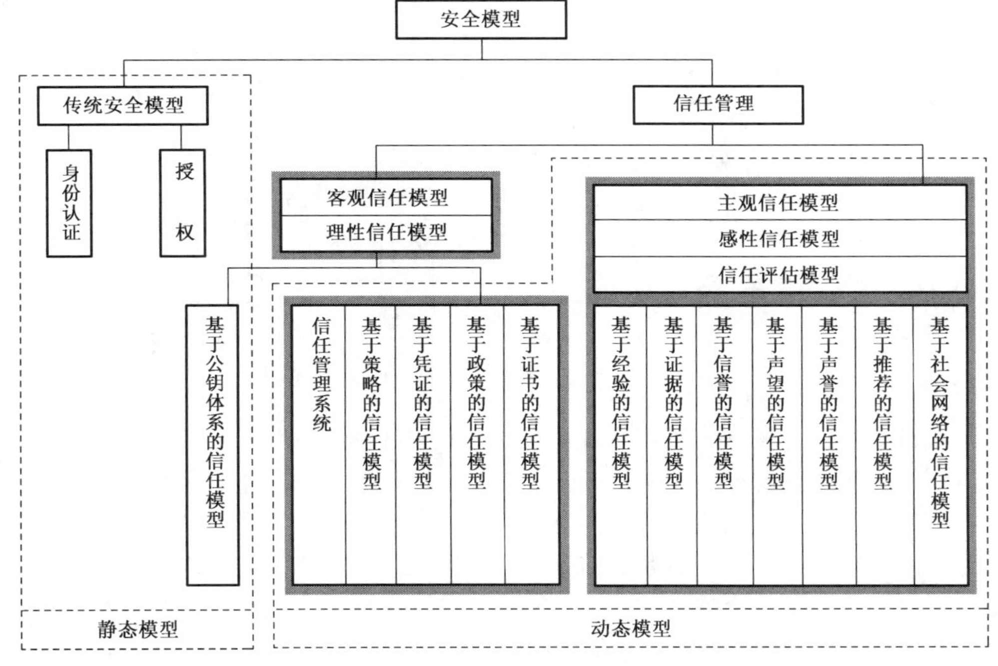

图 1-9　安全模型的分类

PGP[46]和 X.509[47]等基于公钥体系（Public Key Infrastructure，PKI）的信任机制是典型的客观信任模型。此类机制依赖可信第三方，以层次结构的形式组织信任关系[48]。但是，将这类信任模型应用于分布式系统实现安全控制时存在可扩展性差、用户决策权较弱、使用不够灵活、需要可信第三方的参与等诸多问题[49]。

针对公钥体系存在的问题，Blaze 等提出了“信任管理”的概念和一个基于一致性验证器（compliance checker，有的文献也称为信任管理引擎 Trust Management Engine，TME）的信任管理模型，如图 1-10 所示[1]。遵循该模型的思想，信任管理应包含制定安全策略集、获取安全凭证集和判断安全凭证集是否满足相关的安全策略三部分内容，完成“安全凭证集是否能够证明请求满足本地策略集”的判断。一致性验证器是信任管理系统的核心，对其不同的设计和实现方式就形成了不同的信任管理系统。目前已有的典型信任管理系统包括 SULTAN[31]、PolicyMaker[43]、REFEREE[50]、KeyNote[51]、TrustBuilder[52]、RT[53-54]和 Fidelis[55]等。策略、凭证和动作是信任管理系统的三要素。其中，用户通过策略表达信任关系，策略与凭证构成信任的共同基础，而凭证和动作通过策略的定义被联系在一起。由于信任管理系统的判断结果是二值的，所以仍然属于客观信任模型。但是与基于公钥体系的信任机制相比较，策略概念的出现使信任管理系统具有了一定的动态性，且策略集的制定使用户获得了更多的信任决策自主权，整个模型的设计思想符合分布式安全机制的需求。

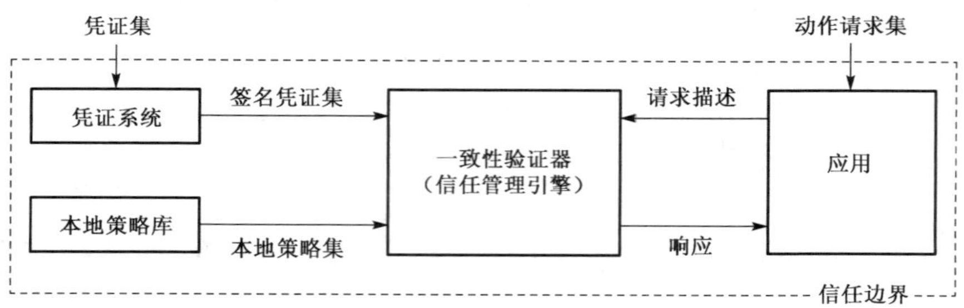

图 1-10　客观信任管理机制的工作原理模型

相对于信任管理系统以精确、客观的方式描述和处理信任关系，一些学者认为信任有时候是主观的、不确定的[29,56]，是一个实体对另一个实体行为的主观预期，取决于经验并可能随行为的变化不断更新。显然，二值逻辑的粗粒度信任表达方式无法精确量化这种复杂的信任关系。因此，需要采用更加细粒度的方式度量信任的程度，且能合理表达信任的动态性。为了满足上述要求，主观信任模型逐渐成为研究热点。本书针对主观信任模型展开研究，因此将在 1.2.3 节着重介绍其研究概况。

1.2.3　主观信任模型

主观信任模型以基于经验的非理性信任为研究对象，主要从信任关系的描述和度量、信任度的推理和计算两个角度开展工作。由于解决上述两个问题的方法千差万别，所以据此划分主观信任模型的类别比较困难。因此，下面将根据工作模式的差异，分集中式和分布式两类介绍主观信任模型的研究概况。

集中式信任模型依赖一个或少数几个中心实体，收集、评估和管理系统中参与活动的所有实体的信任信息。由于早期的系统规模较小，所以信任模型大多采用集中式的信任评估方式，理论上较典型的研究成果包括：Teng 等的基于 D-S 理论[57]的信任模型[58]、Marsh 的信任模型[42,59]、Manchala 提出的基于模糊逻辑[60]的信任模型[61]和 NodeRanking 模型[62]等，而已广泛应用于电子商务领域的在线信誉评估系统[63-65]则是集中式信任模型的实例。由于信任的管理和评估工作集中在若干中心实体上，所以集中式信任模型具有设计简单、易于实现等优点。但是，随着系统的规模迅速扩大，分布式特征日益明显，此类模型的不足之处也凸显出来。Malaga 在文献[63]中总结了集中式信任模型的缺陷：①反馈的形式为简单的肯定/否定或简单的等级划分，并依赖这种粗粒度的反馈意见进行信任的评估，无法精确体现信任值；②认为获取到的反馈均为诚实的，无区分反馈可信性的能力；③不能在特定的上下文环境中处理敏感的反馈；④不考虑反馈的时效性；⑤缺乏激励机制等。此外，集中式系统天然的负载平衡和单点脆弱性等问题在集中式信任模型中也同样存在。

为了克服集中式信任模型在用于大规模分布式系统信任管理时面临的诸多问题，一些研究模拟人类社会网络建立信任的方式，综合实体之间的直接交互经验（也称为直接观察结果）和第三方实体（或群体）提供的间接经验（也称为推荐信息）实现信任的评估，具体评估由实体自身完成。依据这种思想设计实现的信任模型就是分布式主观信任模型。Beth 等的基于经验推荐的信任度评估模型[66-67]和 Jøsang 等的基于主观逻辑[68]的信任度评估模型[69-71]是早期的经典成果。这些模型存在对信任关系的多样性和动态性考虑不足，且一般未涉及信任决策等问题。此后，大部分研究都是针对某种具体的应用环境，如 P2P 环境下的信任模型[72-75]、Ad hoc 环境下的信任模型[76-79]、Sensor Network 环境下的信任模型[80-83]、普适计算环境下的信任模型[84-85]和 Grid 环境下的信任模型[86-89]。这些模型极大地丰富了分布式信任模型的研究，但也存在不足，主要表现在以下三个方面。

（1）目前已有的分布式信任模型在进行信任评估时较少考虑信任与已有安全范畴（如风险、安全、合作等）的相互关系，导致信任关系的表达、评估不够准确客观，直接影响最终决策的正确性和有效性。

（2）安全决策缺乏对风险、费用、效率等主客观因素的综合考虑，无法实现多目标决策，也就不能满足用户对多维服务质量的需求。

（3）在若干新兴的网络应用环境（如数据密集型计算环境、物联网、无线 Mesh 网等）中，环境的特点使设计信任模型时需要考虑的问题也不同。因此，还有待进一步研究适应于新环境的信任管理机制。

1.2.4 信任管理机制在安全方案中的地位

如图1-9所示，信任管理实质是对传统安全模型的有力补充，是为了满足因特网应用对安全的新需求而出现的安全机制。1.2.2 节和 1.2.3 节简要介绍了信任管理机制自身的发展过程，本节将从整个计算机领域的安全方案演变角度出发，从更高层次阐述信任管理机制产生的必然性和存在的必要性。

在传统的安全模型和早期的信任管理系统中，只考虑客观信任，在身份认证通过后直接根据身份完成授权。随着服务的多层次化及参与者身份的多样化，人们逐渐发现，信任不应只是简单的是否问题，还应有程度的划分（信任到何种程度）。于是在身份认证和授权之间出现了一个新步骤——信任度评估，即对主观信任的推理和计算。一个因特网服务的准备过程也相应地由两步扩展为三步：身份认证、信任度评估和授权。这种三步机制强调根据用户的信任度而不是仅根据用户的身份授予权限。计算机领域安全方案的演变过程正是人类这种认知提升的生动体现，该过程可粗略地划分为以下五个阶段。

1）传统的“身份认证→授权”安全模式

在集中式环境中，一直采用“身份认证→授权”的安全模式。但这种模式在分布式系统中无法被直接使用[90]，因此出现了适合于分布式环境的安全机制。

2）多域间的安全互操作

初期，对分布式环境中安全机制的研究重点集中在多域间的安全互操作。但多针对两个域进行讨论，其研究成果缺乏可传递性授权机制。于是，信任管理的概念应运而生。

3）客观信任管理

早期的信任管理是一种基于策略的信任管理，总体模式仍然是“身份认证→授权”。但与集中式环境采用的模式相比较，通过引入安全凭证、委托机制等概念，其认证方式有了很大的变化。这一时期的信任管理机制基本上都是遵循图 1-10 所示的原理进行设计的。图 1-10 中“一致性验证器”所指的“一致性”，实质就是“签名凭证集是否能够证明请求与本地策略集一致”这个问题中的“一致”。

由于都是采用“身份认证→授权”的模式，上述三个阶段的安全方案的工作原理可归纳如下：通过身份认证的方式完成客观信任评估，如果认证成功，则根据用户的身份确定其权限，即授权。在用户访问资源的过程中，还需要跟踪并审核其行为是否合法。此类方案的主要缺陷是没有考虑主观因素，且信任没有划分程度。

4）主观信任管理

与传统的安全授权机制比较，基于策略的信任管理机制解决了大规模、分布式开放系统的授权问题，其灵活性、可扩展性和可靠性都有了较大改进，但仍存在安全策略验证的能力和效率无法满足网络安全环境的动态变化、无法处理不确定安全信息、策略制定过于复杂等缺陷[90]。同时，人们认为信任不应只是简单的是否问题，还应有程度的划分，于是在身份认证和授权之间加入了对信任程度的评估，即对主观信任的管理，形成了“身份认证→信任度评估→授权”的安全模式。这种模式在综合考虑用户身份和可信度的基础上为其授权，实现了更加细粒度的访问控制。主观信任机制的安全模型工作原理如图1-11所示[91]。

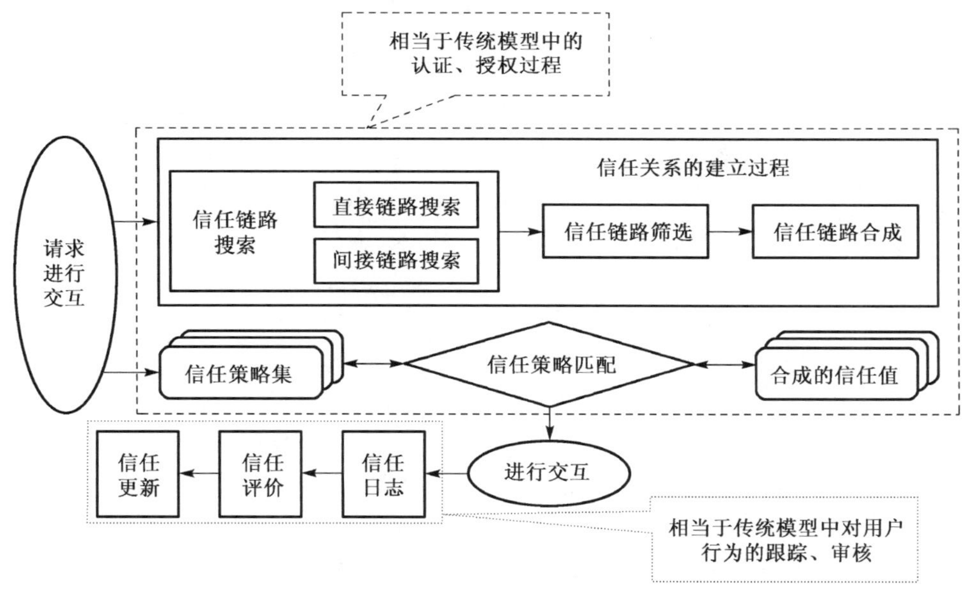

图1-11　主观信任管理机制的安全模型工作原理

该模型解决的主要问题包括：① 信任关系的建模，用何种方法描述和度量信任；② 信任关系的传递，如何根据推荐信息建立信任链路；③ 信任关系的合并，如何合成②中所得到的多条信任链路。简单地说，就是完成信任关系的描述和度量、信任度的推理和计算两方面的工作。

可见，完整的主观信任管理机制是可以独立实施安全控制的。但是，不可否认的是，传统的安全策略也具有其独特优势。如果仅依靠主观信任管理机制完成安全服务，则既无法利用这些优势，又浪费了目前已有的安全资源。

5）传统的安全基础设施与主观信任管理相结合

为了实现细粒度主观信任评估，同时充分发挥现有安全资源的优势和价值，目前常采用的安全模式是遵循"身份认证→信任度评估→授权"方案，将主观信任管理融入传统安全基础设施中，其工作原理模型如图 1-12 所示[91]。

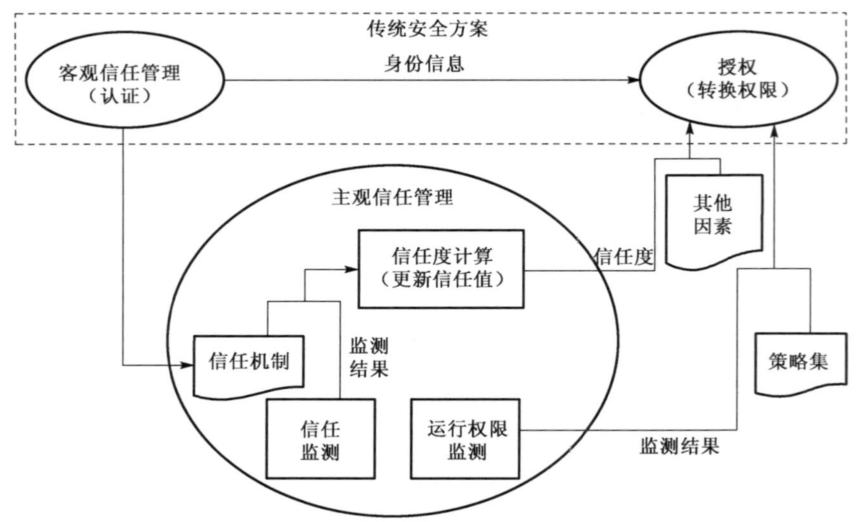

图 1-12　将主观信任管理融入传统安全基础设施中的工作原理模型

1.3　本书的主要工作和组织结构

1.3.1　主要工作

本书主要围绕网格环境中资源配置机制、分布式开放环境中的动态主观信任管理机制及其应用展开研究，解决在网格环境和资源共享中的配置问题和在分布式开放环境中进行资源共享和交互协作时存在的安全问题。通过解决这两个问题来进行计算机网络资源共享机制的研究。主要研究内容和创新性成果如下。

（1）基于社会效用的网格资源拍卖机制。分析目前已有的网格资源配置方法的研究成果，设计了一种新的拍卖机制——基于社会效用的网格资源拍卖机制来进行网格资源配置，该机制是在第二价格拍卖基础上考虑对社会效用的评估。这种新的拍卖机制既考虑了用户的社会效用，又具有诱导用户给出真实报价的作用，从而既维护了服务系统的利益，又维护了社会的利益，具有明显的优点。

（2）相对完整和合理的主观信任管理模型。分析目前已有的研究成果可知，基于概率论或模糊数学的主观信任管理模型无法很好地描述分布式开放环境中信任的不确定性。虽然部分基于云模型的主观信任管理模型从理论基础的角度解决了上述问题，但是仍存在机制不完整、处理方式过于简单等方面的不足。本书提出的新的基于云模型的信任演化策略包含了信任的传递、合并、评估和更新四个阶段，构成了一个相对完整的信任管理模型。同时，以使计算结果符合常识和人类认知为原则，结合云模型的基本原理设计上述各阶段的算法，提高了信任演化过程的合理性。

（3）信任与风险相融合的可信决策模型。信任和风险是影响分布式开放环境中资源服务决策的两个主要因素。仅依赖信任模型或传统的风险评估手段显然无法满足可信决策的基本需求。而已有的综合考虑两个要素的决策模型大多也仅采用简单叠加的方式，忽视了信任与风险之间的必然联系。本书在分析资源服务决策过程中风险的主要来源的基础上，构建了一种风险感知的可信决策模型，较好地体现了这两个要素对决策结果的共同作用。

（4）实用性更强的风险量化方法。分布式开放环境的复杂性和动态性使精确量化风险十分困难。目前已有的风险评估方法均着力于解决如何精确计算风险度的问题，研究成果面临着所需参数难以获取，假设条件过于理想化等方面的挑战。本书运用 Chernoff 界思想，采用保证风险不超过决策者可承受范围的思路，提出了一种更具操作性的风险度计算方法，在不影响评估结果准确性的前提下，避免了获取精确值时可能遇到的问题。

（5）能更好地评估数据副本的可靠性，且更接近真实场景的多准则数据副本选择策略。在分布式开放环境中，选择最可靠的副本与选择使任务完成时间最短、执行成本最低的副本同等重要。目前在副本选择中考虑其可靠性的研究成果均采用离散级别（数值或等级）评估该指标，无法满足用户带有模糊性和定性的数据服务质量（Quality of Service，QoS）需求。本书将提出的基于云模型的信任模型用于评估副本的可靠性，较好地解决了上述问题。此外，本书在对问题建模时，还充分考虑了副本可靠性对任务调度目标的影响，使构建的模型更贴近真实场景，弥补了已有研究成果在此方面的不足，从而提高了本书提出的多准则数据副本选择策略的实用性。

1.3.2　组织结构

本书的组织结构如下。

第 1 章，简要说明了在计算机网络资源共享中存在的两个问题：网络资源配置机制问题和网络资源信任机制问题。网络资源配置机制问题主要是以网格资源配置的形式表现的。网络资源配置机制问题中，简要介绍了网格环境中网格、网格资源、网格资源配置等概念。网络资源信任机制问题中，以界定和澄清与信任及信任管理相关的若干概念为目标，综述了国内外研究概况，指出了信任管理机制在安全方案中的地位。

第 2 章，主要介绍了网格资源配置的方法。首先简要介绍了资源配置的两种方法：系统优化机制和经济机制。然后详细介绍了系统优化机制的两种方法：计算方法和模拟方法，并对国内外的研究现状进行了阐述。同时也详细介绍了经济机制的三种方法：市场机制、拍卖机制和博弈机制，并对国内外的研究现状进行了阐述。为第 3 章基于社会效用的网格资源拍卖机制的提出提供了背景介绍和研究综述。

第 3 章，主要介绍本书所提出的基于社会效用的网格资源拍卖机制，以进行网格资源的配置。首先简要介绍了社会效用，然后介绍了这种新的拍卖机制，最后简要介绍了在评估社会效用时用到的层次分析法。

第 4 章，首先介绍了分布式开放环境中信任管理机制需要关注的重点问题，分析了现有主观信任管理机制的不足。通过定义与信任相关的若干概念，设计基本云算子，提出了一种新的基于云模型的信任演化策略，以准确合理地表述、度量和推理计算资源共享双方之间的信任关系。

第 5 章，强调了在分布式开放环境中进行资源服务可信决策时需要考虑的两个因素：信任与风险。在指出现有决策机制和风险量化方法有待改进之处的基础上，建立了一种风险感知的资源服务可信决策模型，给出了一种基于概率的信誉推理机制，提出了一种基于 Chernoff 界的风险度计算方法，快速准确地评估为资源请求者提供资源服务时可能存在的风险。结合第 4 章提出的信任演化策略，设计的决策机制将有效地辅助资源提供者完成资源服务过程中的可信决策。

第 6 章，主要研究如何运用第 4 章提出的信任管理模型解决实际问题，同时验证其有效性。以数据密集型计算环境中独立任务包（Bag of Tasks，BoT）应用面临的数据副本选择问题为例，考虑开放环境中副本失效对任务执行过程的影响，采用基于云模型的信任模型评估数据副本的可靠性，提出了一种多准则数据副本选择策略。

第 7 章，总结全文并展望未来的研究方向。

其中，第 4～6 章的主要工作和逻辑关系如图 1-13 所示。

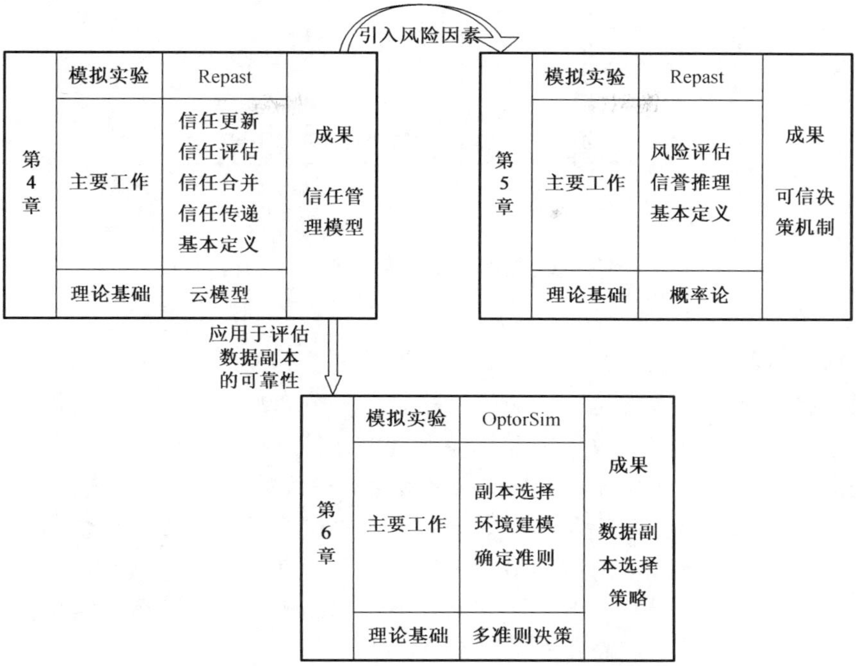

图 1-13　第 4～6 章的主要工作和逻辑关系

第 2 章　网格资源配置机制

2.1　网格资源配置的基本方法

目前，网格计算已成为高性能计算发展的主要趋势，是未来全球科学合作、大规模计算和数据处理的基石。由于网格资源的分布性、异构性、自治性和动态性等特点，所以在网格计算中需要提供网格中间件来屏蔽这些特性，来为人们提供透明的服务。其中，网格资源配置问题就是要解决的一个关键问题。简单地说，网格资源配置问题就是研究如何有效地将 n 个独立的任务映射到 m 个异构的可用资源上，使得任务完成的总时间最少、资源的利用率最高。目前有很多研究涉及网格资源配置的方法[92-94]，本书将网格环境中资源配置的方法分为两类：系统优化机制和经济机制，下面简要介绍这两种方法。

2.1.1　系统优化机制

系统优化机制是传统的资源配置方法，主要思想是以系统为中心，以提高系统吞吐率、资源利用率和实现整个系统上所有任务的完成时间最少为目标，来对网格资源进行配置。系统优化机制有两种方法：计算方法和模拟方法。

因为这种资源配置方式是从提高网格系统性能的角度研究网格资源的配置问题，所以可以有效地提高系统的整体性能。但由于网格资源具有分布性、异构性、自治性和动态性等特点，所以系统优化机制不能很好地适用于网格计算环境，不能很好地满足用户的服务质量要求。

2.1.2　经济机制

在网格中，大量地理上分布的资源被不同的管理机构拥有和管理，这些管理机构具有不同的使用规则、计费模型和负荷能力；资源本身是有区别的，不同的用户获得这些资源所得到的效用价值和使用资源的费用也是不一样的；资源拥有者和用户各自具有不同的需求、策略和目标，这也会对网格中的资源共享产生影响。由于网格的这些特点，以系统整体性能为目标的系统优化机制在网格中并不适用。

鉴于网格资源的分布性、异构性、自治性和动态性等特点，人们认识到网格资源提供者和用户之间的交互与人类社会的经济活动过程类似，因此在很多研究中应用经济学理论来解决网格资源配置问题。把用户看成购买商品的顾客，把网格资源看成商品，运用价格杠杆来调节用户需求，进而控制资源的配置，也就是说，采用经济机制来解决网格资源配置问题。

经济机制是指将经济学方法用于网格资源的配置中，资源提供者和用户的利益目标均用一定的价值形式表示。用户要获取资源的使用权需要支付一定的费用，而资源提供者则通过提供资源获得其该得的利益，双方为了获得最大利益制订交易或共享资源的策略[95]。利用经济学方法研究网格资源配置是当前网格研究的新热点。将其中用到的经济机制主要分为三类：市场机制、拍卖机制和博弈机制。

将经济机制用于网格资源的配置中，是因为经济学是研究如何将稀缺的资源有效地配置给相互竞争的用途的科学[96]，简单地说，经济学研究资源配置问题，经济学的两大原理（最优化原理和均衡原理）也适用于网格环境，所以可以将经济学的方法用于网格资源的配置中。由于网格资源的分布性、自治性、异构性和动态性等特点，使得网格环境中的资源配置又有其独特的方式。

经济学的研究是通过建立模型进行的，在网格资源配置中建立经济模型的目的是找到在网格计算环境中资源配置达到均衡状态时资源的价格、成交的数量以及资源的归属（即谁将享有资源的使用权）。Mills 等[97]证明了在网格计算环境中可以使用基于经济学的方法来进行有效的资源配置。

用经济学方法解决网格资源配置问题，还有以下几点原因：①经济模型中有供应方和需求方，而网格资源配置同样涉及资源提供者和用户之间对网格资源的供给和需求关系；② 网格是一个异构的、动态的分布式环境，对资源的使用和供应都是处于不断地变化之中的。在基于价格的经济模型中，可以通过价格的上下浮动反映资源供需情况的动态变化，求解供需均衡以实现资源优化配置；③ 用户对于服务质量有一定的要求，在资源配置与调度中引入经济学方法可以促使用户决策时在服务质量和所需成本之间权衡。

用经济机制进行资源配置时，在网格资源配置系统框架中有几个概念，下面简单介绍一下。

（1）网格货币。在经济机制中，资源是有价格的，用一定的价值形式来表述，用户通过支付一定的费用来获取资源的使用权，资源提供者则通过提供资源从中获利，网格货币的意义与现实中的货币相类似，并且最终可转换成现实中的货币。

（2）网格资源提供者。出售资源、允许他人使用自己的计算资源，从中获利，扮演传统生产者的角色。

（3）网格用户。付出一定的价格来购买网格资源，从而获得资源或服务，扮演传统消费者的角色。

（4）网格资源代理。一般网格用户不直接同网格资源提供者打交道，而是通过网格资源代理作为中介向网格资源提供者购买资源。网格中的资源配置是通过网格资源提供者提供资源、用户由网格资源代理来购买所需资源的方法实现的。资源作为一种商品，其价格主要是由该商品的自身价值以及供需状况所决定的。对于一种资源，较高的需求将抬高它的价格，而较低的需求则会降低它的价格。

2.2 系统优化机制

以系统为中心的系统优化机制有两种方法：计算方法和模拟方法。

2.2.1 计算方法

在计算方法中，又可分为智能优化算法和其他算法。

1. 智能优化算法

网格异构性、广域性等特点决定了其资源的配置是一个组合优化问题，也是NP-hard 问题，而智能仿生类启发式算法能有效地解决这个问题。目前有许多研究从算法的角度来提高系统整体性能，所用到的算法有遗传算法、蚁群算法、粒子群优化算法、禁忌搜索算法、模拟退火算法等智能搜索算法和一些其他的算法，通过对原有算法加以改进或综合几种算法取长补短来达到系统优化的目的。

下面简要介绍一下这几种算法。

1）遗传算法

遗传算法[98]（Genetic Algorithm，GA）是一种启发式搜索算法，由美国的Holland 教授在 1975 年首先提出，借鉴了生物界适者生存、优胜劣汰的进化规律，是现代智能计算中的一个关键技术。遗传算法将要解决的问题模拟成一个生物进化的过程，通过复制、交叉、突变等操作产生下一代的解，逐步淘汰掉适应度函数值低的解，增加适应度函数值高的解。这样进化若干代后就很有可能会进化出适应度函数值很高的个体。遗传算法具有天然的并行处理特性，全局寻优能力很强，并且它采用概率化的寻优方法，能自动获取和指导优化的搜索空间，不需要确定的规则就可以自适应地调整搜索方向。遗传算法被人们广泛地应用在函数优化、组合优化、自适应控制、信号处理、机器学习和人工生命等领域。

随着求解问题的复杂性和难度的增加，提高遗传算法的运行速度非常重要。并行遗传算法不仅把串行遗传算法等价地变换成一种并行方案，而且把遗传算法的结构修改成易于并行化实现的形式，形成并行种群模型。遗传算法具有天然的并行处理特性，非常适合在大规模并行计算机上实现，而大规模并行计算机的日益普及为并行遗传算法提供了物质基础。采用并行遗传算法是提高搜索效率的方法之一。

遗传算法的鲁棒性强，搜索能力强，过程简单，随机性、灵活性和可扩展性好，容易与其他算法结合，但编码实现比较复杂、搜索速度慢，且对初始种群的选择有一定的依赖性，可结合其他算法加以改进。当求解到一定范围时往往做大量无为的冗余迭代，求精确解效率低。

2）蚁群算法

蚁群算法[99]（Ant Colony Optimization，ACO）是一种模拟进化算法，由 Dorigo 等在 1992 年提出，其基本原理源于蚂蚁在寻找食物过程中发现路径的行为。蚂蚁通过信息素互通信息，最后发现从蚁巢到食物源的最佳路径。当蚂蚁往食物源移动的过程中，它们会检测到其他同伴所释放的信息素，并根据路径上信息素的浓度来决定它们下一步的移动方向，同时在移动的过程中又释放自身的信息素。在最开始，不同路径上的信息素的浓度是一样的，但是随着蚂蚁的来回移动，当从蚁巢到食物源端的路径上通过的蚂蚁的数目大时，信息素的浓度自然也会增高，从而吸引更多的蚂蚁通过该路径，释放更多的信息素，这样形成正反馈，最后越来越多的蚂蚁通过该路线，逐渐形成一条最佳路径。蚁群算法可应用在数据挖掘、模糊建模、群体智能、聚类分析、网络路由优化和物流配送车辆调度等领域。

蚁群算法不同于其他仿生优化算法的最为显著的特点是采用了正反馈机制，具有较强的鲁棒性、优良的分布式计算机制、易于与其他方法结合的特点，其求解结果不依赖初始路线的选择，在搜索过程中不需要进行人工调整。但是蚁群算法需要较长的搜索时间，容易出现停滞现象，且收敛性对初始化参数的设置比较敏感，具体应用时可以与其他算法结合使用来避免这一缺点[100]。

3）粒子群优化算法

粒子群优化算法（Particle Swarm Optimization，PSO）是一种进化计算技术，由美国社会心理学家 Kennedy 和电气工程师 Eberhart 在 1995 年共同提出的。该算法是通过模拟鸟群觅食行为来实现组合优化问题的求解。其基本思想是通过对许多鸟群的捕食行为进行建模和仿真，当一只鸟飞离鸟群而飞向栖息地时，将导致它周围的其他鸟也飞向栖息地，直到整个鸟群都落在栖息地。粒子群算法在对动物集群活动行为观察的基础上，利用群体中的个体对信息的共享使整个群体的运动在问题求解空间中产生从无序到有序的演化过程，从而获得最优解。目前已广泛应用在函数优化、生物系统建模、流程规划、信号处理、机器人控制、神经网络训练和模糊系统控制等领域。

粒子群优化算法具有结构简单、易于实现、无须梯度信息、所需代码和参数较少、受所求问题维数的影响较小和天然的并行性的特点，但其数学基础相对薄弱，缺少深刻的数学理论分析[100]。

4）禁忌搜索算法

禁忌搜索算法[101]（Tabu Search，TS）是一种全局性邻域搜索算法，最早由Glover在1977年提出。该算法模拟人类具有记忆功能的寻优特征，引入了一个相对灵活的存储结构和与之相对应的禁忌准则来避免迂回搜索，并设定藐视准则使得一些被禁忌的优良状态得到赦免，保证有效搜索的多样化，从而实现最终的全局优化。由于禁忌搜索算法使用了记忆，在搜索过程中可以接受劣解，所以该算法在搜索过程中能够跳出局部最优解，大大增加了获得全局最优解的概率。禁忌搜索算法被广泛应用在函数优化、组合优化、机器学习、电路设计、生产调度、通信系统和神经网络等领域。

禁忌搜索算法具有较快的收敛速度，但是其搜索性能很大程度上依赖给定的初始解，一个较好的初始解往往会很快地收敛于全局最优解，否则可能降低算法的收敛速度。具体应用中通常使用其他启发式算法给出一个较好的初始解，来提高算法的性能。另外禁忌搜索算法的串行性使得全局搜索能力有待提高[100]。

5）模拟退火算法

模拟退火算法[102]（Simulated Annealing，SA）是一种随机寻优算法，是Kirkpatrick等在1983年提出的。源于固体退火原理，其出发点是基于物理中固体物质的退火过程与一般组合优化问题的求解过程之间的相似性。模拟退火算法通过赋予搜索过程一种时变且最终趋于零的概率突跳性，来有效避免陷入局部最优并最终趋于全局最优。简单地说，模拟退火算法以一定的概率来接受一个比当前解更差的解，因此有可能会跳出局部的最优解，达到全局的最优解。模拟退火算法是一种通用的优化算法，可以有效地解决NP-hard问题，目前广泛应用于生产调度、控制工程、信号处理、机器学习和神经网络等工程领域。

模拟退火算法计算过程简单，具有较强的鲁棒性和天然的并行处理特性，运行效率高，而且算法求得的解与初始解状态无关，在理论上被证明是一种以概率1收敛于全局最优解的全局优化算法。

下面简要介绍国内外用计算方法解决网格资源配置问题的研究。

遗传算法已被应用到异质性分布式计算环境中的任务匹配和调度中[103]，但因为它采用串行的方法，得到的资源配置速度不是非常理想。利用遗传算法的天然并行特性，并结合网格资源配置的特点，李慧贤等[104]采用粗粒度模型提出了基于并行遗传算法的网格资源配置方法，该方法可以克服经典遗传算法的不足，提高资源配置速度和求解的质量，从而提高网格的服务质量。

Sweeney等[105]分别运用遗传算法和模拟退火算法将网格异构资源链接成一个可用的整体，优化资源配置。网格资源代理在根据时间和成本约束进行可用资源的配置时，必须使用一种优化算法，及时准确地返回一个结果。通过比较虽然这两种算法都可以用来找到接近最优的解决方案，但对于一个网格资源代理和任何双重约束优化问题，模拟退火算法优于遗传算法，是更好的选择，但需要通过反复试验才可确定最优值的变量。

在网格资源配置中需要考虑一些特定的资源特性和任务指标。为了有效调度任务和减少执行时间，Manpreet[106]认为网格环境中蚁群算法适用于资源的配置和调度，并描述了包括用户、资源代理、资源和网格信息服务的网格资源配置框架。该框架以蚁群算法为主要策略，提出了一种面向资源的蚁群算法，模拟结果显示该算法可以减少执行时间和成本，高质量地配置网格资源。

为扩大服务和增加网格计算系统的可靠性，Horng[107]将资源配置优化问题分解成一个最小化预算和最大化可靠性的问题，提出了一个在可接受的计算时间内估计资源配置设计的服务可靠性的近似模型，用一种以顺序优化为基础的方法来解决网格资源配置问题，该方法在第一阶段提出用一个二进制粒子群优化算法进行近似模型评估，第二阶段用更精炼的近似模型在第一阶段获得的子集中寻找足够好的解决方案。模拟试验结果表明所提出的方法在解的质量和计算效率上都具有明显的优势。

由于遗传算法固有的“早熟”和后期收敛速度慢的缺陷，刘洋等[108]提出了一种将思维进化计算[109]（针对遗传算法存在的问题并受到遗传算法的新研究进展的启发提出的一种新型进化算法）和禁忌搜索算法相结合的新型混合思维进化算法，利用禁忌搜索算法中的禁忌表避免思维进化计算的重复搜索，进一步提高趋同和异化效率。二者优缺点互补，充分发挥各自长处，使算法更具健壮性，可以有效地解决网格资源配置问题。随着禁忌搜索中局部搜索操作迭代次数的增加，该算法将更快地收敛于全局最优解，但时间代价也会随之增加，所以要根据具体情况而定。

研究发现，遗传算法和蚁群算法的特点适合解决网格资源配置问题，但遗传算法对于系统中的反馈信息利用不够、易受局部最优解影响，而蚁群算法初期具有信息素匮乏、求解速度慢的特点。梁俊斌等[110]将并行遗传算法和蚁群算法结合起来，使用并行遗传算法生成信息素分布，再利用蚁群算法求出全局最优解。通过将两种算法结合起来，取长补短，充分发挥两者的优势，大大提高了混合算法的效率。实验证明混合算法可以弥补单一算法自身存在的不足，能有效地解决网格资源配置问题。

针对网格复杂环境下的具有多服务质量约束的资源配置问题，穆瑞辉等[111]提出了一种基于服务质量约束和启发式算法的网格资源配置算法。该算法将服务质量约束融入蚁群算法求解过程中，通过改进蚁群算法求解出的最优解满足用户服务质量需求和实现资源负载平衡。通过仿真实验证明，其所提出的方法能降低任务调度时间、降低资源使用费用和提高资源使用的可靠性，较其他方法更优，是一种适合网格分布式计算环境的有效配置方法。

考虑到离散粒子群优化算法在解决离散问题上的有效性，把离散粒子群优化算法或其改进算法应用于网格资源配置和任务调度中是行之有效的[112]。李慧敏等[113]在现有算法的研究基础上，提出一种基于改进的离散粒子群优化算法的网格资源配置和任务调度算法，将这个算法应用到具有时间和预算限制的网格资源配置和任务调度中。该调度算法在作业完成时间、综合性能以及资源的负载平衡方面均具有较大的优势。

2. 其他算法

智能优化算法中需要上层的调度管理器，存在调度实时性差的问题，而一些研究中提出了启发式算法以外的计算方法来解决网格资源配置问题。

针对计算网格环境下的复杂结构，丁菁等[114]提出了有效地映射一组相互独立任务的策略，该策略采用重复映射以更好地适应网格计算环境下的动态性和自治性。算法考虑到任务的输入数据位置对映射效果的影响，通过定义效益函数，使得该策略在追求较短的任务完成时间的同时兼顾任务的服务质量需求。该映射策略符合计算网格的复杂环境，能够更好地满足不同用户的实际需要。

资源代理优化资源使用，在网格资源配置中起到重要作用，在优化总体资源使用成本和时间的同时保证所需的服务质量，Sarbani 等[115]描述了一个在网格环境中资源代理多个并发运行工作时的框架和新策略，提出了一种新颖的基于任务建模和资源发现的算法来进行网格资源与任务的匹配，模拟结果显示：随着资源提供者的增多，所提出的资源选择算法性能优于基于启发式算法的方法，但是，该算法的成本计算方法需要进一步改进。

Lee 等[116]提出了一个基于网格计算架构的动态分析资源模型。该模型可以得到关于 CPU 使用和每个网格资源节点运行作业的个数等信息，实现负载均衡，并使计划和协作节点的资源配置得到优化。最后实验证明所提出的模型可以有效地进行网格资源的配置。

在网格资源配置中，Emmanuel 等[117]从资源配置的公平性的角度出发，提出了一个多策略模型，其中每一个配置策略对应一种场景，并提出了一种解决公平的资源共享问题的算法。该算法可以对不同用户请求公平对待、离线使用，但在给出了用户请求向量的上界的情况下可以在线使用。该算法的目标是把所有的系统用户平等对待，但在网格环境中不同用户可能权限不同，所以这是一种理想情况。

为实现服务质量路由技术、提高网格的服务质量，张沪寅等[118]定义了网格服务中任务调度的通信开销，分别描述了并行计算和网格服务中任务调度成本，给出了服务质量路由树的生成原则，提出了网格堆排序算法和服务质量路由选择算法，利用算法设计了一种网格的任务调度与配置机制。实验证明，在网格中，最好将任务分割成数据量较小且执行时间不能过短的任务，这样可以更好地提高网格资源管理的效率。

2.2.2　模拟方法

在网格资源配置中应用到的模拟方法主要是 Agent 技术。

Agent 是一定环境下的计算机系统，该系统具有为完成其设计目标对环境进行自治活动的能力。自治活动是指系统在没有人或其他 Agent 直接干预的情况下所进行的活动，并且对所进行的活动和内部状态具有控制能力。与面向对象系统的封装性类似，Agent 封装了状态和行为，一个 Agent 能够精确控制其所完成的动作，即具有自治能力；一个 Agent 向另一个 Agent 请求完成动作，其中，是否完成动作的决策取决于命令接收者而不是命令发送者。

在分布式计算领域，人们通常把在分布式系统中持续自主发挥作用的，具有自主性、交互性、反应性和主动性等特点的计算实体称为 Agent。一个分布式系统可以定义为由多个相互作用的 Agent 组成的系统，各种分布式系统的差异主要表现为其中 Agent 的角色和交互方式上的差别。可以利用 Agent 技术开发分布式交互仿真环境，因此可将 Agent 技术用于网格资源配置的模拟中。

钟伯成等[119]提出了基于 Agent 的计算网格资源配置框架，在这个模型中，用效用函数来刻画用户对网格服务的满意程度，将网格资源配置问题转化为在传统的考虑负载平衡的基础上最大化所有用户的效用和，并给出了分布式、可扩展的算法。将复杂的网格资源配置问题分解为简单的算法解决，由各 Agents 用本地信息实现。在计算网格框架中，有两类 Agents：生产者 Agents（管理网格资源）和消费者 Agents（管理用户的计算任务）。两类 Agents 协商资源价格和相应的资源量，根据资源市场的供需情况调整价格，最后达到供需平衡的资源配置。这种配置是在满足用户 QoS 的基础上，保持全局负载均衡并最大化全体用户的效用和。

人工智能技术可以用来实现有效的工作负载和资源管理，Cao[120]等将智能代理和多代理方法结合起来应用于局部网格资源调度和全球网格负载平衡中，每个 Agent 代表一个局部网格资源，利用预测应用程序性能数据与迭代启发式算法实现跨多个主机的本地负载平衡；在较高的层面上，代理使用点对点服务广告和发现机制彼此配合实现工作负载平衡。模拟结果显示，对于局部网格负载平衡迭代启发式算法更有效，但所提出的方法对于全球网格负载平衡更有效。

李洪涛等[121]在分析已有的网格资源配置方法的基础上，提出了基于 Agent 的网格资源管理模型，该模型主要由用户层、客户服务层、信息服务层、区域管理层和资源层组成，并在此基础上对基于 Agent 联盟的网格资源配置方法进行研究，最后给出了实例分析。

李春林等[122]研究了基于经济模型的计算网格资源配置和算法，先描述了计算网格资源配置的特征及流程，着重讨论了基于 Agent 的网格资源经济调度策略及算法，论述了基于费用比例的网格资源配置技术，提出了一种基于费用比例的网格资源配置算法，描述了网格任务 Agent 效用函数，并给出了一种网格任务 Agent 投标算法。研究表明所提出的算法可实现计算网格用户之间公平有效的资源配置，可适应计算网格资源供需状态的动态变化，并可支持多资源的联合配置。

网格资源的分布性、复杂性和动态性使得管理资源的方法更具有智能性和协作性。王倩等[123]提出了一种适应计算网格分布动态环境的多角色代理的资源管理框架，其中核心的三种角色代理（应用代理、资源代理和经纪人代理）都采用 BDI（belief desire intention）智能代理模型，利用 BDI 代理的智能交互，进行协同合作以管理复杂的网格资源，并提出了资源优化配置的策略和方法。这种方法不仅提高了整个系统的智能性，还有利于加强不同角色代理之间的交互，让管理系统中的各种角色充分协同合作，共同优化配置网格资源。

2.3 经 济 机 制

用经济机制进行网格资源配置，主要用到的有市场机制、拍卖机制和博弈机制。下面分别简要介绍这三种主要用到的机制和国内外的相关研究。

2.3.1 市场机制

资源管理和配置是网格计算的核心问题，用市场机制可有效地管理和配置网格资源。将市场机制用于网格资源的配置，把网格环境中的用户和资源提供者转换成商品市场中的买者和卖者，则资源便相当于市场中的商品。市场机制中的资源是有价格的，可通过价格浮动来反映资源供需情况的动态变化，根据供需均衡实现资源优化配置，从而很好地体现了网格的动态性。

在基于供需均衡的网格资源管理中，假定用户都是理性人，追求个体效用最大化，并利用价格和价格浮动反映资源的动态性和供需状况，则各个参与者可通过自我调节价格使网格资源得到有效分配。在这种通过供需均衡来实现资源有效配置的过程中，网格资源提供者通过向用户提供资源获得利益，用户付费使用资源完成其任务。提供者需要确定资源售价，如果资源紧缺，则提供者可考虑适当提高售价；反之，则可考虑适当降低售价，直到系统达到均衡状态，即总需求等于总供给，此时的资源价格为均衡价格。经济学理论证明了在此价格下的资源配置使得市场中每个用户的效用最大，同时资源提供者的收益最大，即系统总效用最大。经济学的一些文献已经证明了在竞争的市场中，存在均衡价格并且资源配置可以达到帕累托最优。

市场机制用于网格资源配置中，交易规则不同，形成的市场模型也不同，其中主要应用的市场模型有以下几种。

1. 商品市场模型

商品市场模型是市场模型中最为简单的一种网格资源配置模型。在该模型中，资源的价格由网格资源提供者决定，根据资源的使用量对网格用户进行收费。资源作为一个商品在市场上被双方买卖，网格用户为自己使用的资源如 CPU 运算时间、应用程序、网络带宽而付出相应的费用。

在商品市场模型中，资源的价格制定应该根据资源的供求关系达到均衡，当需求增加或者供给减少时，价格会增加直到市场达到新的供求均衡。网格用户可以清楚地看到在网格中的所有资源以及资源价格的信息，以便根据自己的服务质量需求寻找合适的资源。

在网格环境中，不仅资源的可用状态、服务能力、负载状况等会随时间而动态变化，而且网格是一个异构的、动态的分布式环境，使得资源的使用和供应处于不断地变化之中。商品市场模型由价格浮动反映资源供需状况的动态变化，通过达到供需均衡来实现资源优化配置。

有许多研究是基于市场机制进行网格资源配置的，曹鸿强等[124]以一般均衡理论为基础，依靠市场机制，提出了一种基于市场机制的资源配置方法。该方法描述了基于代理的计算网格资源配置框架，包括资源层、代理层和用户层，并给出了计算网格资源配置的市场模型。其中效用函数刻画了用户对给定资源的满意程度，然后定义了市场模型的均衡状态并证明了在均衡状态下资源配置不仅有效而且公平，最后以 Tatonnement 价格调整过程为基本思想引入了资源代理的迭代算法来求解均衡价格和计算资源配置问题的均衡解，解决了资源协调配置问题。

为解决在动态变化的环境中处理网格资源配置中的异构性和动态性等难题，郭权等[125]运用市场价格体系，对资源的买方、卖方的具体行为作了详尽的描述，给出了网格资源管理框架，提出了资源配置方法的数学模型，并引入了资源配置求解的近似算法。所提出的配置资源的方法，既能较好地适应市场资源供需情况的变化，又能避免在一次资源配置中频繁地进行价格沟通。资源组的原子性配置，保证了同一作业相关资源的协同配置，并避免了资源申请的死锁问题和资源的无效占用，提高了整体执行效率。

为了解决网格环境中存在欺诈节点的资源配置问题，张瑞等[126]提出了一种基于信任团体的资源配置机制。在这种机制中，源节点根据竞争节点的信誉值及其所在的信任团体的信誉值进行差别定价，提供有差别的服务，并且为保证在竞争节点间进行公平的配置，在资源配置中引入了访问控制。模拟实验表明，当系统中存在欺诈节点时，所提出的资源配置机制能有效地提高交易成功率、资源利用率和资源交易双方的收益。

Rich 等[127]研究了电子商务计算网格设置中用计算经济的方法来控制资源配置的方法；研究了商品市场和拍卖两种制定价格的市场策略；并将资源提供者和用户看成商品市场的买卖双方，提出了价格调整方案。在模拟试验中分析了在供大于求与供不应求情况下的整体价格稳定、市场均衡、生产者效率和消费效率的多重均衡。

Saeed 等[128]建立了一个市场模型来激励资源提供者分享他们的资源，在市场资源交流中建立联盟，提出了一种易处理的计算机致使市场达到瓦尔拉斯（Walrasian）均衡，Walrasian 均衡问题包括找到最大化市场双方的效用和使得市场出清（资源供给等于需求）的一组价格与一种资源配置方式。实验表明，当到达 Walrasian 均衡时，网格市场会得到有效的资源配置。

针对基于市场机制的网格资源调度中的资源调价问题，结合集中式同步调价算法速度快和分布式 WALRAS 算法可扩展性的特点，翁楚良等[129]提出一种适用于网格资源调度的分布分组调价算法。在包括资源域 Agent 和资源组调价器的系统框架下，该算法根据资源价格的相关性将资源分成若干资源组，当资源供需状况发生变化后，各资源组调价器分别根据供需均衡调整价格到均衡价格。该算法具有很好的可扩展性，适用于网格环境下对资源进行价格调整。当资源供需发生变化后，能够使价格快速调整到均衡价格，可以在很大程度上减少资源调价的时间。

为了充分整合和协同分散的资源，张煜等[130]结合软激励和硬激励两种方式，制定了自适应的信任-激励相容的资源配置机制，以简洁的经济和可计算的模式实现了资源的交换与配置，来激励节点共享有价值的资源。所提出的资源配置机制给出了资源提供者的动态价格调整策略，可以保证共享资源的安全与平衡。同时，根据多贡献多配置的原则，激励节点共享出有价值的资源，能够最大化资源的聚合效用。在资源配置中，保障了资源拥有者的利益与安全，自然能吸引其加入资源协作。

基于计算市场的网格系统资源配置的一个关键步骤是对资源的合理定价，杨锦等[131]给出了一种不断地在每次交易过程中由买卖双方自主确定价格的策略。该策略是一种分布式的定价方案，与分布式资源配置的要求相适应。该方法中定价与交易相结合，价格仅由交易双方制定，且仅在本次交易中有效，每次的交易中价格都能充分适应买卖双方的利益，从而使得这种定价更加灵活，也更能充分适应网格资源的实时变化。价格能够随着网格环境的实时动态变化而变化并且将使定价过程摆脱集中的价格服务器的影响，而且，自主定价策略将有助于网格资源的配置从传统的集中调度、集中配置走向分布式资源配置。

Beck 等[132]提出市场化配置的概念，给出了一个基于网格资源使用的定价机制，指出了在网格系统中对资源和服务的定价策略，并通过三个不同的网格定价仿真案例来说明所提出的定价机制可以有效地节约成本，是一个有效的网格资源配置方案。

针对网格资源管理，陈冬娥等[133]用经济学方法对网格资源管理建模，设计了一种面向服务代理的网格资源管理模型，并提出了一种基于效用函数的资源配置策略。所提出的基于效用函数的资源配置旨在追求系统资源的全局最优化，即社会福利最大化，利用市场均衡理论动态地调整网格资源价格，得到资源的最优配置，大大降低了算法的复杂度。该算法不仅能够根据用户的服务质量要求灵活有效地为用户动态地配置网格资源，还可以通过改变用户的服务质量参数，得到满意的性能。

针对计算网格环境中用户的服务质量需求，李志洁[134]提出了一种时间和费用混合优化的资源配置算法，即以最小化用户的时间和费用为目标函数，以预算和时限为约束条件，运用经济规律把网格资源配置给一组相互竞争的网格用户。这种动态调整资源价格的算法将多用户竞争使用同一资源的问题转化为一个多目标优化问题，通过求解产生一组优化的用户配置份额。根据这个方案划分的资源能够保证用户在各自的预算和时限约束下同时达到任务执行时间和费用最小化，最后模拟实验证明了该算法的有效性。

商品市场模型中通过供需均衡实现资源优化配置，而资源价格是根据供求关系达到均衡的，在这其中并没有充分考虑资源的利用效率，一旦交易价格确定，不管最后的服务质量是否达到要求，使用价格都不会再发生改变，所以可能会缺乏一定的灵活性。

2. 资本市场模型

经济领域有现货市场、证券市场、期货市场等不同类型的市场。一些研究将证券市场和期货市场的特点和买卖规则等理论应用到网格资源配置中，提出了网格资源配置的模型和相应的算法。

丁菁等[135]提出了一个证券市场模型来实现计算网格环境下的资源配置。在该模型中，网格环境可看成是多个相互联系的分布的证券市场，每个证券市场有一定的管理范围，网格环境中的资源是全局拥有的，资源作为一种证券商品可以自由买卖，用户可以根据自身情况决定资源花费行为。模型中还提出资源供求双方的交易机制可根据该交易机制进行订单匹配。模拟结果显示在证券市场模型下所有证券商品同时出清，因此证券商品数目的增加对于算法的执行速度几乎没有影响。该算法具有简单、快捷和很高的可扩展性的特点。这种以用户为中心的配置模式可以很好地适应基于因特网的动态、自治、分布、异构的网格环境。但模拟结果还显示了成交量有所减小，这说明证券市场模型在成交量上还有待完善。

刘会斌等[136]在比较了计算网格资源和期货特点的基础上，提出了一种基于期货市场理论的网格资源配置机制，并提出了基于期货市场的资源竞价交易算法，给出了电力网格中应用实例。在电力网格系统上的模拟实验表明所提出的竞价算法具有资源利用率高、收敛速度快和稳定性高的优点。

3. 讨价还价模型

在其他的市场模型中，交易价格是由资源提供者提出的，用户只需选择接受或不接受，接受则进行交易，遵循双方自愿的原则。而在讨价还价模型中，用户也可以向资源提供者提出较低的价格或更长的资源使用时间。用户和资源提供者都有各自的目标函数，双方通过协商达到各自的目标，从而使得交易双方都满意。

在讨价还价模型中，交易双方对于网格资源的价格是可以讨价还价的。网格资源代理为取得更低的价格或更长的使用时间与网格资源提供者反复协商，网格资源代理开始可能提出一个较低的价格，而资源提供者则提出一个较高的价格，它们互相协商直至达到一个双方都满意的价格或者有一方不愿意再协商下去而结束。

这种讨价还价是由用户的需求所引导的，网格资源代理冒一定的风险提出尽可能低的价格，或者剔除价格较昂贵的资源，这样可能会导致较低的资源利用率。因此，与造成资源的浪费或者闲置相比，网格资源提供者可能更愿意降低使用价格。

在网格环境中，资源的管理和配置是网格计算所面临的关键问题。梁正友等[137]提出了一个基于议价机制的网格资源配置模型，设计了资源配置策略，提出了两种资源选择模式：最先匹配算法和费用优先匹配算法。实验表明，所提出的配置策略能较好地适应网格环境中资源的动态变化，最终实现各个网格计算资源的负载平衡。通过讨价还价进行资源定价，各网格节点根据资源的利用率制定相应的协商策略从而快速地调整交易价格，能较好地实现网格资源的平衡分配。

为解决网格资源配置问题，Sepideh 等[138]指出每次交易做出妥协的六个影响因素，提出一种新的议价效用模型，并基于提出的议价模型进行协商，提出协商策略，通过协商进行网格资源配置。模拟结果表明，这种将提出的因素考虑在内的方法能使交易双方做出有效的妥协来促使双方达成交易，在不同的网格负载和市场类型中被认为是一种合适的网格资源配置机制。

将网格资源提供者和用户看做谈判的双方，Kwang[139]考虑了资源管理中讨价还价的动机，描述了一个应用于网格资源管理的议价模型，通过双方协商，提出协商策略，用讨价还价的方法进行网格资源配置。

在网格市场中，当市场的供求状况和资源的价格还没有清楚地确定时，网格资源代理和网格资源提供者通常会采用讨价还价的方式进行资源的交易。同时，应注意的是，在双方协商的过程中为了最终能达成一致，会不可避免地消耗一定的资源和时间。如果双方通过协商能达成一致，那么所消耗的资源和时间都是值得的，但如果最终双方协商失败，则协商过程所消耗的资源和时间就没有起到任何的作用。

4. 按出价比例配置模型

按出价比例配置模型是指，按各用户对资源的出价占所有用户对资源出价的比例来配置资源，配置给用户应用的资源比例与其报价和其他用户报价的比值成正比。因此，在按出价比例配置模型中，用户的出价越高，配置的网格资源越多，但用户出价低，并不会被完全剥夺使用资源的权利，只是配置的资源较少一些。按出价比例配置模型非常符合网格环境下个性化的服务要求，适合应用在合作式问题解决环境（如集群系统）以及一些资源必须共享的环境（如大型数据库）中。

用户通过出价的高低来获得不同质量等级的资源和服务，如果用户对系统的功能要求不太强烈，则可以出较低的价格来屏蔽部分不需要的资源和服务，而只获得所需要的；相反，则可以出较高的价格获得较多的资源和高质量、多功能的服务来满足自身的需要。在管理一些大型的共享资源或者一个资源被多个对象所拥有的情况下，按出价比例配置模型非常实用。在共享资源环境里资源提供者可以为出价较高的用户提供资源和服务，但是有一点，按出价比例配置资源无法表现出市场中供需状况的动态变化。

针对基于市场机制的网格资源配置中的出价问题，李志洁等[140]提出了一种应用极大熵方法来缩短作业执行时间的分配策略，实现并行任务的网格资源配置。在所提出的策略中，将具有并行任务的多个用户竞争同一资源的问题转化为一个极大极小问题，并将缩短作业执行时间的问题转化为一个可微的优化问题，求解得到一组优化的用户出价，再按用户出价比例配置资源的计算能力。研究结果表明，所提出的配置策略可以降低时间复杂度和提高资源利用率，适合应用于动态的网格环境。

为了避免在资源竞价过程中因信息匮乏而导致的竞价盲目性，林晓鹏[141]建立了一种以用户效用为中心按出价比例配置网格计算资源的模型，并给出了用户出价策略的求解方法和算法实现。将网格用户对稀缺性资源的竞争看成一个多阶段的重复博弈，分析在不完全信息下用户的竞价策略调整过程。通过有限次的博弈得到出价策略的均衡组合，按用户出价比例配置资源。仿真结果表明，在不完全信息的网格环境中，所提出的竞价模型可逐步改善网格用户的资源竞价策略，在网格资源配置中实现用户的优化目标最大化。

针对网格资源配置中用户需求的异构性问题，李志洁等[142]提出了一种基于效用函数优化的配置策略。综合考虑用户作业执行费用和执行时间两方面的因素，讨论了基于预算约束的效用优化和基于时限约束的效用优化这两种可行的优化方案，利用拉格朗日方法来求解网格用户效用函数的优化问题，使用户在完成其所有任务的前提下，产生一个合理的出价方案，按用户出价比例配置资源的计算能力。所提出的配置策略对网格资源的价格以及资源的占用时间都进行了优化，适合应用在动态、异构的网格环境中。

用户按出价比例共享资源的方法，避免了在其他的市场机制和拍卖机制等模型中部分用户无法获得资源的情况，在实现用户所期望的资源优化配置的同时，兼顾了资源配置的公平性。

2.3.2 拍卖机制

拍卖（auction）是一种特殊的交易形式，产生于公元前 500 年的古巴比伦，其基本思想来源于经济学理论。定价是基于经济学的网格资源配置机制中一个重要的研究点，拍卖是一种常用的定价模型，它基于博弈理论，反映了市场价格达到均衡以及资源配置的内在过程，是通过用户竞价来完成资源交易的，它的采用弥补了我国市场体系的一项空白。

目前关于拍卖机制的研究有很多[143-151]。拍卖机制通过多个买主提出不同的报价来竞争资源，最后由“拍卖师”依据不同的拍卖方式选定中标人并确定资源成交的价格。

拍卖有两个特点：一是通常交易的“标的物”的潜在价值都很大；二是通常每件交易的“标的物”都是独特的，各自有一个单独的价格。

任何拍卖或各种形式的招投标都需要拍卖的组织者事先宣布一个拍卖规则，拍卖规则应包括拍卖的名称、类型、相关产品数量、出价控制、定价机制和政策变化等，然后由潜在的买主提出自己的报价，组织者按照既定的拍卖规则来确定赢得交易的买主。

下面简要介绍拍卖的几种方式。

（1）英国式拍卖：也称为“增价拍卖”，竞争的买主在卖方公布的底价的基础上不断抬高价格，直到没有人愿意出更高的价钱。出价最高的买主赢得交易，并付出他所出的价格。但应注意一点，成交价不得低于保留价。

（2）荷兰式拍卖：也称为“减价拍卖”，拍卖主持人先提出一个很高的价格，然后逐渐降低价格，直到有人愿意以报出的价格买下拍卖标的物。实际上也是出价最高的买主赢得交易，并付出他所出的价格。同样，成交价也是不低于保留价。

（3）密封第一价格拍卖：买主向拍卖人递交密封的出价，买主之间的出价是独立的，出价最高的买主将赢得交易，并付出他所出的价格。

（4）密封第二价格拍卖：买主递交密封出价，出价是独立的，出价最高的买主赢得交易，但他只需要付出等于第二高的出价的价格。

前两种方式也称为公开拍卖，后两种拍卖方式也称为密封拍卖，以上四种方式都属于单向拍卖。

拍卖机制用于网格资源配置中，根据不同的交易规则形成不同的拍卖模型，其中主要应用的拍卖机制有以下几种。

1）传统拍卖机制

传统拍卖机制是指单向拍卖，即传统的英国式拍卖、荷兰式拍卖、密封第一价格拍卖和密封第二价格拍卖。传统拍卖机制同时也是单一物品拍卖，即在一次拍卖中，每个买主只对一件商品进行竞价。

王嫚等[152]提出了一种基于第二价格拍卖的网格资源配置方法，该方法在均衡理论和第二价格拍卖的基础上，依靠市场机制，实现网格资源的优化配置。该方法描述了基于价格的网格资源配置框架，突出了价格机制在市场中的作用。其中资源配置分层实施，降低了资源配置的执行开销，从而提高了系统的适应性、可延展性和可扩展性。提出了一种基于第二价格竞拍算法的网格资源配置算法，满足了网格对配置系统可扩展性和全局最优调度的需求，且该算法具有通信时间短、费用低和竞拍效率高的特点。

Bhargava 等[153]用拍卖机制来解决网格资源配置，在一个拍卖中用户对计算资源竞价，价值的计算和需求实现是相关的，如果需求不能实现，则会解除合同并付出相应的代价。该方法研究了不同的机制，包括提前承诺和针对需求不确定性的现收现付制，以及在不同的市场条件不同级别的承诺如何影响价格、收入与资源利用率，结果表明所提出的拍卖方法可以有效地解决需求不确定情况下的资源定价问题。

Panos 等[154]运用了一个基于分解算法的拍卖机制来将分散的资源统一配置，提出了一个资源管理框架，建立了一个多级随机规划问题的资源配置模型。收敛的拍卖配置达到了社会最优，另外数值实验说明提出的方法是可行的。

传统的拍卖机制存在垄断优势问题，卖方与买方是一对多的结构，处于卖方的角度来研究拍卖收益成了主导，卖方具有完全议价能力的假定把握了拍卖的特征，但同时对卖方垄断力的过分强调使得拍卖发展到了一味寻求卖方收益最大化。传统的拍卖机制很少从收入以外的其他绩效测度标准来分析拍卖的绩效，而且偏立于买方或卖方的任何交易机制都将削弱拍卖对现实的解释，影响拍卖对资源的优化配置。随着市场结构的重组和产品的多元化，人们对交易成本降低和交易需求的多样性要求会越来越高，传统的拍卖机制还有待进一步改进。

2）组合拍卖机制

商品市场模型以一般均衡性理论为基础，依靠市场机制实现资源的优化配置，这种方法对于单一资源的优化配置有比较好的结果，但是用于解决多种资源的协同配置问题还不理想。相比之下，拍卖模型的组合拍卖理论非常适合解决数据网格的资源配置问题。与数据网格资源协同配置相对应的是多单位组合拍卖模型，经过多年研究，拍卖模型在计算机资源协同配置领域应用时机日益成熟。

组合拍卖是一种买主可以对多种商品的组合进行竞价的拍卖方式，适用于买主对商品价值衡量呈现非加性的情况。由买主写下多种商品的组合与对该组合所出的价格，或由卖方提供不同的组合，由买主对卖方提供的组合出价。组合拍卖可以比单一物品拍卖更有效地提高组合物品的价值，在配置多种商品时效率更高。

针对网格资源动态、自治、分布的特点以及数据网格中存在的数据复制问题，为解决数据网格的资源协同配置问题，卢国明等[155]综合考虑数据网格的资源特性，提出了基于拍卖机制具有分布式特性、并且支持网格数据复制机制的数据网格资源配置体系结构，采用市场拍卖中的多单位组合拍卖模型对数据网格中的资源协同配置进行建模，采用分支界限法求得多单位组合拍卖模型的最优解，从而得到数据网格的最优资源协同配置方案。

为了可以在动态、多机构虚拟组织中灵活、安全、协调地进行资源共享，Radhanikanth 等[156]通过反向组合拍卖机制建模来解决资源选择问题，建立了一个基于反向组合拍卖的模型，将资源选择问题转化成一个整数线性规划问题。模拟实验证明所提出的方法在周转时间和总成本方面有优越的性能。

在基于组合拍卖模型的网格系统中，用户可以为完成其任务所需的资源的组合进行竞价，而不是只可以竞价一种资源，这样可有效提高系统的效率，因此非常适用于网格环境中的资源配置。但是，基于组合拍卖的资源配置也存在一定的不足之处，即主要侧重于对用户方面的考虑，而对资源提供者的考虑较少。组合拍卖的定价方法倾向于用户方面，主要解决了哪些用户的竞价可以获胜的问题，而对于由哪些资源提供者提供资源以及资源提供者对价格的要求等方面还有待进一步考虑。

3）双向拍卖机制

双向拍卖机制的市场结构是“多对多”，即买卖双方都不止一个，这与单向拍卖是明显不同的。在双向拍卖中，买卖双方同时失去了各自在单向拍卖中的相对优势，他们之间的关系从单向拍卖中的信息优势方或资源优势方变为一种供给和需求的平等关系。

在双向拍卖中，买卖双方都是多人参与的，并且买卖双方同时提交报价，然后投标从高到低排序产生供需列表，通过匹配列表中的卖家出价和买家投标确定最大可交易数量，并按照一定的市场出清原理确定均衡价格。双向拍卖机制特别适合网格环境下有众多买卖方参与交易的情形，在网格资源配置中具有广阔的应用前景。

在一些网络资源共享机制的研究中将双向拍卖机制应用于网格资源的配置中，翁楚良等[157]提出了一种改进的基于双向拍卖机制的网格资源配置方法，该方法立足于拍卖的瞬时过程，描述了基于双向拍卖机制的资源配置框架（买方、卖方和计算资源经纪人）。针对网格中的 CPU 资源，提出了一种改进的双向拍卖机制，采用统一的拍卖方式，灵活地调节交易双方的付费。模拟实验分析表明，所提出的双向拍卖配置方法适用于大量拍卖参与者的情况，适合网格环境。

为了解决网格资源的配置问题，Radu等[158]提出了一个以市场为基础的连续双向拍卖模型，描述了总体网格资源配置架构，分析不同调度策略，确定可以快速和花费较少的总体战略模式。将资源的调度视为网格环境下一个日程安排服务以用户为中心的优化目标（执行时间、预算）和一个资源管理器以提供者为中心的优化指标（资源利用率、工作吞吐量）之间的基于市场的协商。模拟实验表明，运用积极的调度策略可降低执行时间和预算，优化资源配置。

4）组合双向拍卖机制

组合双向拍卖，顾名思义，结合了组合拍卖和双向拍卖的特点，是买卖双方将多种商品按照不同种类与数量的组合，由买卖双方同时进行报价拍卖的交易形式。

组合双向拍卖不仅能解决单向拍卖存在的垄断优势问题，而且与单位商品或同质商品双向拍卖相比，能显著降低交易次数与交易成本，满足网格用户资源需求的多样性，能一次性完成多个资源提供者与多个用户对多种资源的交易，非常适用于网格资源配置与定价。

李立等[159]提出了基于组合双向拍卖的网格资源配置模型，该模型主要包括用户代理、网格信息业务、网格业务提供者和网格市场拍卖者四部分。通过网格用户代理和业务提供者的组合双向拍卖机制来实现资源的配置，提出了网格资源定价算法，用以解决资源配置基础上的计费问题。仿真结果表明，所提出的方案不仅可以高效地完成资源的配置和定价，还可以对平均报价较高的竞买方以及平均报价较低的竞卖方给予价格补偿。该模型不仅可以一次性完成多种组合资源的配置和定价，得到完整的资源配置情况，还可以就如何根据上一轮拍卖结果确定本轮出价策略的问题来进一步提高系统效率。

程翔等[160]提出了一种新的基于组合双向拍卖的资源配置模型，并给出了相应的定价算法和在单物品多单元情况下算法的实现过程，然后从激励相容、预算平衡、机制效率等方面进行了性能分析，提出了可调节的拍卖师收入策略。模拟结果表明，所提出的方法可以得到完整的资源配置和定价信息，与传统的多单元双向拍卖机制相比，可以在保证拍卖师收入的情况下增加节点交易、降低系统效率损失，是一种有效的资源配置和定价方案。但是，考虑到并非所有的情况下用户都存在资源组合方面的需求，在用户的任务需求仅为单类资源的情况下，该方案的适用性还有待进一步的分析。

信任是网格经济的一个重要研究点，基于信任度可鉴别恶意节点，维护网格交易的安全，建立基于信任度的资源配置策略，激励节点提高其服务质量。但定价和信任在当前的网格经济模型中大多处于分离状态，杨明等[161]在对组合双向拍卖模型进行改进的基础上，提出一种等效价格算法，首先将定价与信任机制相结合，设计基于信任度的价格调整函数，将不同信任度的各节点的报价映射为基准信任度下的等效报价；然后基于该等效报价，以组合双向拍卖模型进行网格资源配置。分析与仿真表明，所提出的算法能防止恶意节点参与交易，激励正常节点提高其综合竞争力，所得交易效用可激励买家提高和卖家降低其等效报价，从而交易效率高。

针对网格资源配置中现有组合双向拍卖模型中资源包平均价格定价的不足，杨明等[162]在改进组合双向拍卖模型的基础上，提出将组合双向拍卖与信任相结合进行网格资源配置与定价的算法，以信任度阈值的加权平均鉴别恶意节点，以归一化报价和信任度的加权平均衡量正常节点的价格和信任综合竞争力。仿真结果表明，该算法交易效率较高，可防范恶意节点，交易效用可激励正常节点以提高其综合竞争力。

5）招标机制

人们通常把销售商品叫做拍卖，把发包完成一项工程或提供一项服务叫做招标，两者不仅在形式和操作上有很多共同的地方，而且在经济学意义上也有许多共同的规律。

招标是指在一定范围内公开货物、工程或服务采购的条件和要求，邀请众多投标人参加投标，并按照规定程序从中选择交易对象的一种市场交易行为。

招标分为两种，公开招标和邀请招标。公开招标是招标人通过招标公告的方式邀请不特定的法人或其他组织投标。邀请招标是指招标人以投标邀请的方式邀请特定的法人或其他组织投标。

网格资源配置的投标模型中，资源用户先通过网格资源代理发布自己的需求，即打算以多少预算在多长时间内完成这些任务，这个就相当于市场机制中的招标，然后等待有兴趣的网格资源提供者投标，网格资源代理再从中选出合适的网格资源提供者与之交易。

在已有的网格资源管理方法的基础上，针对供大于求的计算网格环境，赵彬等[163]提出了一种基于在线反向拍卖技术的网格资源配置方法，并定义了相应的服务质量函数，分析了该方法的工作过程。该方法能够有效地降低网格用户的花费，最大化网格用户的利益，满足用户服务质量要求，是一种有效的计算网格资源配置方法。

针对已有的网格资源配置中的投标算法只对报价进行优化而对费用优化考虑不足的情况，李志洁等[164]提出了一种基于线性费用函数的网格投标策略。该策略综合考虑了用户投标过程中评估标准、费用估算和最优报价三方面的因素，不仅考虑了用户评估标准的凹性和异构性，而且通过用户的效用优化导出了费用函数的线性形式，根据评估标准和费用估算得到用户投标的最优价格，并给出了用户投标价格最优解的唯一性和最优性证明，最后利用这组价格按比例配置资源能力。模拟实验研究表明，基于线性费用函数的网格投标方法有助于提升系统效率，可为投标用户带来更大的收益，因此具有较高的应用价值。

张建勋等[165]利用密封第二价格拍卖机制以及供需均衡理论，提出了一种基于市场的网格资源配置管理模型，实现了网格资源的优化配置管理。该模型中系统根据用户作业请求发出投标信息，各网格域参考投标信息和自身资源的使用情况利用二级密封价格拍卖机制确定中标者，最后系统从中标信息中选择费用最低的完成任务，并以一定的周期运用供需均衡原理动态调整资源价格。该模型具有管理上简单，系统不必掌握全局资源信息，可扩展性较强，易于实现，并且通过引入竞标机制解决了资源提供者的报酬问题的优点，但模型在资源价格调整周期和安全性问题上还有待进一步完善。

2.3.3　博弈机制

在网格资源配置中，基于市场机制的方法认为网格用户和网格资源提供者双方通过在资源市场上的交互，市场能根据资源的供求状况对资源价格进行相应的调整，最终达到资源供求平衡，实现资源配置。其中市场机制的一个前提假设是，市场的规模是无限大的，单个用户对资源价格的影响可忽略不计。然而，在实际网格中，资源市场的规模不可能无限大，某个用户对网格资源的使用必然会对其他用户使用资源有一定的影响，因此，忽略用户之间的相互影响对研究网格资源配置会不可避免地造成一定的偏差。在实际网格环境中，可将用户之间以及用户与资源提供者之间的交互看成是一个博弈过程，各个博弈参与者通过实施一定的策略来达到自身效用最大化，并应用博弈论中求解均衡解的方法来研究网格资源配置问题。由于网格系统的资源管理和社会经济活动中的资源管理十分类似，都是以分布自治的行为为基础，包含了丰富的博弈关系，所以用博弈机制来解决网格资源配置问题是可行的。

博弈论（game theory），又称为对策论，是一个关于策略性行为的理论，文献记载中最早体现博弈思想的是《史记》之《孙子吴起列传第五》中战国时期的“田忌赛马”的故事，而冯·诺依曼和摩根斯坦的《博弈论与经济行为》一书则标志着博弈论的诞生。博弈论研究经济生活中的各个方面、各个个体之间的相互影响，包括企业与企业之间、企业与消费者之间、企业与工会组织之间、政府和企业之间、政府和消费者之间的相互影响、相互依存和相互制约，以参与者之间的对抗、依赖和制约为研究的前提和出发点。

一个博弈包含以下三个要素。

（1）参与者或局中人：决策的个体，每个参与者的目标都是通过选择策略或行为来最大化自身的效用。

（2）策略或行动：参与者选择的策略或行动。

（3）支付：在每种策略组合下参与者的决策所得，即在博弈过程中所得到的效用。

下面从不同的角度简要阐述博弈的分类。

按照参与人之间是否合作，博弈可分为合作博弈和非合作博弈。合作博弈是指，参与人之间达成一个对各方都具有约束力的协议，参与人在协议约束下进行的博弈。反之，就是非合作博弈。

按照参与人对其他参与人的了解程度，博弈可分为完全信息博弈和不完全信息博弈。完全信息博弈是指在博弈过程中，每一位参与人对其他参与人的特征、策略空间和收益函数都有准确的信息。与之相对应的，如果参与人对其他参与人的特征、策略空间和收益函数等信息了解得不够准确，或者并不是对所有参与人都有准确的信息，则在这种情况下进行的博弈就是不完全信息博弈。

按照参与人行动的先后顺序进行分类，博弈可分为静态博弈和动态博弈。静态博弈是指在博弈中参与人同时选择行动，或者虽然行动有先后但后行动者并不能观测到先行动者的选择。动态博弈是指在博弈中参与人的行动有先后顺序，后行动者能够观测到先行动者所选择的行动，而且先行动者对所选择的行动不能反悔。

以上所列出的博弈都是假定参与人具有完全理性，而与之相对应的演化博弈则是假定参与人具有有限理性。

将博弈机制应用于网格资源配置中，可分为以下几种博弈类型。

1）完全信息博弈

在完全信息博弈中，每一位参与人对其他参与人的特征、策略空间和收益函数有准确的信息。完全信息博弈中按照参与人行动的先后顺序又可分为两类：完全信息静态博弈和完全信息动态博弈。

完全信息静态博弈的均衡是纳什均衡（Nash equilibrium）。纳什均衡是完全信息静态博弈一般均衡解的一般概念，是指博弈参与者处于这样一种状态：在其他参与人不改变当前策略的前提下，任何一个参与人单独改变其策略无法增加其效用。构成纳什均衡解的策略一定是在重复剔除严格劣策略过程中不能被剔除的策略。

帕累托最优是指博弈结果处于这样一种状态：无法在不降低一个参与人效用的前提下，提高另一个参与人的效用。如果博弈结果达到了纳什均衡下的帕累托最优，则博弈参与人的效用同时达到了最大。

完全信息动态博弈的均衡是子博弈精炼纳什均衡。子博弈是原博弈的一部分，本身可以作为一个独立的博弈进行分析，任何博弈都可成为自身的一个子博弈。

只有当某一策略组合在每一个子博弈上都能达到纳什均衡时，这一策略才是子博弈精炼纳什均衡解。子博弈精炼纳什均衡的目的是剔除那些不可置信的威胁策略的纳什均衡解，从而给动态博弈一个合理的均衡解。

Maheswaran 等[166]引入价格的概念和反映用户最优反应函数特征的需求函数，描述了一种考虑代理人效用的配置机制，这种机制对于任意数量的异构的准线性的应用程序的代理人有唯一的纳什均衡，并描述了分散式协商策略，提出了一种分散竞价算法。模拟实验表明，所提出的方法具有鲁棒性，在有限的预算和有限的时间约束下均具有良好的性能。

针对网格资源的不可靠性特点，胡周君等[167]提出了健壮性增强的作业执行服务的概念及其确定方法，基于该概念提出了健壮性增强的离线资源配置模型。基于该模型，将资源配置描述为一个博弈过程，求得帕累托最优配置方案，并提出了一种健壮性增强的资源配置方案。模拟实验通过比较不同方案的收益率和服务拒绝率表明，所提出的配置模型兼顾效率和公平，增强作业执行的健壮性，并能较好地评估资源的信任行为。

进行网格资源配置，王兴伟等[168]引入微观经济学知识，设计了一种双模式网格资源配置模型。在该模型下，根据供求关系影响提供者资源售价，以售价调节消费者资源占用量，支持资源提供者与用户双赢。当可用资源充裕时，采用博弈模式。双方在博弈过程中围绕资源供求关系相互影响对方决策，最终找到均衡售价，使双方效用达到纳什均衡下的帕累托最优，实现双方效用双赢。当可用资源稀缺时，采用竞价模式。仿真结果表明，该模型是可行和有效的，具有较好的性能。

李志洁等[169]提出了一种基于序贯博弈的优化用户时间的网格资源配置策略，在使用纳什均衡理论对资源负载加以预测的基础上，生成全体用户的出价优化组合与资源的最优价格，进而按比例配置资源。模拟实验表明，该策略考虑资源的未来负载变化，可得到合理的用户出价，能够降低资源占用时间，从而实现资源的优化配置。其结果说明了运用序贯博弈方法预测资源负载是可行的，能很好地适应网格环境下资源的动态特性。然而该配置策略未将一些因素考虑在内，例如，任务之间的通信费用和通信时间、服务的可靠性和异构性等，还有待进一步完善以便更好地满足用户的服务质量需求；而且正比例资源共享的经济模型适于管理大规模的共享资源，主要应用于校园网络，但有一定的局限性。

为了有效保障网格任务和本地任务服务质量，丁长松等[170]提出了一种基于效益均衡的资源预留机制，利用效益函数来描述预留对网格任务和本地任务的收益和损失，通过比较资源预留收益与预留对本地任务执行所造成的负面影响来确定资源预留数量，以期达到网格任务服务质量保障和本地任务服务质量保障的纳什均衡。模拟结果显示，基于效益均衡的预留机制不仅能有效地提高资源利用率，同时能显著降低任务的资源费用情况。

以上这些资源调度要求网格用户在资源配置过程中获得与资源配置有关的完全信息，而在实际动态的网格环境中，这些信息是难以完全获得的。

2）不完全信息博弈

不完全信息博弈中，参与人对其他参与人的特征、策略空间和收益函数信息了解得不够准确，或者并不是对所有参与人都有准确的信息。与完全信息博弈类似，不完全信息博弈也可以按照参与人行动的先后顺序分为两类：不完全信息静态博弈和不完全信息动态博弈。

不完全信息静态博弈的均衡是贝叶斯-纳什均衡。贝叶斯方法是根据所观察到现象的有关特征，对有关特征的概率分布的主观判断（即先验概率）进行修正得到后验概率，是一种概率统计中的分析方法。

在不完全信息静态博弈中，参与人的行动同时发生，没有任何人有机会观察到其他参与人的选择。由于每个参与人仅知道其他参与人有关类型的概率分布，而不知道其具体的类型，因此，他不可能知道其他参与人实际上会选择何种策略。但是，他却能够正确地预测到其他参与人的选择与其各自的有关类型之间的关系。

因此，参与人选择的依据就是，在给定自己的类型、其他参与人的类型与策略选择之间关系的条件下，使得自己的期望效用最大化。即假定其他参与人知道某一参与人的所属类型的概率分布，计算博弈的贝叶斯-纳什均衡解。

不完全信息动态博弈的均衡是精炼贝叶斯均衡。不完全信息动态博弈中，由于行动有先后顺序，后行动者可以观察到先行动者的行为，获得有关先行动者的信息，从而证实或修正自己对先行动者的行动策略。

在不完全信息动态博弈一开始，某一参与人根据其他参与人的不同类型及其所属类型的概率分布，建立自己的初步判断。当博弈开始后，该参与人就可以根据他所观察到的其他参与人的实际行动来修正自己的初步判断，并根据这种不断变化的判断来选择自己的策略。这种不完全信息动态博弈达到均衡的结果是精炼贝叶斯均衡。精炼贝叶斯均衡是完全信息动态博弈的子博弈精炼纳什均衡与非完全信息静态博弈的贝叶斯-纳什均衡的结合。

李明楚等[171]首次将隐马尔可夫模型（Hidden Markov Model，HMM）[172]理论应用到市场网格用户出价预测中，结合非完全信息纳什均衡理论，将原有资源拍卖机制中的单一用户获得资源的机制拓展为多个竞拍者同时获得所需资源的多赢家拍卖算法，从理论上证明了资源配置结束后系统收益最大。通过已知竞标者的资源需求，不仅成功地预测其最终单位标价，而且该模型符合微观经济学中的激励相容性与个人理性原则。模拟实验证明了隐马尔可夫模型可以较准确地对竞拍者的实际竞拍价作出预测，从而形成稳定的均衡出价，最大化系统收益。该模型充分利用了网格资源，有效地提高了资源利用率，优化了交易双方的利益，能很好地适应市场网格环境。

针对网格环境中的资源配置问题，以最大化网格系统的经济收益为目标，胡志刚等[173]提出了一种基于贝叶斯策略的网格资源配置方法，采用点到面的映射，根据服务质量历史记录，运用朴素贝叶斯定理进行资源配置，并根据用户提交的价格参数来配置与其级别相对应的符合要价范围的资源，避免将服务质量水平高的资源配置给服务质量水平低的用户。实验结果表明，该资源配置方法不仅能有效地保障用户服务质量，而且能使网格系统获得较大的经济收益。

在博弈论的理论中，暗标拍卖实际上是一个不完全信息博弈，即静态贝叶斯博弈。针对网格资源管理，陈冬娥等[174]提出了一种基于暗标拍卖的资源配置方法。基于 OGSA 的架构，以面向服务的思想，构建了一个基于网格服务市场的资源配置框架，在此框架下将资源配置问题描述为一个暗标拍卖模型，并对暗标拍卖博弈的贝叶斯均衡点以及系统在均衡状态的效率、策略和效用进行了分析，最后给出了基于柯布-道格拉斯效用函数的配置算法，通过网格中每个独立的经济个体最大化各自收益，使得网格服务市场达到均衡，市场交易的均衡点即系统资源的最优配置。该算法的复杂度较低，能够根据用户的服务质量要求，灵活有效地为用户动态地配置网格服务资源。

3）演化博弈

基于完全理性的博弈论的前提是网格用户具有完全理性，即所有网格用户的信息与策略都是公开的知识，每个用户选择使自身效用最大化的最优策略，并且用户在决策过程中不存在出错的可能。但是，在实际的网格环境中，由于网格环境的动态性、复杂性或者用户不愿意公开私密性信息等，每个用户很难完全掌握其他用户的信息。由于信息不可能是完全的，所以用户就无法确定自己的策略是否是最优策略，而且当用户理性意识和判断分析能力较弱时，所做的决策就不可避免地存在出错的可能，完全理性只是一种理想状态。因此，用基于完全理性的博弈理论来研究网格资源配置具有一定的局限性。

演化博弈，又称为进化博弈，是把博弈理论分析和动态演化过程分析相结合的一种理论。在方法论上，它不同于博弈论将重点放在静态均衡和比较静态均衡上，强调的是一种动态的均衡。演化博弈理论并不要求参与人是完全理性的，也不要求完全信息的条件，而是认为人是具有有限理性的。应用演化博弈的方法构建网格用户对资源的使用策略，由于网格用户并没有完全掌握其他用户信息，所以并不一定能在博弈初始阶段就找到最优策略，但是可以在博弈过程中经过不断地学习、调整与改进，通过试错、纠错寻找更好的策略，最终找到最优策略。而且，在找到最优策略后即使发生偏离也能得到及时的纠正，从而实现用户效用最大化下的网格资源配置。

演化博弈理论可对群体行为的动态调整过程进行更为全面的分析，网格资源配置系统具备了演化博弈所必需的系统要素。李志洁[175]提出了一种利用进化博弈的动态机制研究网格资源配置的新方法，建立基于演化博弈论的网格资源配置机制，使得参与网格资源竞争的使用者按照生物进化的方式反复进行博弈，在长期的博弈行为中出现稳定的结果，形成各得其所的策略均衡。该方法利用复制动态方程求解网格使用者策略选择比例的进化稳定点，通过反复博弈使得网格使用者学习并调整出价策略，并讨论了四种典型的使用者评估函数对进化稳定点的影响。最后模拟结果表明，提出的进化博弈方法是收敛的，且在网格使用者的总体效用方面优于传统算法，从而实现了网格资源的优化配置。

针对经济模型的网格系统中资源配置的竞争问题，张小庆等[176]以有限理性为基础，应用进化博弈论中多种群复制动态博弈模型对网格用户有差别的、有限理性的出价策略进行了研究，提出了一种非对称进化资源配置博弈模型。该模型将网格用户分为出价偏低的保守种群和出价偏高的激进种群，分析了两种网格种群采取合作与竞争策略的自发进化过程，求解了各自的复制动态方程，并通过实例化的非对称支付矩阵求解了复制动态系统的进化稳定策略。研究表明，只有博弈双方选择对等的行为策略才能促进网格资源的公平配置，即只有博弈双方同时选择相互合作或完全竞争方式才能实现网格资源的优化配置，达到用户间协调共赢的局面。

网格环境中用户的有限理性使得资源配置不能直接实现纳什均衡。李志洁等[177]针对网格用户理性的局限性，提出了一种基于演化博弈的网格资源配置策略。建立了用户出价演化博弈的一般模型，构造用户的出价策略，引入动态的学习过程，提高用户的理性程度以便调整其策略，通过反复博弈，达到用户出价的策略均衡，实现网格资源的优化配置，使得博弈过程更加接近现实。仿真实验结果表明，所提出的方法虽然不能直接选择最优策略实现纳什均衡，但能够通过反复博弈使得网格用户不断学习并调整策略，逐步达到稳定均衡，从而实现网格资源的优化配置。

4）合作博弈

合作博弈中，参与人之间能够达成具有约束力的协议。合作博弈常常允许参与人分享合作带来的好处，合作博弈采取的是一种合作的方式，或者说是一种妥协。合作博弈与非合作博弈的重要区别在于前者强调联盟内部的信息互通和存在有约束力的可执行契约。信息互通是形成合作的首要前提和基本条件，能够促使具有共同利益的单个参与人为了相同的目标而结成联盟。

李志洁等[178]提出了一种基于合作博弈的解决办法，通过建立用户的评估函数，使得竞争同一资源的多个用户能够结成联盟来增加整体效用，其中用户分得的资源份额取决于出价水平，着重研究了联盟中用户的评估函数并证明了其满足非联盟评估函数的性质，在资源竞争中联盟成为有效的参与者。其中的资源配置是按统一的价格出售资源，并由用户来决定此价格。分析表明，该方法不仅可产生唯一的纳什均衡，而且与采取不合作策略比较能够为联盟用户带来更多的收益，从而实现帕累托改进。但是，合作博弈是博弈关系的一种理想状态，现实中网格资源配置大多为非合作博弈。

2.4 本章小结

本章主要介绍了网格资源配置的方法。2.1节简要介绍了资源配置的两种方法：系统优化机制和经济机制。2.2 节详细介绍了系统优化机制的两种方法：计算方法和模拟方法，并对国内外的研究现状作了阐述。2.3 节详细介绍了经济机制 的三种方法：市场机制、拍卖机制和博弈机制，并对国内外的研究现状作了阐述。本章为第3章基于社会效用的网格资源拍卖机制的提出提供了背景介绍和研究综述。

第 3 章　基于社会效用的网格资源拍卖机制

3.1　社 会 效 用

市场经济存在外部性，市场经济的外部性是指经济主体（包括个人或企业）的经济活动对他人和社会造成非市场化的影响，其中的成本和收益不完全由其自身承担。对于有经济外部性的产品，如果其个体成本（收益）与社会成本（收益）是不一致的，则其差额就是外部成本（收益）[179]。

存在市场经济的外部性必然影响到市场配置资源的效率。在外部利益得不到报酬的情况下，实际收益会小于其活动总收益，因而会越来越少地从事产生外部收益的活动；与之相对应的是，在对外部成本不需要进行赔偿的情况下，个人实际承担的成本会少于其活动总成本，因而会过多地从事产生外部成本的活动。近年来我国生态环境恶化就是市场经济外部性的主要表现，而市场经济本身很难解决这个问题。

个体效用是用户使用所竞拍的资源为自身带来的效用，而社会效用是用户的行为对社会上其他人带来的效用（影响），是指经济活动的外部性。具有积极的社会效用的经济活动具有正的外部性，而具有消极社会效用的经济具有的外部性是负的，即负外部性。总之，社会效用就是对经济活动外部性的一种度量。

很多时候用户使用资源进行网格计算的个体效用与社会效用都是不同的。有些情况下，用户的个体效用很大，但社会效用比较小，如一些间谍和黑客用户的目的是盗取他人的私人信息，甚至盗取国家机密。还有一些情况，用户的个体效用并不是很大，但其社会效用比较大，如天气预报、地震预测、计算一些统计数据以向公众发布信息等。

3.2　基于社会效用的网格资源拍卖机制

由第 2 章可知，拍卖机制是当前网格资源配置主要使用的方法之一。拍卖机制是通过多个买主提出不同的报价来竞争资源，最后由“拍卖师”依据不同的拍卖方式选定中标人并确定资源成交的价格。

在拍卖机制中，用户提出自己的报价来竞争资源的使用权，报价反映了用户使用所竞拍的资源将会为自身带来的效用，但市场经济的外部性的存在，使得用户的报价不能完全反映出其对所竞拍的资源的总体效用。

本书所提出的网格资源配置机制是在原有的拍卖机制的基础上改进而设计的。由于企业经济活动具有外部性，所以本书设计了一种新的网格资源配置机制——基于社会效用的网格资源拍卖机制，综合考虑了用户的个体效用与社会效用，在第二价格拍卖机制的基础上考虑对社会效用的评估。这种新的拍卖机制既考虑用户的社会效用，又具有诱导用户给出真实报价的作用，从而不仅维护了服务系统的利益，还维护了社会的利益，具有明显的优点。

3.2.1　网格资源当前的主要拍卖配置规则与问题

拍卖主要有四种形式：英国式拍卖、荷兰式拍卖、第一价格拍卖[180]和第二价格拍卖[181]。当前，网格资源配置采用的拍卖机制主要是第一价格拍卖。第一价格拍卖，也称为密封第一价格拍卖，是指参与其中的潜在的买主向拍卖人递交密封的出价，出价最高的买主将赢得交易，付出他所出的价格。

1）拍卖配置规则

假设以网格资源基本单位为计量单位，一个基本单位是有偿使用网格资源的最小计费单位。每次拍卖是对一个基本单位的资源进行拍卖，采用第一价格拍卖机制。

假设在某一计费时区 T 进行一次竞价，竞争该资源的用户集为 $I=\{1,2,\cdots,n\}$，所有用户构成的出价组合为 $B=\{b_1,b_2,\cdots,b_n\}$，设除用户 i 外所有用户出价构成的集合为 $B_{-i}=\{b_1,b_2,\cdots,b_{i-1},b_{i+1},\cdots,b_n\}$，用户对单位资源价格的真实评价为 $E=\{e_1,e_2,\cdots,e_n\}$，在一次竞价过程中均为常数。

用户 i 的支付 u_i 为

$$u_i=\begin{cases} e_i-b_i, & b_i>\max B_{-i} \\ 0, & b_i<\max B_{-i} \end{cases} \tag{3-1}$$

若有几个用户的最终报价是相同的，则这些用户以相同的概率赢得资源。

2）存在问题

上述拍卖规则在进行网格资源配置时是不完善的，存在以下两个问题。

（1）在网格资源配置过程中没有考虑社会效用。用户报价反映的是其个体效用，配置时缺少对社会效用的评估，所以实质为个体效用优先。由于多数情况下个体效用与社会效用的不对等性，所以用户报价不能反映出其总体效用。

例如，有两个用户甲和乙同时参与拍卖，其中用户甲报价很高，但社会效用不高，而用户乙报价稍低一些，但社会效用非常高。按照上述拍卖规则应由用户甲赢得交易，但若将社会效用的评估也考虑进来，则最终可能由用户乙赢得交易。

（2）用户的最优报价策略并不是其对所竞拍资源的真实评价，而是低于真实评价，从而使服务系统遭受损失。下面求解第一价格拍卖中买主的最优报价与其真实评价的关系，以说明这一问题所在。

假设有 n 个买主进行竞拍，买主集合为 $I=\{1,2,\cdots,n\}$

这里讨论的第一价格拍卖是不完全信息的第一价格拍卖，即每个买主都不清楚其他买主的真实评价。

买主对拍卖品的真实评价 v 是相互独立的随机变量，均服从区间 $[0,m]$ 上的均匀分布，m 为买主对拍卖品评价的上限，则

$$F(v)=\begin{cases}0, & v\leqslant 0\\ \dfrac{v}{m}, & 0<v\leqslant m\\ 1, & v>m\end{cases} \tag{3-2}$$

假设买主的报价 $p(v)$ 是 v 的函数，$G(p(v))$ 表示每个特定的 $p(v)$ 赢得拍卖的概率，$w(v,p(v))$ 表示买主的期望收益，则

$$w(v,p(v))=G(p(v))(v-p(v)) \tag{3-3}$$

对式（3-3）求导可得一阶条件，即

$$\frac{\mathrm{d}w(v)}{\mathrm{d}p}=G'(v-p)=0 \tag{3-4}$$

下面求解均衡投标报价函数 $p(v)$。

由式（3-3）可得

$$p(v)=v-\frac{w(v,p(v))}{G(p(v))} \tag{3-5}$$

因为具有最高私人评价的买主将给出最高的投标价赢得拍卖，所以一个买主赢得拍卖的概率等于其他 $n-1$ 个买主的私人评价低于 v 的概率，即

$$G(p(v))=F(v)^{n-1} \tag{3-6}$$

下面再考虑 $w(v,p(v))$，如果 $w(v,p(v))$ 是通过选择 $p(v)$ 最大化的函数值，则由式（3-3）可得

$$\frac{\mathrm{d}w(v,p(v))}{\mathrm{d}v}=\frac{\partial w(v,p(v))}{\partial p}\cdot\frac{\partial p}{\partial v}+\frac{\partial w(v,p(v))}{\partial v}=\frac{\partial w(v,p(v))}{\partial v} \tag{3-7}$$

由式（3-3）可得[182]

$$\frac{\mathrm{d}w(v,p(v))}{\mathrm{d}v}=G(p(v)) \tag{3-8}$$

由式（3-6）和式（3-8）得

$$\frac{\mathrm{d}w(v,p(v))}{\mathrm{d}v}=F(v)^{n-1} \tag{3-9}$$

由式（3-9）可得

$$w(v,p(v))=w(0)+\int_0^v F(x)^{n-1}\mathrm{d}x=\int_0^v F(x)^{n-1}\mathrm{d}x \tag{3-10}$$

由式（3-5）、式（3-6）和式（3-10）得

$$p(v)=v-\frac{w(v,p(v))}{G(p(v))}=v-\frac{\int_0^v F(x)^{n-1}\mathrm{d}x}{F(v)^{n-1}}=v-\frac{\int_0^v\left(\frac{x}{m}\right)^{n-1}\mathrm{d}x}{\left(\frac{v}{m}\right)^{n-1}}=\frac{n-1}{n}v \tag{3-11}$$

由式（3-11）可知，第一价格拍卖的纳什均衡是买主的报价为其真实评价的 $\frac{n-1}{n}$（n 为买主的个数），即 $b_i=\frac{n-1}{n}e_i$。只有当 n 接近于无穷大时，买主的报价才会无限接近其真实评价。

所以，在上述拍卖规则中，对于用户 i，最好的投标策略是 $b_i=\frac{n-1}{n}e_i$。由于 $b_i\neq e_i$，所以用户的报价并不是其对所竞拍资源的真实评价。

为了解决上述拍卖规则中用户报价不能反映其真实评价的问题，下面介绍第二价格拍卖。

3.2.2　第二价格拍卖

第二价格拍卖，也称为密封第二价格拍卖，是由 Vickrey（1996 年度诺贝尔经济学奖得主）在 1961 年提出的，又称为 Vickrey 拍卖。在这种拍卖中，用户递交密封出价，出价最高的用户赢得交易，但他只需要付出等于第二高的出价的价格。

我们下面讨论的是不完全信息的第二价格拍卖。

假设有 n 个买主进行竞拍，买主集合为 $I=\{1,2,\cdots,n\}$，所有用户构成的出价组合为 $B=\{b_1,b_2,\cdots,b_n\}$，用户对单位资源价格的真实评价为 $V=\{v_1,v_2,\cdots,v_n\}$，u_i 表示买主 i 的效用函数，下面证明，$b_i=v_i$ 能给买主 i 带来最高的支付。

如果 $b_i>v_i$，则

$$u_i=\begin{cases}0, & b_i<m_{-i}\\ v_i-m_{-i}<0, & v_i<m_{-i}<b_i\\ \dfrac{1}{r}(v_i-m_{-i})<0, & b_i=m_{-i}\text{并且有}r\text{个出价最高的买主}\\ v_i-m_{-i}, & v_i>m_{-i}\end{cases}\tag{3-12}$$

式中，$m_{-i}=\max\{b_j: j\neq i\}$

如果 $b_i=v_i$，则

$$u_i=\begin{cases}0, & b_i<m_{-i}\\ \dfrac{1}{r}(v_i-m_{-i}), & b_i=m_{-i}\text{并且有}r\text{个出价最高的买主}\\ v_i-m_{-i}, & v_i>m_{-i}\end{cases}\tag{3-13}$$

两相比较，如果买主 i 采取 $b_i>v_i$ 的出价策略，则除了增加 $v_i<m_{-i}<b_i$ 时支付为 $v_i-m_{-i}<0$ 的风险外，不会带来任何好处。由此可得 $b_i\leqslant v_i$。

如果 $b_i<v_i$，则

$$u_i=\begin{cases}0, & b_i<m_{-i}\\ 0, & v_i>m_{-i}>b_i\\ \dfrac{1}{r}(v_i-m_{-i}), & b_i=m_{-i}\text{并且有}r\text{个出价最高的买主}\\ v_i-m_{-i}, & v_i>m_{-i}\end{cases}\tag{3-14}$$

将 $b_i>v_i$ 与 $b_i=v_i$ 两种情况进行比较，如果买主 i 采取 $b_i<v_i$ 的出价策略，则除了增加 $v_i>m_{-i}>b_i$ 时失去赢得支付为 $v_i-m_{-i}>0$ 的风险外，不会带来任何好处。

因此买主 i 的最优出价策略为 $b_i=v_i$，在第二价格拍卖中，讲真话是每个用户最好的竞拍策略，买主按照自己的真实评价出价是各自的优势策略。

3.2.3　基于社会效用的网格资源拍卖机制

本书提出的基于社会效用的网格资源拍卖机制是一种既对社会效用进行评估又满足真实报价的网格资源配置机制，它是在第二价格拍卖机制的基础上考虑社会效用的评估而设计的。

假设以网格资源基本单位为计量单位，一个基本单位是有偿使用网格资源的最小计费单位。每次拍卖是对一个基本单位的资源进行拍卖，采用第二价格拍卖机制。

假设在某一计费时区 T 可进行一次竞价，竞争该资源的用户集为 $I=\{1,2,\cdots,n\}$，所有用户构成的出价组合为 $B=\{b_1,b_2,\cdots,b_n\}$，设除用户 i 外所有用户出价构成的集合为 $B_{-i}=\{b_1,b_2,\cdots,b_{i-1},b_{i+1},\cdots,b_n\}$，用户对单位资源价格的真实评价为 $E=\{e_1,e_2,\cdots,e_n\}$，在一次竞价过程中均为常数。

因为在第二价格拍卖机制中，讲真话是每个用户最好的竞拍策略，所以对于用户 i，有 $b_i = e_i$。

用户 i 在拍卖中，除了要提出自己的报价 b_i，还要描述一下自己使用所要竞拍资源的社会效用 S_i，所有用户构成的社会效用组合为 $S = \{S_1, S_2, \cdots, S_n\}$。

拍卖模型中有对用户描述的社会效用进行审核的审核机制，审核机制中负责审核的专家组成一个专家库，当用户提出自己的社会效用时，系统会随机从专家库中抽取几名专家进行审核，判断用户描述的社会效用的真伪与可信度，再用层次分析法得出社会效用的附加价值 y，通过 y 可反映出用户的社会效用，即 $y_i = f(S_i)$，y 可为正值，也可为负值或零。当用户经济活动具有正的外部性时，附加价值 y 为正值，且正社会效用越大，y 越大；当用户经济活动具有负的外部性时，附加价值 y 为负值，且负社会效用越大，y 越小。

举个简单的例子，若用户将某资源用于天气预报，则其社会效用的附加价值为 180，若用户将该资源用于地震预测，则其社会效用的附加价值为 270；若用户将该资源用于攻击银行的后台数据库来盗取客户的私人信息，则其社会效用的附加价值为–210，若用户将该资源用于破坏国家安全系统，盗取国家机密，则其社会效用的附加价值为–560（以上社会效用的附加价值的数据是举例，仅供参考）。当用户经济活动具有负的外部性时，更需要审核机制发挥作用，做出合理的评估。

拍卖系统自动将审核机制中得到的社会效用的附加价值加入用户出价中，得到一个新的报价 p_i，为用户 i 竞拍资源的最终报价，即 $p_i = b_i + y_i$。所有用户构成的新的报价组合为 $P = \{p_1, p_2, \cdots, p_n\}$，设除用户 i 外所有用户最终报价构成的集合为 $P_{-i} = \{p_1, p_2, \cdots, p_{i-1}, p_{i+1}, \cdots, p_n\}$。

假设用户 i 的最终报价是 P 中最大值，则用户 i 赢得交易，为购买这一个基本单位的资源而支付的金额为用户最终报价中的次高价 $\max P_{-i}$ 与用户 i 的社会效用附加价值的差值。

用户 i 的支付为

$$u_i = \begin{cases} e_i - (\max P_{-i} - y_i), & p_i > \max P_{-i} \\ 0, & p_i < \max P_{-i} \end{cases} \tag{3-15}$$

若有几个用户的最终报价是相同的，则这些用户以相同的概率赢得资源。

在这种配置机制中，用户 i 的最优报价是其对所竞拍资源的真实评价 e_i，真实地反映出了用户的个体效用，因此由用户报价和社会效用的附加价值加和而成的最终报价也能真实地反映出用户的总体效用。所以，这种基于第二价格拍卖的考虑社会效用评估的资源配置机制综合考虑了用户的个体效用与社会效用，又使得用户给出真实报价，适合应用于网格资源的配置中。

3.2.4 算例

下面以一个具体的例子，通过比较赢得交易的用户及其成交价的不同来分析不同拍卖规则。

假设有 16 个用户参与拍卖，在不同拍卖规则下对资源 R 提出报价，其真实评价和社会效用的附加价值如表 3-1 所示。

表 3-1　不同拍卖规则下的成交结果比较

	真实评价/元	社会效用的附加价值/元	第一价格拍卖下的报价/元	第二价格拍卖下的报价/元	评估社会效用的第一价格拍卖下的最终报价/元	评估社会效用的第二价格拍卖下的最终报价/元
用户 1	960	255	900	960	1155	1215
用户 2	1024	–300	960	1024	660	724
用户 3	1120	470	1050	1120	1520	1590
用户 4	896	680	840	896	1520	1576
用户 5	1344	160	1260	1344	1420	1504
用户 6	1440	460	1350	1440	1810	1900
用户 7	1520	270	1425	1520	1695	1790
用户 8	1728	110	1620	1728	1730	1838
用户 9	1280	–125	1200	1280	1075	1155
用户 10	1088	90	1020	1088	1110	1178
用户 11	1200	–420	1125	1200	705	780
用户 12	1376	–110	1290	1376	1180	1266
用户 13	1264	258	1185	1264	1443	1522
用户 14	1408	340	1320	1408	1660	1748
用户 15	1696	–420	1590	1696	1170	1276
用户 16	1632	275	1530	1632	1805	1907
最大值	—	—	1620	1728	1810	1907
赢得交易的用户	—	—	用户 8	用户 8	用户 6	用户 16
成交价	—	—	1620	1696	1350	1625

由表 3-1 可以得出以下三种结果。

（1）当用第一价格拍卖规则和第二价格拍卖规则时，都是由用户 8 赢得交易。

（2）当用第一价格拍卖的报价与社会效用的附加价值的加和作为最终报价时，是由用户 6 赢得交易。

（3）当用第二价格拍卖的报价与社会效用的附加价值的加和作为最终报价时，是由用户 16 赢得交易。

分析结果1，因为在第一价格拍卖中最优出价是用户真实评价的正比函数，第二价格拍卖中最优出价是用户真实评价，所以在这两种拍卖规则下，都是由对资源的真实评价最高的用户赢得交易，区别在于该用户最后的成交价不同。用户对所竞拍资源的真实评价反映其个体效用，因此，个体效用最高的用户赢得交易，获得资源的使用权。

由于第一价格拍卖中的最优出价小于第二价格拍卖中的最优出价（即用户真实评价），所以，第一价格拍卖规则下的拍卖会在一定程度上损害服务系统的利益。

由于这两种拍卖规则都没有对用户的社会效用进行评估，所以拍卖结果仅反映用户的个体效用。用户 8 的真实评价 1728 大于其他所有用户的真实评价，但若考虑社会效用，用户 8 的社会效用的附加价值为 110，两者相加为 1838，在所有用户中并不是最高，所以这两种拍卖规则中的用户报价都没有反映出其总体效用。

比较结果2和结果3，这两种结果中，用户的最终报价都是在初始报价的基础上加入对社会效用的评估，即社会效用的附加价值，不同的是结果 3 中的初始报价是用户的真实评价，反映真实的个体效用。

结果 2 中，用户 6 的最终报价为 1350+460=1810，用户 16 的最终报价为 1530+275=1805，因为 1810>1805，所以用户 6 赢得交易，成交价为 1350；而在结果 3 中，用户 6 的最终报价为 1440+460=1900，用户 16 的最终报价为 1632+275=1907，因 1900<1907，所以用户 16 赢得交易，成交价为 1900−275=1625。

用户 16 的真实评价在所有用户中不是最高的，但其真实评价和社会效用的附加价值的加和在所有用户中是最高的，即用户 16 的总体效用在所有用户中是最高的。按照基于社会效用的网格资源拍卖制度，应由用户 16 赢得交易。虽然在结果 2 对应的拍卖规则中，用户 6 的最终报价最高，但用户 6 的初始报价并不是其真实的评价，存在一定的误差，所以在这两种拍卖规则下，赢得交易的用户不同，成交价也不同。

结果 2 和结果 3 对应的拍卖规则中，虽然用户的最终报价都能反映出其总体效用，即个体效用和社会效用的加和，但由于结果 3 中的初始报价能反映用户真实的个体效用，所以其最终报价能反映用户真实的总体效用。只有当用户的个数接近于无穷大时，结果 2 对应的拍卖规则中用户的初始报价才会无限接近其真实评价。

结果 3 对应的拍卖规则即为本书提出的基于社会效用的网格资源拍卖机制，其中的最终报价更能真实地反映用户的个体效用和社会效用，更好地发挥拍卖机制的作用。本书提出的资源拍卖机制既考虑了用户的社会效用，又使得用户给出真实报价，既维护了服务系统的利益，又维护了社会的利益。

网格将因特网上的所有资源连接成一个整体，网格资源的分布、自治、异构、动态等特性使得网格资源的配置成为网格技术的关键问题。利用经济方法研究网格资源配置是当前网格研究新的热点，其中拍卖机制是主要的经济方法之一。在当前的拍卖机制中，都是通过用户的报价来竞争资源，成交价格主要取决于用户的个体效用，没有考虑其社会效用，而社会效用是用户经济活动的外部性的度量，因此在拍卖机制中考虑对用户社会效用的评估具有重要的决策意义。同时，就拍卖机制本身来说，使用第一价格拍卖会诱导用户压低报价，从而使服务系统遭受损失。因此需要提出一种新的拍卖机制来解决以上两大问题。

当拍卖机制中考虑用户使用资源时，用户的最终报价是其个体效用和社会效用的共同作用，而不仅仅取决于其个体效用。当采用第二价格拍卖时，用户报价为其对所竞拍资源真实评价，不会刻意压低报价。

因此本书设计了一种新的拍卖机制，在第二价格拍卖基础上考虑对社会效用的评估。这种新的拍卖机制既考虑了用户的社会效用，又具有诱导用户给出真实报价的作用，从而既维护了服务系统的利益，又维护了社会的利益，具有明显的优点。

3.3 用于评估社会效用的层次分析法

3.3.1 层次分析法的概念

层次分析法（Analytic Hierarchy Process，AHP），是一种将决策问题分解成目标、准则、方案等层次，并在这些层次的基础上进行定性和定量分析的决策方法。这种层次权重决策分析方法最初是由美国匹兹堡大学教授运筹学家萨蒂在 20 世纪 70 年代初提出的。

层次分析法将一个复杂得多目标决策问题作为一个决策系统，将目标分解为多个子目标或准则，进而分解为多指标的若干层次，通过定性准则模糊量化方法算出权数和总排序，来进行多准则、多方案优化决策。决策系统中很多准则之间往往无法定量比较，实际应用中需要将半定性、半定量的问题转化为定量计算问题。层次分析法是解决多目标决策问题的一种行之有效的方法，它将复杂的决策系统层次化，通过逐层比较各种相关联因素的重要性来为最终的决策提供定量的依据。

层次分析法最主要的特点是，在深入分析复杂的决策问题的本质、影响因素及其内在关系的基础上，利用较少的定量信息使决策过程数学化，简便、快捷地作出决策。层次分析法尤其适合对决策结果难以直接准确计量的问题进行分析。

3.3.2 层次分析法的优点

（1）是系统性的分析方法。系统的思想在于不割断各个因素对结果的影响，层次分析法把研究问题作为一个系统，每一层的权重设置最后都会直接或间接影响到结果，而且在每个层次中的每个因素对结果的影响程度都是量化的，非常清晰、明确。

（2）所需定量数据信息较少。层次分析法模拟人们决策过程时的思维方式，不需要属性值，由大脑判断各要素的相对重要性，将大脑对要素的印象化为简单的权重进行计算。

（3）操作简单实用。层次分析法把多目标、多准则以及难以量化处理的决策问题化为多层次单目标问题，通过两两比较来确定同一层次元素相对上一层次元素的数量关系，然后进行简单的数学运算。

层次分析法的整个过程体现了人的决策思维的基本过程，即分解、判断与综合。将定性与定量相结合，便于决策者之间彼此沟通，而且易学易用，是一种行之有效的多目标决策分析方法，目前已被广泛地应用在经济管理规划、能源开发利用与资源分析、城市产业规划、交通运输、水资源分析利用、人才预测等领域。

3.3.3　层次分析法的基本原理

层次分析法的基本原理是通过多因素分级处理来确定元素权重，把定性分析和定量分析结合起来，将评价者对复杂系统的评价思维过程数学化。将复杂问题分解为若干层次和若干元素，并在同一层次的若干元素之间进行简单的比较、判断和计算。

层次分析法根据所要评价的问题的总目标，将问题分解为不同的元素，并按照元素间的相互关联以及隶属关系将元素按不同层次聚集组合，形成一个多层次的递阶结构模型，最终使问题归结为最低层与最高层的相对重要权值的确定和相对优劣次序的排定。

3.3.4　层次分析法的步骤

1）对构成评价问题的目标、准则及方案等元素建立多级递阶结构

层次分析法要求的递阶结构一般由以下三个层次组成：① 目标层（最高层），问题的预定目标，要解决的问题；② 准则层（中间层），影响目标实现的准则；③ 方案层（最低层），目标实现的具体措施。

2）构造判断矩阵

在多级递阶结构模型中，对属于同一层次的元素，用上一层次的元素为准则进行两两比较后，确定其相对重要性程度，并以此来建立判断矩阵。填写判断矩阵时，按照判断矩阵的标度，其中两个元素两两比较哪个重要，重要多少，对重要性程度按 1～9 赋值，表 3-2 是判断矩阵标度及其含义。

表 3-2　判断矩阵标度及其含义

标度	含义
1	两个元素相比，同等重要
3	两个元素相比，前者比后者稍微重要
5	两个元素相比，前者比后者明显重要
7	两个元素相比，前者比后者强烈重要
9	两个元素相比，前者比后者极端重要
2,4,6,8	分别表示上述相邻判断的中间值
倒数	若元素 i 与元素 j 的重要性之比为 a_{ij}，则元素 j 与元素 i 的重要性之比为 $1/a_{ij}$

3）计算单排序权向量并进行一致性检验

对每个成对比较矩阵计算最大特征值及其对应的特征向量，利用一致性指标、随机一致性指标和一致性比率进行一致性检验。若检验通过，则特征向量即权向量；若不通过，则需要重新构造成对比较矩阵。

4）计算总排序权向量并进行一致性检验

计算最下层对最上层总排序的权向量。利用总排序一致性比率 CR 进行检验。其中，$\mathrm{CR}=\dfrac{a_1\mathrm{CI}_1+a_2\mathrm{CI}_2+\cdots+a_m\mathrm{CI}_m}{a_1\mathrm{RI}_1+a_2\mathrm{RI}_2+\cdots+a_m\mathrm{RI}_m}$，CI 为置信区间，RI 为随机一次性指标。若 $\mathrm{CR}<0.1$，则通过一致性检验。

若通过一致性检验，则可按照总排序权向量表示的结果进行决策，否则需要重新考虑模型或重新构造那些一致性比率 CR 较大的成对比较矩阵。

3.3.5 层次分析法的案例

某单位拟从 3 名干部（P_1，P_2，P_3）中选拔一名领导，选拔的标准有政策水平、工作作风、业务知识、口才、写作能力和健康状况。下面用层次分析法对这 3 人进行综合评估、量化排序[①]。

图 3-1 为案例中的多级递阶结构模型。

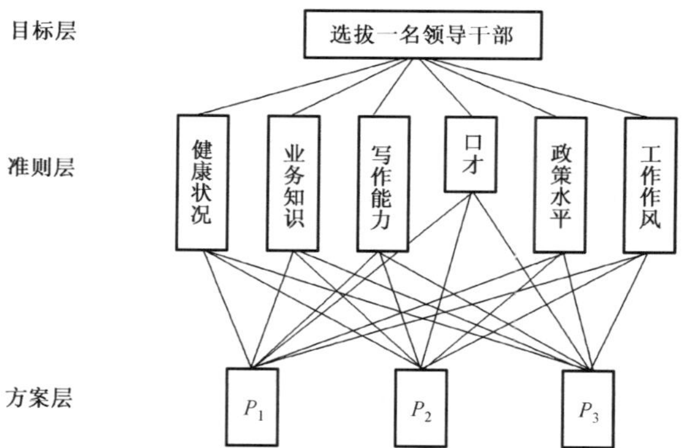

图 3-1 选拔领导干部的多级递阶结构模型

关于准则层 6 个属性的重要性，有关部门设定的判断矩阵为

$$
\boldsymbol{A}=\begin{pmatrix}
1 & 1 & 1 & 4 & 1 & 1/2 \\
1 & 1 & 2 & 4 & 1 & 1/2 \\
1 & 1/2 & 1 & 5 & 3 & 1/2 \\
1/4 & 1/4 & 1/5 & 1 & 1/3 & 1/3 \\
1 & 1 & 1/3 & 3 & 1 & 1 \\
2 & 2 & 2 & 3 & 1 & 1
\end{pmatrix}
$$

① 此案例引自：http://wenku.baidu.com/view/81ae702a915f804d2b16c16b.html

求得最大特征值 $\lambda_{\max}=6.35$，最大特征值对应的特征向量 $W^2=(0.16\quad 0.19\quad 0.19\quad 0.05\quad 0.12\quad 0.3)^{\mathrm{T}}$

对判断矩阵进行一致性检验，得

$$\mathrm{CI}=\frac{6.35-6}{6-1}=0.07,\qquad \mathrm{RI}=1.24$$

$\mathrm{CR}=\dfrac{0.07}{1.24}=0.0565<0.1$，通过一致性检验，所以特征向量为权向量。

假设 3 人关于 6 个属性的判断矩阵分别为

（1）健康状况。

$$B^{(3)}{}_1=\begin{pmatrix}1 & 1/4 & 1/2\\ 4 & 1 & 3\\ 2 & 1/3 & 1\end{pmatrix}$$

（2）业务知识。

$$B^{(3)}{}_2=\begin{pmatrix}1 & 1/4 & 1/4\\ 4 & 1 & 1/2\\ 5 & 2 & 1\end{pmatrix}$$

（3）写作能力。

$$B^{(3)}{}_3=\begin{pmatrix}1 & 3 & 1/4\\ 1/3 & 1 & 1/2\\ 3 & 1 & 1\end{pmatrix}$$

（4）口才。

$$B^{(3)}{}_4=\begin{pmatrix}1 & 1/3 & 5\\ 3 & 1 & 7\\ 1/5 & 1/7 & 1\end{pmatrix}$$

（5）政策水平。

$$B^{(3)}{}_5=\begin{pmatrix}1 & 1 & 7\\ 1 & 1 & 7\\ 1/7 & 1/7 & 1\end{pmatrix}$$

（6）工作作风。

$$B^{(3)}{}_6=\begin{pmatrix}1 & 7 & 9\\ 1/7 & 1 & 5\\ 1/9 & 1/5 & 1\end{pmatrix}$$

由此可求得各属性的最大特征值和相应的特征向量，其中各属性的最大特征值 $\lambda_{\max}$ 见表 3-3。

表 3-3　各属性的最大特征值 λ_{max}

特征值	健康状况	业务知识	写作能力	口才	政策水平	工作作风
λ_{max}	3.02	3.02	3.05	3.05	3.00	3.02

此时，6 个属性的特征向量构成下列矩阵，即

$$W^3=\begin{pmatrix}0.14 & 0.1 & 0.32 & 0.28 & 0.47 & 0.77\\ 0.63 & 0.33 & 0.22 & 0.65 & 0.47 & 0.17\\ 0.24 & 0.57 & 0.46 & 0.07 & 0.07 & 0.05\end{pmatrix}$$

均通过一致性检验。

从而求出 3 名干部的总排序权向量 W 为

$$\begin{aligned}W&=W^3W^2\\&=\begin{pmatrix}0.14 & 0.1 & 0.32 & 0.28 & 0.47 & 0.77\\ 0.63 & 0.33 & 0.22 & 0.65 & 0.47 & 0.17\\ 0.24 & 0.57 & 0.46 & 0.07 & 0.07 & 0.05\end{pmatrix}(0.16\quad 0.19\quad 0.19\quad 0.05\quad 0.12\quad 0.3)^{\mathrm{T}}\\&=\begin{pmatrix}0.40\\0.34\\0.26\end{pmatrix}\end{aligned}$$

最后求得 3 人的总排序权向量为 $(0.40\quad 0.34\quad 0.26)^{\mathrm{T}}$，因为 $0.40>0.34>0.26$，即 A 的总排序权向量在 3 人中最大，所以 P_1 为领导职务的最佳选择。

层次分析法的实质是对所研究的对象进行评价，最终求得的总排序权向量是最下层对最上层总排序的权向量，权向量中的每一个值可看成对相对应的对象的一个最终评价。

3.3.6　用层次分析法对社会效用进行评估

在 3.2 节中，用层次分析法对用户提出的社会效用进行评估，实质就是对用户所提出的社会效用给出一个最终评价（权值），再对其进行一定的单调变换（如乘以一个 k 值，k 的大小可根据具体情况具体设定），得到的结果即社会效用的附加价值。

对社会效用进行评价，在构建多级递阶结构模型时，目标层为社会效用评估，准则层为公众利益、国防、国家战略、基础设施和民生，即评估社会效用的标准是公众利益、国防、国家战略、基础设施和民生这五方面。其中公众利益涉及大众健康和保障制度，国防涉及国防建设和国防安全，国家战略涉及国家政治战略和国家经济战略，基础设施涉及生产基础设施、社会基础设施和制

度保障机构，民生涉及粮食安全和环境治理。图 3-2 为社会效用评估的多级递阶结构。

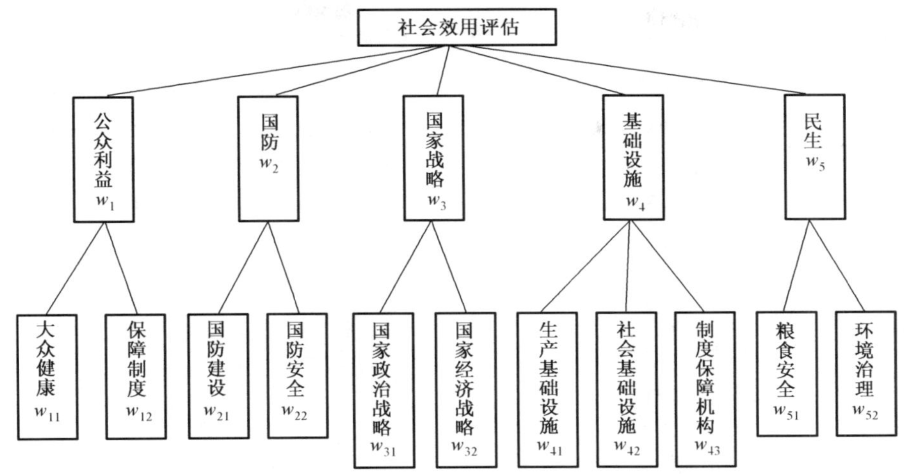

图 3-2 社会效用评估的多级递阶结构

在图 3-2 中，每个元素下方的 w 值为该元素对应的权重。用层次分析法对社会效用进行评估时，由负责审核的专家列出社会效用各属性的判断矩阵（$i=1,2,\cdots,n$），求出权向量，可从上层到底层依次展开。

由专家列出关于公众利益、国防、国家战略、基础设施、民生这五个属性的判断矩阵，根据该判断矩阵求出经过一致性检验的最大特征值对应的特征向量，即为权向量 $W^1=(w_1 \quad w_2 \quad w_3 \quad w_4 \quad w_5 \quad w_6)^{\mathrm{T}}$。然后专家列出关于公共利益的两个属性（即大众健康和保障制度）的判断矩阵，同样求出其权向量 $W^{21}=(w_{11} \quad w_{12})^{\mathrm{T}}$。同理求出关于国防的两个属性（即国防建设和国防安全）的权向量 $W^{22}=(w_{21} \quad w_{22})^{\mathrm{T}}$，…，求出关于民生的两个属性（即粮食安全和环境治理）的权向量 $W^{25}=(w_{51} \quad w_{52})^{\mathrm{T}}$。

专家对用户提出的社会效用进行评估时，首先判断用户描述的社会效用的真伪和可信度，然后再对用户提出的社会效用根据多级递阶结构的最底层的 11 个属性进行打分，分数依次为 $d_{11},d_{12},d_{21},d_{22},d_{31},d_{32},d_{41},d_{42},d_{43},d_{51},d_{52}$。在专家打分时，为保证相对客观性，可按 $-5,-4,-3,-2,-1,0,1,2,3,4,5$ 这 11 个等级来选择，相应的分数依次为 $-50,-40,-30,-20,-10,0,10,20,30,40,50$。

用加权和法求出 S_i 的最终权值 w_i，$w_i = w_1\times(w_{11}\times d_{11}+w_{12}\times d_{12})+w_2\times(w_{21}\times d_{21}+w_{22}\times d_{22})+w_3\times(w_{31}\times d_{31}+w_{32}\times d_{32})+w_4\times(w_{41}\times d_{41}+w_{42}\times d_{42}+w_{43}\times d_{43})+w_5\times(w_{51}\times d_{51}+w_{52}\times d_{52})$，所要求的对社会效用的评价 $y_i=f(S_i)$，可使 $y_i=kw_i$，k 的大小可根据具体情况由专家商议设定，即可得出社会效用的附加价值 y_i。

3.4 本章小结

本章主要介绍本书所提出的基于社会效用的网格资源拍卖机制，以进行网格资源的配置。3.1 节简要介绍了社会效用。3.2 节介绍了这种新的拍卖机制。3.3 节简要介绍了在评估社会效用时用到的层次分析法。本书所设计的这种新的拍卖机制是在第二价格拍卖的基础上对社会效用的评估。这种新的拍卖机制既考虑了用户的社会效用，又具有诱导用户给出真实报价的作用，从而既维护了服务系统的利益，又维护了社会的利益，具有明显的优点。

第4章 基于云模型的信任管理模型

分布式开放环境是由大量地理上分散的异构资源构成的典型松耦合计算系统，通常需要多个实体以协作的方式共同完成一项任务。然而，在广域分布式环境中，协作双方可能均没有直接合作的经历。为了保证协作的安全，需要动态评估相关实体的可信程度，而信任管理机制是解决该问题的有效途径之一。

本章针对分布式开放环境中信任的主观性和不确定性特点，提出一种基于云模型的信任管理模型。首先，分析并总结信任管理机制应关注的核心问题；然后，基于云模型定义与主观信任相关的若干概念，介绍正向云算子和逆向云算子，并设计一种新的相似云算子；在此基础上，提出由信任传递、合并、评估和更新算法构成的信任演化策略，并从理论上分析各算法的时间复杂度和正确性；最后，通过仿真实验验证策略的有效性，评估策略的总体性能。

4.1 问题的提出

在分布式开放环境中安全地完成协作需要解决两个关键问题：① 如何确定协作实体的身份；② 如何评估协作实体的可信程度。前者涉及客观信任，通过传统的身份认证技术就可以确认交互双方的身份。而后者需对主观信任进行评价，通常应从以下三个角度着手开展研究[1]。

（1）如何恰当地定义和形式化表述信任，以尽可能完备地体现其属性特征。

（2）如何合理地度量信任关系，以便采用定量方式研究信任。

（3）如何准确地实现信任的传递、合并、评估和更新等信任关系的推理和计算。

主观信任是基于信念的人类认知现象[51,67]，用于评估实体的某种能力或行为，具有极强的不确定性[183]，很难准确地描述和量化。如何表达和展现主观信任的不确定性是主观信任管理机制的研究难点和热点之一。

主观信任的不确定性具体表现为随机性和模糊性，因此众多常用于度量这两种特性的数学方法，如随机数学范畴的贝叶斯网络[184-185]、D-S证据理论[57]、概率论和熵理论[186]等，模糊数学领域的模糊逻辑[60]、模糊集合理论[187]等，均被作为信任评估的理论基础。文献[68]、文献[70]、文献[188]和文献[189]采用随机数学中的不同理论描述主观信任的随机性，但是忽视了主观信任的模糊性，导致过度形式化。文献[87]、文献[190]～文献[192]基于模糊逻辑和模糊集合理论为信任建模。作为模糊集理论的基础，隶属函数（membership function）被广泛应用于这些研究中。确定一个明晰的隶属函数是准确描述主观信任模糊性的前提和基础。然而，隶属函数通常依赖直觉、经验、排序、推理和统计等手段定义，至今还没有严格可遵循的方法。而且，即使选择了合适的隶属函数，此后基于该函数的信任定义、表示和演化就以一种精确的方式进行，不再存有任何模糊性[193]。因此，随机数学和模糊数学均无法完整地反映主观信任的不确定性，基于这两种理论建立的信任模型是不完善的。

为了构建能更好地描述主观信任不确定性的模型，部分研究[194-205]将云模型[183,193,206-207]引入信任管理中。该理论由李德毅院士于 20 世纪 90 年代在传统模糊数学和概率统计的基础上提出，是定性语言与其定量表示之间的互换模型，也是一种描述不确定性概念的有效工具。云是该理论的核心，由三个数字特征——期望 Ex、熵 En 和超熵 He 表征一个概念。根据具体实现方法不同，云有多种类型。其中，正态云模型是在正态分布和钟形隶属函数基础上发展起来的全新模型，具有较好的普适性[207]。它通过引入超熵 He 放宽了形成正态分布的前提条件。同时，正态云模型不需要确定精确的隶属函数，而是将正态隶属函数作为随机隶属度的期望。这种处理方式既解决了随机数学和模糊理论在表达主观信任时存在的问题，又以一种更实用、更简单和更直接的方式完成了定性与定量之间的相互转换。考虑到正态云模型的普适性，以下工作均基于正态云开展。

虽然文献[194]～文献[205]都将实体间的信任关系定义为正态云，但是各研究工作设计的信任管理机制仍各具特色。文献[194]～文献[196]认为信任计算包括信任的传递和合并。但是，提出的信任传递算法采用将信任链上的多个 Ex 简单相乘的方式计算合并后的 Ex，所以无法精确反映随传递过程发生的信任衰减。同时，没有明确讨论信任的合并算法的现实意义，削弱了工作的实用价值。文献[197]～文献[198]提出了信任信息传递和融合算法。这些算法与文献[194]～文献[196]的类似，也存在相同的问题。文献[199]～文献[200]设计了一种单条件单准则逻辑算子处理由推荐引起的信任传递。通过特殊参数——“接受因子”反映推荐路径的重要性和信任评估方对各推荐路径的认可程度。然而，该重要参数却没有出现在信任传递算法中。因此，该机制实质是以平均值的方式将多个信任值合并为最终的单一信任度。该方法虽然简单易行，但显然不符合现实情况，特别是无法抵御恶意推荐。文献[201]提出了一种具有离散特征的信任管理模型，运用基础云和对信任的“接受因子”实现信任云的推理。该模型能处理信任推荐及多条信任路径的合并。但是，推荐结果中的信任度直接取一条推荐路径上可信度较小者的推荐值，这种悲观处理方式略显保守和粗糙。此外，上述所有研究工作[194-201]均忽视了信任的更新问题，导致这些信任管理方法无法及时、敏感、准确地捕捉开放式环境中实体可信度的动态变化。

文献[202]考虑一个主体的多个属性，提出了信任属性评价云和主体信任云的概念，设计了信任属性评价云的计算、多属性信任评价云的合成、信任属性评价云的综合更新和主体信任等级的评估等四个算法。这些定义和算法覆盖了信任的表述、度量、推理和计算等方面，构造了一个相对完整的主观信任评估模型。特别是从多属性角度量化信任关系，体现了主观信任的多维性。但是，该机制没有涉及推荐信任的建立和信任链路的综合，无法处理间接经验。文献[203]认为缺乏对推荐的激励机制和信任的更新机制是造成恶意推荐或拒绝推荐的根源。因此，该研究将信任推荐作为一次直接交易，计算绝对推荐误差和等价经验。随后，信任评估实体就可以根据等价经验更新推荐者的可信度。遗憾的是，提出的信任的更新算法并不适用于一条推荐路径上存在多个推荐者的情况。而且，更新算法没有考虑时间因素，无法反映信任的时效性。文献[204]设计了一种信誉时间模型，使得对主观信誉的评价仅在指定时段内有效。为了评估信誉的有效性，制定了根据权重确定信誉值是否有效的基本规则，并改进了文献[183]中的无确定度逆向云发生器算法，提出了一种加权逆向云发生器。但是，该方法假设 Web 应用系统能提供避免恶意、虚假评估的机制，说明其自身无法区分准确的信誉信息和恶意的推荐。文献[205]进一步完善文献[204]的工作，设计了一种信任变化云描述信任客体信用度的变化情况。该研究重点探讨了信任的评估和更新，没有涉及信任的传递和合并。同时，在比较两个信任客体的信用度时，仅依据主观信任云期望和超熵的大小决定比较结果。从云模型的概念角度分析，这种处理方式不够合理。

云无明确边界和固定形态，即使表示同一概念的云也会因云滴数不同而存在差异。但是，如果希望将基于云模型的机制用于量化评估，又必须提供度量和分析云相似性的方法。因此，从提高云模型实用价值的角度，文献[198]、文献[202]、文献[203]和文献[208]设计了不同的云相似度度量算法。文献[198]和文献[208]均根据一组云滴的平均距离比较云的相似性。该方法不考虑云滴的确定度，仅依据云滴值计算距离，不能完整地表述一个云滴的特征。因此，计算结果不够精确。文献[202]基于一组云滴的平均确定度计算云相似度。该方法与文献[198]和文献[208]的方法正好相反，仅根据云滴的确定度衡量相似性，却忽视了云滴自身的值，同样会造成较大的误差。文献[203]直接依据云的三个数字特征，采用加权线性和的方式评估两个云的相似度。这种方法虽然简洁，但是云的数字特征毕竟只能描述其整体形态和整体定量特征，与基于云滴的相似度评估算法相比较，显得更加粗糙。

综上所述，与随机数学和模糊数学相比较，云模型能较好地体现主观信任的不确定性，是一种理想的研究主观信任管理机制的理论工具。而通过对现有基于云模型的信任管理模型的分析发现，虽然研究成果较丰富，但是在信任关系的评估、推理和计算上仍存在许多有待改进之处。鉴于此，本章基于云模型，提出了一种新的主观信任演化策略。

4.2　主观信任及其基本操作

4.2.1　基于云模型的主观信任

由于没有公认标准，根据其研究领域和研究问题的不同，研究者从不同角度定义了“信任”。如定义 1.1 所述，本书认为信任是在一定上下文约束（包括时间和环境因素）下，一个实体综合考虑自身的直接经验和其他实体的推荐信息，对另一个实体未来行为的主观期望。为了便于采用云模型表述和量化上述信任关系，首先提出两个基本概念：信任值空间和信任概念空间。

定义 4.1（信任值空间）　设 TV 是一个定量论域，可用精确数值表示。$\mathrm{tv}\in\mathrm{TV}$ 是一个信任值，表示实体 E_1 对实体 E_2 可信程度的定量评估。TV 称为一个信任值空间。

本书设定 $\mathrm{TV}\in[0,1]$。tv 是一个实数，$\mathrm{tv}\in[0,1]$。tv 的值越大，表示 E_1 越信任 E_2。

定义 4.2（信任概念空间）　一个信任概念空间 T 是一个信任值空间 TV 上的定性概念集合。$t\in T$ 是一个信任概念，表示一种定性的信任等级。

本书设定 $T=\{$不信任，弱信任，较信任，信任，非常信任，绝对信任$\}$。集合 T 中的每个元素是一个信任概念。

基于定义 4.1 和定义 4.2，可以采用定义 4.3 描述基于云模型的主观信任。

定义 4.3（信任云）　设 TV 是一个信任值空间，且 $\mathrm{tv}\in\mathrm{TV}$。$T$ 是一个信任概念空间，且 $t\in T$。如果信任值 tv 是信任概念 t 的一次随机实现，且 tv 对 t 的确定度 $\mu(\mathrm{tv})\in[0,1]$ 是有稳定倾向的随机数，即

$$\mu:\mathrm{TV}\to[0,1]$$
$$\forall \mathrm{tv}\in\mathrm{TV},\mathrm{tv}\to\mu(\mathrm{tv})$$

则 tv 在 TV 上的分布称为信任云，每一个 tv 称为一个云滴。为了表述简洁，将 tv 对 t 的确定度 $\mu(\mathrm{tv})$ 记为 ud。

实体 E_1 对实体 E_2 的主观信任可用一维正态信任云 $\mathrm{TC}^{E_1E_2}(\mathrm{Ex},\mathrm{En},\mathrm{He})$ 表示。这里，Ex、En 和 He 是云的三个数字特征。Ex 表示信任值 tv 在信任值空间 TV 上分布的期望，是最能够代表信任概念 t 的云滴，也是 t 量化的最典型样本。En 是正态信任云 $\mathrm{TC}^{E_1E_2}(\mathrm{Ex},\mathrm{En},\mathrm{He})$的熵，用于度量 t 的不确定性。En 既描述了 TV 中可以被 t 接受的云滴的取值范围（模糊性），又体现了代表 t 的云滴在整个 TV 中的离散程度（随机性）。通过同一个数字特征 En 度量 t 的模糊性和随机性，主观信任云就自然地反映了信任概念不确定性两个方面的关联性。He 度量 En 的不确定性，称为 $\mathrm{TC}^{E_1E_2}(\mathrm{Ex},\mathrm{En},\mathrm{He})$ 的超熵，由 t 的模糊性和随机性共同决定。一个由 2000 个云

滴构成的 $TC^{E_1E_2}(0,1,0.2)$ 云图如图4-1 所示[209]。图中，横坐标是云滴 tv，纵坐标是云滴 tv 的确定度 ud。

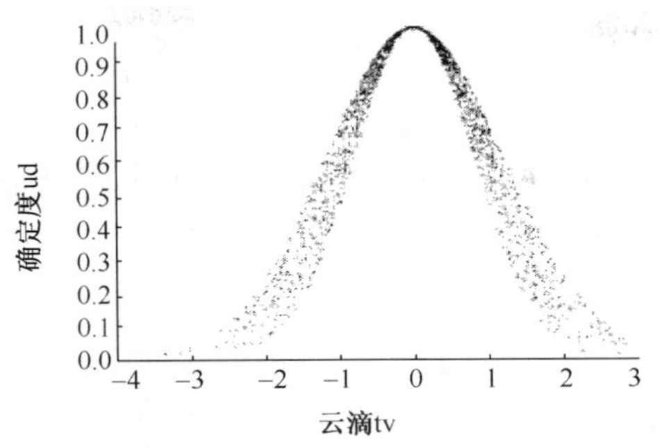

图 4-1　2000 个云滴构成的 $TC^{E_1E_2}(0,1,0.2)$ 云图

正态信任云也可以用于量化描述信任概念空间中的信任概念。这种信任云称为信任概念云，记为 TCC(Ex, En, He)。TCC(Ex, En, He) 中 Ex、En 和 He 的含义与表示实体信任关系的 $TC^{E_1E_2}(\mathrm{Ex},\mathrm{En},\mathrm{He})$ 类似。

如果一个实体的行为具有多个属性，且评估者分别对每个属性进行信任评价，则需要采用多维信任描述这种评估结果。而云可以是一维的、二维的，甚至是高维的，云的这一特性使其也能描述信任的多维性。例如，一个二维信任云可表示为 $TC^{E_1E_2}(\mathrm{Ex}_1,\mathrm{Ex}_2;\mathrm{En}_1,\mathrm{En}_2;\mathrm{He}_1,\mathrm{He}_2)$，此时信任值空间 TV 是二维的。为了简洁表达，下面一般仅考虑一维信任，但所有结果均适用于信任值空间是二维或高维的情况。

4.2.2　主观信任的基本操作

为了实现信任的推理和计算，基于 4.2.1 节定义的概念，介绍基于正向云发生器[193]的正向云算子和基于逆向云发生器[212]的逆向云算子，并设计一种新的相似云算子。

正向云算子以云的三个数字特征 Ex，En，He 和拟生成的云滴数 N 为输入，实现从定性概念向定量值的转换。首先，分别以 En 和 He 作为期望值和标准差，利用统计计算方法[210-211]产生一个正态随机数 $\widetilde{\mathrm{En}}$，则

$$\widetilde{\mathrm{En}} \sim N(\mathrm{En},(\mathrm{He})^2) \tag{4-1}$$

其中，$\widetilde{\mathrm{En}}$ 体现了 En 的不确定性。类似地，为了保留定性概念的不确定性，分别以 Ex 和 $\widetilde{\mathrm{En}}$ 作为期望值和标准差，利用统计计算方法[210-211]产生一个正态随机数 v，则

$$v \sim N(\mathrm{Ex},(\widetilde{\mathrm{En}})^2) \tag{4-2}$$

v 便可以作为定量论域中的一个云滴。随后，选择钟型隶属函数表示云的数学期望曲线，计算 v 的确定度 ud：

$$\mathrm{ud} = \exp\left[-\frac{1}{2}\frac{(v-\mathrm{Ex})^2}{\widetilde{\mathrm{En}}^2}\right] \tag{4-3}$$

按顺序将式（4-1）～式（4-3）重复 N 次，正向云算子就能根据需要产生 N 个云滴及其确定度。需要说明的是，为了保留定性概念的不确定性，要求 $\mathrm{En} > 0$，$\mathrm{He} > 0$。如果 $\mathrm{He} = 0$，则式（4-1）总是生成确定的 $\widetilde{\mathrm{En}}$，通过上述过程产生的云滴将在定量论域上呈正态分布，即失去了随机性。如果 $\mathrm{He} = 0$ 且 $\mathrm{En} = 0$，则由式（4-2）产生的 v 将是同一个精确值，且 $\mathrm{Ex} = v$，$\mathrm{ud} = 1$，即无论上述过程重复多少次，均产生最能体现定性概念的典型云滴，该结果也失去了随机性和模糊性，也就完全丧失了定性概念的不确定性。

逆向云算子以 N 个云滴 $\mathrm{tv}_1, \mathrm{tv}_2, \cdots, \mathrm{tv}_N$（$N \in \mathbb{N}$ 且 $N \geqslant 1$）为输入样本，实现从定量值向定性概念的转换。首先，计算该数据样本组的均值 $\overline{X}$、一阶绝对中心矩 Fcm 和方差 Var，即

$$\begin{cases} \overline{X} = \dfrac{1}{N}\sum_{i=1}^{N} \mathrm{tv}_i \\ \mathrm{Fcm} = \dfrac{1}{N}\sum_{i=1}^{N} \left|\mathrm{tv}_i - \overline{X}\right| \\ \mathrm{Var} = \dfrac{1}{N-1}\sum_{i=1}^{N} (\mathrm{tv}_i - \overline{X})^2 \end{cases} \tag{4-4}$$

然后，根据式（4-4）的结果确定定性概念的定量特征值，即

$$\begin{cases} \mathrm{Ex} = \overline{X} \\ \mathrm{En} = \sqrt{\dfrac{\pi}{2}} \times \mathrm{Fcm} \\ \mathrm{He} = \sqrt{\left|\mathrm{Var} - (\mathrm{En})^2\right|} \end{cases} \tag{4-5}$$

相似云算子用于比较两个云在形态（包括云滴的离散程度、相对取值范围和最典型样本云滴的取值）上的相似程度。设有云集合 $\mathrm{CS} = \{C_1(\mathrm{Ex}_1, \mathrm{En}_1, \mathrm{He}_1), C_2(\mathrm{Ex}_2, \mathrm{En}_2, \mathrm{He}_2), \cdots, C_M(\mathrm{Ex}_M, \mathrm{En}_M, \mathrm{He}_M)\}$，相似云算子按照某种规则从 CS 中选择与云 $C(\mathrm{Ex}, \mathrm{En}, \mathrm{He})$ 最相似的云。其基本设计思想是：首先，构建一个二维空间，x 轴表示云滴，y 轴表示云滴的确定度；然后，计算两个云的距离 θ，将该距离定义为两个云的相似度（similar degree）。θ 越小，两个云越相似。相似云算子的具体实现方法如下。设 $(\mathrm{tv}^C, \mu(\mathrm{tv}^C))$ 和 $(\mathrm{tv}^{C_1}, \mu(\mathrm{tv}^{C_1}))$ 是上述二维空间中的两个点，tv^C 和 $\mu(\mathrm{tv}^C)$ 分别是云 $C(\mathrm{Ex}, \mathrm{En}, \mathrm{He})$ 的一个云滴及该云滴的确定度，tv^{C_1} 和 $\mu(\mathrm{tv}^{C_1})$ 分别

是云 $C_1(\mathrm{Ex}_1,\mathrm{En}_1,\mathrm{He}_1)\in \mathrm{CS}$ 的一个云滴及其确定度，则云滴 tv^C 与云滴 tv^{C_1} 的距离 $d(\mathrm{tv}^C,\mathrm{tv}^{C_1})$ 为

$$d(\mathrm{tv}^C,\mathrm{tv}^{C_1})=\sqrt{(\mathrm{tv}^C-\mathrm{tv}^{C_1})^2+(\mu(\mathrm{tv}^C)-\mu(\mathrm{tv}^{C_1}))^2} \tag{4-6}$$

重复式（4-1）和式（4-2），依据云的“3En 规则”[183]，保留 $[\mathrm{Ex}-3\mathrm{En},\mathrm{Ex}+3\mathrm{En}]$ 区间内的计算结果，获得云 $C(\mathrm{Ex},\mathrm{En},\mathrm{He})$ 的 N 个云滴 $\mathrm{tv}_1^C,\mathrm{tv}_2^C,\cdots,\mathrm{tv}_N^C$（$N\in\mathbb{N}$ 且 $N\geqslant 1$）。将这 N 个云滴按升序排列，排序后的云滴序列记为 X。采用相同的方法，计算得到云 $C_1(\mathrm{Ex}_1,\mathrm{En}_1,\mathrm{He}_1)$ 的 N 个云滴 $\mathrm{tv}_1^{C_1},\mathrm{tv}_2^{C_1},\cdots,\mathrm{tv}_N^{C_1}$，并按升序排列，排序后的云滴序列记为 Y。序列 X 和序列 Y 中位置相同的两个云滴 $\mathrm{tv}_i^C\in X$，$\mathrm{tv}_i^{C_1}\in Y$ 称为一对云滴。定义 $C(\mathrm{Ex},\mathrm{En},\mathrm{He})$ 和 $C_1(\mathrm{Ex}_1,\mathrm{En}_1,\mathrm{He}_1)$ 的距离 θ_1 为序列 X 和序列 Y 中 N 对云滴的算术平均距离，即

$$\theta_1=\frac{1}{N}\sum_{i=1}^{N}d\left(\mathrm{tv}_i^C,\mathrm{tv}_i^{C_1}\right) \tag{4-7}$$

式中，每对云滴的距离 $d(\mathrm{tv}_i^C,\mathrm{tv}_i^{C_1})$ 均根据式（4-6）计算得到。对于集合 CS 中的每个元素 C_k（$k\in\mathbb{N}$ 且 $1\leqslant k\leqslant M$），按照式（4-7）可依次计算出 C_k 与云 $C(\mathrm{Ex},\mathrm{En},\mathrm{He})$ 的距离 θ_k。设集合 $\psi=\{\theta_k\mid k=1,2,\cdots,M\}$，$\theta_{\min}=\{\theta_{\mathrm{SC}}\mid\theta_{\mathrm{SC}}=\min\{\theta_1,\theta_2,\cdots,\theta_M\}$，$\mathrm{SC}\in\{1,2,\cdots,M\}$，$|\theta_{\min}|$ 为集合 $\theta_{\min}$ 的元素个数，则根据 $|\theta_{\min}|$ 的值可确定 CS 中与 $C(\mathrm{Ex},\mathrm{En},\mathrm{He})$ 最相似的云。具体规则如下。如果 $|\theta_{\min}|=1$，则 C_{SC} 是 CS 中与 $C(\mathrm{Ex},\mathrm{En},\mathrm{He})$ 最相似的云。如果 $|\theta_{\min}|>1$，则有三种处理方式：① 采用悲观准则，以 C_{MSC} 作为 CS 中与 $C(\mathrm{Ex},\mathrm{En},\mathrm{He})$ 最相似的云，其中，$\mathrm{MSC}=\min\{\mathrm{SC}\mid\mathrm{SC}\in\{1,2,\cdots,M\}\}$；② 采用乐观准则，以 C_{MSC} 作为 CS 中与 $C(\mathrm{Ex},\mathrm{En},\mathrm{He})$ 最相似的云，其中，$\mathrm{MSC}=\max\{\mathrm{SC}\mid\mathrm{SC}\in\{1,2,\cdots,M\}\}$；③ 借用数理统计中均方差的概念，计算 $C(\mathrm{Ex},\mathrm{En},\mathrm{He})$ 和 $C_k(\mathrm{Ex}_k,\mathrm{En}_k,\mathrm{He}_k)\in\mathrm{CS}$ 的 N 对云滴的距离构成的集合 $\{d(\mathrm{tv}_i^C,\mathrm{tv}_i^{C_k})\mid i\in\mathbb{N},i\in[1,N]\}$ 相对于 $C(\mathrm{Ex},\mathrm{En},\mathrm{He})$ 和 $C_k(\mathrm{Ex}_k,\mathrm{En}_k,\mathrm{He}_k)$ 的距离 $\theta_k\in\theta_{\min}$ 的偏离程度 f_k，即计算均方差 $f_k=\sqrt{\sum_{i=1}^{N}(d(\mathrm{tv}_i^C,\mathrm{tv}_i^{C_k})-\theta_k)^2}$，以 C_{MSC} 作为 CS 中与 $C(\mathrm{Ex},\mathrm{En},\mathrm{He})$ 最相似的云，其中，$f_{\mathrm{MSC}}=\min\{f_k\mid k\in\mathbb{N},k\in[1,|\theta_{\min}|]\}$。

4.3　基于云模型的信任管理模型

资源服务是分布式开放环境中典型的协作方式之一。当资源请求者 R 向资源提供者 P_1 请求服务时，P_1 根据信任管理机制评估 R 的可信度，如图 4-2 所示。由于采用分布式开放架构，环境中不存在统一的信任评估中心，资源提供者需依赖可获取的信息（直接经验和推荐信息）自主完成信任评估工作。本节以这种场景

为例，提出一种新的基于云模型的主观信任演化策略。整个策略由信任的传递、合并、评估和更新四部分组成。

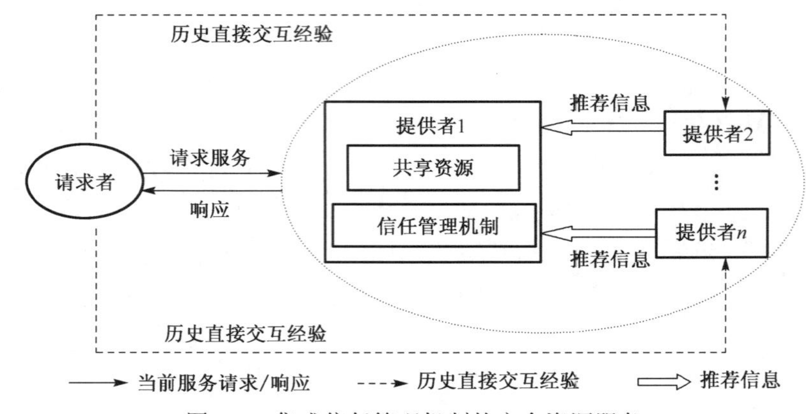

图 4-2　集成信任管理机制的安全资源服务

4.3.1　信任的传递

1. 基本思想

首先考虑三个实体间的信任传递，如图 4-3 所示。

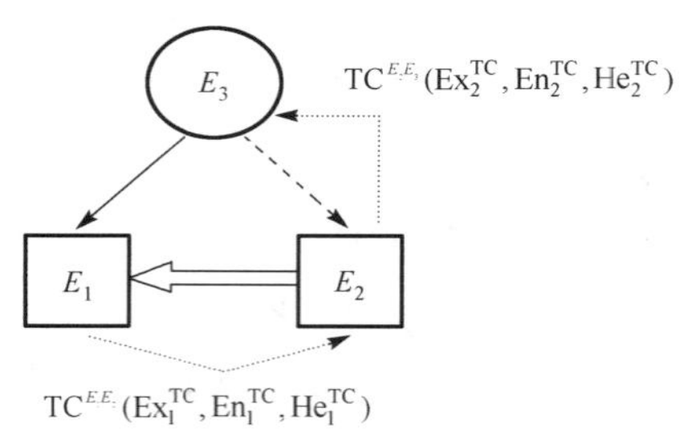

图 4-3　三个实体间的信任传递

设实体 E_1、E_2 和 E_3 存在如下关系：E_3 与 E_1 互相陌生（即没有直接交互的经历），但与 E_2 熟识（即有直接交互的经历），而 E_2 与 E_1 熟识。当 E_3 请求 E_1 可提供的服务时，如果 E_2 向 E_1 推荐 E_3，则 E_1 需要通过 E_2 提供的信息评估 E_3 的可信度。上述场景即信任的传递，是由信任推荐引发的信任演化周期中的基本阶段。E_1、E_2 和 E_3 构成一条推荐路径，记为 $\langle E_1, E_2, E_3 \rangle$。显然，$E_2$ 相对于 E_1 的可信度是 E_1 评价 E_3 可信度的重要依据。E_1 与 E_2 有直接交互的经历，E_1 对 E_2 可信度的评价 $TC^{E_1E_2}(Ex, En, He)$ 是已知的，则 E_1 可以根据信任云 $TC^{E_1E_2}(Ex, En, He)$ 决定应如何对待 E_2 对 E_3 的推荐。与“信任”类似，E_1 对 E_2 推荐信息的态度也是一种带不确定性的定性概念。本书采用语言词“诚实”描述这一概念，并定义诚实值空间 SV 和诚实概念空间 S 。

定义 4.4（诚实值空间） 设 SV 是一个定量论域，可以用精确数值表示。$\mathrm{sv}\in\mathrm{SV}$ 是一个诚实值，体现实体 E_1 对实体 E_2 推荐信息的定量评估。SV 称为一个诚实值空间。

本书设定 $\mathrm{SV}\in[0,1]$ 。sv 是在 0～1 取值的实数。sv 的值越大，表示 E_1 越能接受 E_2 提供的推荐信息。

定义 4.5（诚实概念空间） 一个诚实概念空间 S 是一个诚实值空间 SV 上的定性概念集合。$s\in S$ 是一个诚实概念，表示一种定性的诚实等级。

本书设定 $S=\{$不诚实，弱诚实，较诚实，诚实，非常诚实，绝对诚实$\}$。集合 S 中的每个元素是一个诚实概念。

与 4.2.1 节定义的信任概念云类似，本书用诚实概念云 $\mathrm{SCC(Ex,En,He)}$ 表示诚实概念。一般地，若一个诚实概念空间 S 由 L 个诚实概念构成，则其中的某个概念可用 $\mathrm{SCC}_k(\mathrm{Ex}_k^{\mathrm{SCC}},\mathrm{En}_k^{\mathrm{SCC}},\mathrm{He}_k^{\mathrm{SCC}})$ 表示，$1\leqslant k\leqslant L$，且 $\bigcup_{k=1}^{L}\mathrm{SCC}_k=S$ 。根据定义 4.5，本书中 $L=6$ 。

为了从“诚实”的角度度量 E_1 对 E_2 推荐行为的接受程度，需要将云 $\mathrm{TC}^{E_1E_2}\mathrm{(Ex,En,He)}$ 转换为 S 中的某个诚实概念。由于一个云滴的确定度能反映其隶属于某个定性概念的程度，本书利用 $\mathrm{TC}^{E_1E_2}\mathrm{(Ex,En,He)}$ 中云滴的确定度实现上述转换，具体过程如下：①将 $\mathrm{TC}^{E_1E_2}\mathrm{(Ex,En,He)}$ 的三个数字特征 Ex、En 和 He 反复带入式（4-1）和式（4-2）中，计算得到 N 个不同的 v_i^{TC}， $v_i^{\mathrm{TC}}\in[\mathrm{Ex}-3\mathrm{En},\mathrm{Ex}+3\mathrm{En}]$，$1\leqslant i\leqslant N$；②将 $\mathrm{SCC}_k(\mathrm{Ex}_k^{\mathrm{SCC}},\mathrm{En}_k^{\mathrm{SCC}},\mathrm{He}_k^{\mathrm{SCC}})$ 的 $\mathrm{En}_k^{\mathrm{SCC}}$ 和 $\mathrm{He}_k^{\mathrm{SCC}}$ 反复带入式（4-1）中产生 N 个不同的 $\widetilde{En}_{ki}^{\mathrm{SCC}}$（$1\leqslant i\leqslant N$）；③将 $\mathrm{Ex}_k^{\mathrm{SCC}}$、$\widetilde{\mathrm{En}}_{ki}^{\mathrm{SCC}}$ 和 v_i^{TC} 反复带入式（4-3）生成 N 个不同的 ud_{ki}，该值体现了 $\mathrm{TC}^{E_1E_2}\mathrm{(Ex,En,He)}$ 的云滴 v_i^{TC} 对云 $\mathrm{SCC}_k(\mathrm{Ex}_k^{\mathrm{SCC}},\mathrm{En}_k^{\mathrm{SCC}},\mathrm{He}_k^{\mathrm{SCC}})$ 所代表的诚实概念的确定度；最后，计算 N 个不同 ud_{ki} 的算术平均值 σ_k，即

$$\sigma_k=\frac{1}{N}\sum_{i=1}^{N}\mathrm{ud}_{ki} \tag{4-8}$$

其中，σ_k 越大，$\mathrm{SCC}_k(\mathrm{Ex}_k^{\mathrm{SCC}},\mathrm{En}_k^{\mathrm{SCC}},\mathrm{He}_k^{\mathrm{SCC}})$ 越能体现 $\mathrm{TC}^{E_1E_2}\mathrm{(Ex,En,He)}$ 的特征。若设定 $\sigma=\max\{\sigma_1,\sigma_2,\cdots,\sigma_L\}$，则将 σ 作为 E_1 对 E_2 推荐信息的接受程度，即 E_2 相对于 E_1 的诚实度。根据云模型中关于逆向云发生器的误差分析[183]，云滴数 N 会影响 σ 的准确性。N 越大，σ 的误差越小。

进一步，若有 p 个实体 $E_1,E_2,\cdots,E_p$，$\mathrm{TC}^{E_iE_{i+1}}(\mathrm{Ex}_i^{\mathrm{TC}},\mathrm{En}_i^{\mathrm{TC}},\mathrm{He}_i^{\mathrm{TC}})$ 表示 E_i 对 E_{i+1} 可信度的评价，$1\leqslant i\leqslant p-1$，则可以计算 E_1 对 E_p 可信度的评价 $\mathrm{TC}^{E_1E_p}(\mathrm{Ex}^{E_1E_p},\mathrm{En}^{E_1E_p},$

$\mathrm{He}^{E_1E_p}$）。从 E_1 到 E_p 的信任传递的场景如图 4-4 所示，具体实现过程见算法 4.1。云滴数 N 影响 σ 的精确度，因此也会影响 $\mathrm{Ex}^{E_1E_p}$ 、$\mathrm{En}^{E_1E_p}$ 和 $\mathrm{He}^{E_1E_p}$ 的精确性。N 越大，依据算法 4.1 得到的 $\mathrm{Ex}^{E_1E_p}$ 、$\mathrm{En}^{E_1E_p}$ 和 $\mathrm{He}^{E_1E_p}$ 的误差越小。

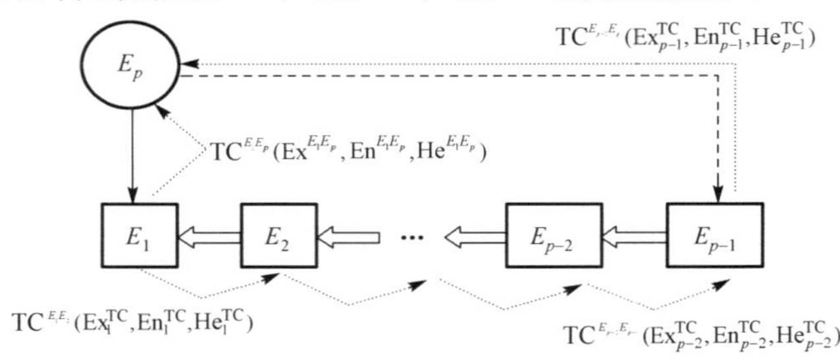

图 4-4　从 E_1 到 E_p 的信任传递

算法 4.1　信任传递（Trust_Propagation）

输入： $p-1$ 个信任云 $\mathrm{TC}^{E_iE_{i+1}}(\mathrm{Ex}_i^{\mathrm{TC}},\mathrm{En}_i^{\mathrm{TC}},\mathrm{He}_i^{\mathrm{TC}})$，$1\leqslant i\leqslant p-1$；

L 个诚实概念云 $\mathrm{SCC}_k(\mathrm{Ex}_k^{\mathrm{SCC}},\mathrm{En}_k^{\mathrm{SCC}},\mathrm{He}_k^{\mathrm{SCC}})$，$1\leqslant k\leqslant L$ 且 $\bigcup_{k=1}^{L}\mathrm{SCC}_k=S$；

云滴数 N。

输出： 信任云 $\mathrm{TC}^{E_1E_p}(\mathrm{Ex}^{E_1E_p},\mathrm{En}^{E_1E_p},\mathrm{He}^{E_1E_p})$ 的三个数字特征 $\mathrm{Ex}^{E_1E_p}$ 、$\mathrm{En}^{E_1E_p}$ 和 $\mathrm{He}^{E_1E_p}$。

（1）**for** $j=1$ **to** $j=p-2$ **do**

（2）运用式（4-8）计算 E_{j+1} 相对于 E_1 的诚实度 σ_j

（3）计算 $\mathrm{TC}^{E_1E_{j+2}}(\mathrm{Ex}^{E_1E_{j+2}},\mathrm{En}^{E_1E_{j+2}},\mathrm{He}^{E_1E_{j+2}})$ 的数字特征：

$$\mathrm{Ex}^{E_1E_{j+2}}=\sigma_j\mathrm{Ex}_{j+1}^{\mathrm{TC}},\quad \mathrm{En}^{E_1E_{j+2}}=(1+\sigma_j)\mathrm{En}_{j+1}^{\mathrm{TC}},\quad \mathrm{He}^{E_1E_{j+2}}=(1+\sigma_j)\mathrm{He}_{j+1}^{\mathrm{TC}}$$

（4）**end for**

2. 算法时间复杂度分析

如果信任传递路径的长度（即一条信任传递路径上的实体数）为 p，用于计算一对实体间诚实度的云滴数为 N，分析算法 4.1 的时间复杂度。

设 1 次赋值运算、加法运算、乘法运算和除法运算的运算时间分别为 C_1、C_2、C_3 和 C_4。算法 4.1 中，步骤 1 需完成 $p-2$ 次赋值运算。在一次 for 循环中，运用式（4-8）计算 E_{j+1} 相对于 E_1 的诚实度 σ_j 需完成 N 次加法运算和 1 次除法运算，计算 $\mathrm{TC}^{E_1E_{j+2}}(\mathrm{Ex}^{E_1E_{j+2}},\mathrm{En}^{E_1E_{j+2}},\mathrm{He}^{E_1E_{j+2}})$ 的数字特征 $\mathrm{Ex}^{E_1E_{j+2}}$ 需完成 1 次乘法运算，计算 $\mathrm{TC}^{E_1E_{j+2}}(\mathrm{Ex}^{E_1E_{j+2}},\mathrm{En}^{E_1E_{j+2}},\mathrm{He}^{E_1E_{j+2}})$ 的数字特征 $\mathrm{En}^{E_1E_{j+2}}$ 需完成 1 次加法运算和 1 次乘法运算，计算 $\mathrm{TC}^{E_1E_{j+2}}(\mathrm{Ex}^{E_1E_{j+2}},\mathrm{En}^{E_1E_{j+2}},\mathrm{He}^{E_1E_{j+2}})$ 的数字特征 $\mathrm{He}^{E_1E_{j+2}}$ 也需要完成 1 次加法

运算和 1 次乘法运算。因此，算法 4.1 的总运行时间为 $C_1(p-2)+\sum_{j=1}^{p-2}(C_2(N+2)+C_3+3C_4)=(p-2)(NC_2+a)$，其中，$a=C_1+2C_2+C_3+3C_4$，则算法 4.1 的时间复杂度可表示为 $O(pN)$。

3. 算法正确性分析

如定义 1.1 所述，本书关注文献[34]总结的十个信任属性，因此算法 4.1 应能够体现信任的弱传递性。首先定义信任云的不大于关系及信任的弱传递性，然后证明算法 4.1 的计算结果满足该定义。

本书采用信任云 $\text{TC}(\text{Ex},\text{En},\text{He})$ 表述一个实体对另一个实体的信任评价。由 $\text{TC}(\text{Ex},\text{En},\text{He})$ 三个数字特征 Ex、En 和 He 的含义可知，信任云的期望值越大、云滴的取值范围和离散程度越小，该信任云对应的信任关系越可靠和稳定。由于 Ex 和 En 对云形态的影响远大于 He 的影响，因此，根据定义 4.6 确定两个信任云的不大于关系。

定义 4.6（信任云的不大于关系）　对于两个信任云 $\text{TC}_1(\text{Ex}_1,\text{En}_1,\text{He}_1)$ 和 $\text{TC}_2(\text{Ex}_2,\text{En}_2,\text{He}_2)$，如果 $\text{Ex}_1 \leqslant \text{Ex}_2$ 且 $\text{En}_1 \geqslant \text{En}_2$，则称 $\text{TC}_1(\text{Ex}_1,\text{En}_1,\text{He}_1)$ 不大于 $\text{TC}_2(\text{Ex}_2,\text{En}_2,\text{He}_2)$，记为 $\text{TC}_1(\text{Ex}_1,\text{En}_1,\text{He}_1) \prec \text{TC}_2(\text{Ex}_2,\text{En}_2,\text{He}_2)$。在语义上表示 $\text{TC}_1(\text{Ex}_1,\text{En}_1,\text{He}_1)$ 表述的信任关系不强于 $\text{TC}_2(\text{Ex}_2,\text{En}_2,\text{He}_2)$ 表述的信任关系。

在现实世界中，信任关系无完全传递特征。推荐是典型的信任传递方式之一。一般情况下，信任关系随推荐路径的延长而衰减。基于该常识，本书采用以下定义量化信任的弱传递性。

定义 4.7（信任的弱传递性）　考虑如图 4-4 所示的信任传递场景。对于给定的三个实体 E_1、E_j 和 E_{j+1}，如果 E_1 对 E_{j+1} 可信度的评估值 $\text{TC}^{E_1E_{j+1}}(\text{Ex}^{E_1E_{j+1}},\text{En}^{E_1E_{j+1}},\text{He}^{E_1E_{j+1}})$ 不大于 E_j 对 E_{j+1} 可信度的评估值 $\text{TC}^{E_jE_{j+1}}(\text{Ex}_j^{\text{TC}},\text{En}_j^{\text{TC}},\text{He}_j^{\text{TC}})$，$2 \leqslant j \leqslant p-1$，即 $\text{TC}^{E_1E_{j+1}}(\text{Ex}^{E_1E_{j+1}},\text{En}^{E_1E_{j+1}},\text{He}^{E_1E_{j+1}}) \prec \text{TC}^{E_jE_{j+1}}(\text{Ex}_j^{\text{TC}},\text{En}_j^{\text{TC}},\text{He}_j^{\text{TC}})$，则称推荐路径 $\langle E_1,E_j,E_{j+1}\rangle$ 满足信任的弱传递性。

定理 4.1　信任传递算法满足定义 4.7 描述的信任弱传递性。

证明：分析诚实度的计算方法可知，对于给定的三个实体 E_1、E_j 和 E_{j+1}，$2 \leqslant j \leqslant p-1$，$E_j$ 对 E_1 的诚实度 $\sigma_{j-1} \in [0,1]$。又根据算法 4.1 的步骤 3，有 $\text{Ex}^{E_1E_{j+1}} \leqslant \text{Ex}_j^{\text{TC}}$，$\text{En}^{E_1E_{j+1}} \geqslant \text{En}_j^{\text{TC}}$。则依据定义 4.6 和定义 4.7，$\text{TC}^{E_1E_{j+1}}(\text{Ex}^{E_1E_{j+1}},\text{En}^{E_1E_{j+1}},\text{He}^{E_1E_{j+1}}) \prec \text{TC}^{E_jE_{j+1}}(\text{Ex}_j^{\text{TC}},\text{En}_j^{\text{TC}},\text{He}_j^{\text{TC}})$，且推荐路径 $\langle E_1,E_j,E_{j+1}\rangle$ 满足信任的弱传递性。这说明随着信任的传递，推荐路径起点处实体对路径上各实体的主观信任度逐渐降低，而信任的不确定性逐渐增加，体现了主观信任随传递过程逐步衰减的特性。因此，所设计的信任传递算法能满足信任弱传递性的要求。得证。

4.3.2　信任的合并

1. 基本思想

信任的合并是信任演化过程中因推荐信任而产生的另一个必然阶段。如果在实体 E_1 和 E_2 之间存在 q 条推荐路径，则按照算法 4.1，每条路径均可产生一个 $\mathrm{TC}^{E_1E_2}(\mathrm{Ex}_i,\mathrm{En}_i,\mathrm{He}_i)$，$1\leqslant i\leqslant q$，描述 E_1 对 E_2 的一种主观信任程度。为了获得对 E_2 可信度的综合评估，E_1 需要合并这些信任云。E_1 对 E_2 信任的合并如图 4-5 所示。

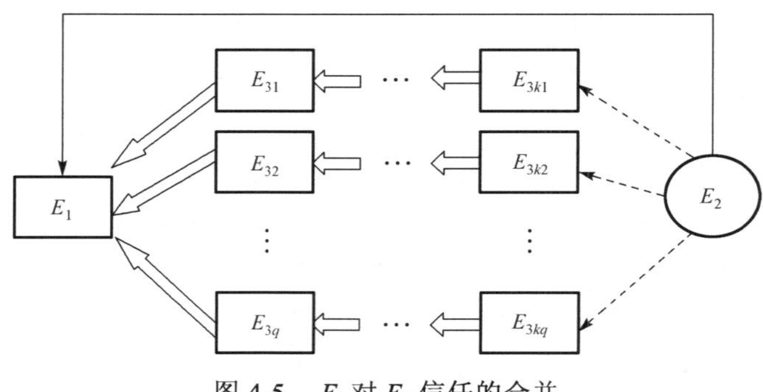

图 4-5　E_1 对 E_2 信任的合并

本书通过加权算术平均的方式计算合并后的信任云 $\mathrm{TC}^{E_1E_2}(\mathrm{Ex}_{\mathrm{agg}},\mathrm{En}_{\mathrm{agg}},\mathrm{He}_{\mathrm{agg}})$：

$$\mathrm{TC}^{E_1E_2}(\mathrm{Ex}_{\mathrm{agg}},\mathrm{En}_{\mathrm{agg}},\mathrm{He}_{\mathrm{agg}})=\sum_{i=1}^{q}w_i\mathrm{TC}^{E_1E_2}(\mathrm{Ex}_i,\mathrm{En}_i,\mathrm{He}_i)\tag{4-9}$$

式中，w_i 是第 i 条推荐路径的权重，表示该条路径在信任的合并中的重要性，取决于 E_1 对其推荐信息的接受程度。考虑到 E_1 对第 i 条推荐路径的接受程度已经通过诚实度体现在 $\mathrm{TC}^{E_1E_2}(\mathrm{Ex}_i,\mathrm{En}_i,\mathrm{He}_i)$ 中，因此为每条推荐路径设置相同的权重值，即 $w_i=w_j$（$i,j=1,2,\cdots,q$ 且 $i\neq j$）。信任的合并具体过程见算法 4.2。

算法 4.2　信任的合并（Trust_Aggregation）

输入： q 个经信任传递算法获得的信任云 $\mathrm{TC}^{E_1E_2}(\mathrm{Ex}_i,\mathrm{En}_i,\mathrm{He}_i)$，$1\leqslant i\leqslant q$。

输出： 一个合并后的信任云 $\mathrm{TC}^{E_1E_2}(\mathrm{Ex}_{\mathrm{agg}},\mathrm{En}_{\mathrm{agg}},\mathrm{He}_{\mathrm{agg}})$。

（1）计算 $\mathrm{TC}^{E_1E_2}(\mathrm{Ex}_{\mathrm{agg}},\mathrm{En}_{\mathrm{agg}},\mathrm{He}_{\mathrm{agg}})$ 的期望 $\mathrm{Ex}_{\mathrm{agg}}$，$\mathrm{Ex}_{\mathrm{agg}}=\dfrac{1}{q}\sum_{i=1}^{q}\mathrm{Ex}_i$。

（2）计算 $\mathrm{TC}^{E_1E_2}(\mathrm{Ex}_{\mathrm{agg}},\mathrm{En}_{\mathrm{agg}},\mathrm{He}_{\mathrm{agg}})$ 的熵 $\mathrm{En}_{\mathrm{agg}}$，$\mathrm{En}_{\mathrm{agg}}=\dfrac{1}{q}\sum_{i=1}^{q}\mathrm{En}_i$。

（3）计算 $\mathrm{TC}^{E_1E_2}(\mathrm{Ex}_{\mathrm{agg}},\mathrm{En}_{\mathrm{agg}},\mathrm{He}_{\mathrm{agg}})$ 的超熵 $\mathrm{He}_{\mathrm{agg}}$，$\mathrm{He}_{\mathrm{agg}}=\dfrac{1}{q}\sum_{i=1}^{q}\mathrm{He}_i$。

这里选择线性算法的原因是，文献[213]的仿真实验证明，在某些场景下线性算法的性能优于复杂算法的性能，特别是系统中存在大量恶意推荐时，线性算法的优势更为明显。

2. 算法时间复杂度分析

如果根据 q 条信任推荐路径的推荐结果，按照算法 4.2 进行信任的合并，分析其时间复杂度。设 1 次加法运算和 1 次除法运算的运算时间分别为 C_1 和 C_2。算法 4.2 的步骤 1、步骤 2 和步骤 3 均需完成 q 次加法运算和 1 次除法运算。因此，算法 4.2 的总运行时间为 $3(C_1q+C_2)=aq+b$，其中，$a=3C_1$，$b=3C_2$，则算法 4.2 的时间复杂度可表示为 $O(q)$。

3. 算法正确性分析

在现实世界中，如果一个实体从多条途径获得了另一个实体的可信度，则该实体往往会根据自己对各条消息途径可靠程度的判断，综合这些原始可信度，最终确定的可信度一般介于原始可信度的最小值和最大值之间。基于该常识，分析信任的合并算法的正确性。首先，为了描述一对信任云的绝对小于关系，给出如下定义。

定义 4.8（信任云的绝对小于关系）　对于两个信任云 $\mathrm{TC}_1(\mathrm{Ex}_1,\mathrm{En}_1,\mathrm{He}_1)$ 和 $\mathrm{TC}_2(\mathrm{Ex}_2,\mathrm{En}_2,\mathrm{He}_2)$，如果 $\mathrm{Ex}_1\leqslant\mathrm{Ex}_2$，$\mathrm{En}_1\leqslant\mathrm{En}_2$，则称 $\mathrm{TC}_1(\mathrm{Ex}_1,\mathrm{En}_1,\mathrm{He}_1)$ 绝对小于 $\mathrm{TC}_2(\mathrm{Ex}_2,\mathrm{En}_2,\mathrm{He}_2)$，记为 $\mathrm{TC}_1(\mathrm{Ex}_1,\mathrm{En}_1,\mathrm{He}_1)<\mathrm{TC}_2(\mathrm{Ex}_2,\mathrm{En}_2,\mathrm{He}_2)$。在语义上表示 $\mathrm{TC}_1(\mathrm{Ex}_1,\mathrm{En}_1,\mathrm{He}_1)$ 表述的信任关系绝对弱于 $\mathrm{TC}_2(\mathrm{Ex}_2,\mathrm{En}_2,\mathrm{He}_2)$ 表述的信任关系。

定理 4.2　信任的合并算法能够保证合并后的可信度介于原始可信度的最小值和最大值之间。

证明：考虑如图 4-5 所示的信任的合并场景。设信任云 $\mathrm{TC}^{E_1E_2}(\mathrm{Ex}_{\max},\mathrm{En}_i,\mathrm{He}_i)$ 和 $\mathrm{TC}^{E_1E_2}(\mathrm{Ex}_{\min},\mathrm{En}_j,\mathrm{He}_j)$ 分别表示 E_1 对 E_2 的 q 个可信度评估中的最大值和最小值，$\mathrm{En}_{\max}$ 和 $\mathrm{En}_{\min}$ 分别表示 q 个信任云中 En 的最大值和最小值。由算法 4.2 可知，$\mathrm{Ex}_{\min}\leqslant\mathrm{Ex}_{\mathrm{agg}}\leqslant\mathrm{Ex}_{\max}$，$\mathrm{En}_{\min}\leqslant\mathrm{En}_{\mathrm{agg}}\leqslant\mathrm{En}_{\max}$。为了比较 $\mathrm{TC}^{E_1E_2}(\mathrm{Ex}_{\mathrm{agg}},\mathrm{En}_{\mathrm{agg}},\mathrm{He}_{\mathrm{agg}})$ 与 $\mathrm{TC}^{E_1E_2}(\mathrm{Ex}_{\max},\mathrm{En}_i,\mathrm{He}_i)$ 的大小，分两种情况讨论。

（1）如果 $\mathrm{En}_{\mathrm{agg}}\geqslant\mathrm{En}_i$，则有 $\mathrm{Ex}_{\mathrm{agg}}\leqslant\mathrm{Ex}_{\max}$ 且 $\mathrm{En}_{\mathrm{agg}}\geqslant\mathrm{En}_i$，根据定义 4.6，$\mathrm{TC}^{E_1E_2}(\mathrm{Ex}_{\mathrm{agg}},\mathrm{En}_{\mathrm{agg}},\mathrm{He}_{\mathrm{agg}})\prec\mathrm{TC}^{E_1E_2}(\mathrm{Ex}_{\max},\mathrm{En}_i,\mathrm{He}_i)$。

（2）如果 $\mathrm{En}_{\mathrm{agg}}<\mathrm{En}_i$，则有 $\mathrm{Ex}_{\mathrm{agg}}\leqslant\mathrm{Ex}_{\max}$ 且 $\mathrm{En}_{\mathrm{agg}}<\mathrm{En}_i$，根据定义 4.8，$\mathrm{TC}^{E_1E_2}(\mathrm{Ex}_{\mathrm{agg}},\mathrm{En}_{\mathrm{agg}},\mathrm{He}_{\mathrm{agg}})<\mathrm{TC}^{E_1E_2}(\mathrm{Ex}_{\max},\mathrm{En}_i,\mathrm{He}_i)$。

可见，合并后的可信度不超过 q 个经不同推荐路径获得的原始可信度中的最大者。

类似地，为了比较 $\mathrm{TC}^{E_1E_2}(\mathrm{Ex}_{\mathrm{agg}},\mathrm{En}_{\mathrm{agg}},\mathrm{He}_{\mathrm{agg}})$ 与 $\mathrm{TC}^{E_1E_2}(\mathrm{Ex}_{\min},\mathrm{En}_j,\mathrm{He}_j)$ 的大小，也分两种情况讨论。

（1）如果 $\mathrm{En}_{\mathrm{agg}} \geqslant \mathrm{En}_j$，则有 $\mathrm{Ex}_{\min} \leqslant \mathrm{Ex}_{\mathrm{agg}}$ 且 $\mathrm{En}_j \leqslant \mathrm{En}_{\mathrm{agg}}$，根据定义 4.8，$\mathrm{TC}^{E_1E_2}(\mathrm{Ex}_{\min},\mathrm{En}_j,\mathrm{He}_j) < \mathrm{TC}^{E_1E_2}(\mathrm{Ex}_{\mathrm{agg}},\mathrm{En}_{\mathrm{agg}},\mathrm{He}_{\mathrm{agg}})$。

（2）如果 $\mathrm{En}_{\mathrm{agg}} < \mathrm{En}_j$，则有 $\mathrm{Ex}_{\min} \leqslant \mathrm{Ex}_{\mathrm{agg}}$ 且 $\mathrm{En}_j > \mathrm{En}_{\mathrm{agg}}$，根据定义 4.6，$\mathrm{TC}^{E_1E_2}(\mathrm{Ex}_{\min},\mathrm{En}_j,\mathrm{He}_j) \prec \mathrm{TC}^{E_1E_2}(\mathrm{Ex}_{\mathrm{agg}},\mathrm{En}_{\mathrm{agg}},\mathrm{He}_{\mathrm{agg}})$。

可见，q 个经不同推荐路径获得的原始可信度中的最小者不超过合并后的可信度。

综上所述，设计的信任的合并算法能保证合并后的可信度介于原始可信度的最小值和最大值之间，符合现实世界中对主观信任的一般认识。得证。

4.3.3　信任的评估

1. 基本思想

如定义 4.3 所述，信任云 $\mathrm{TC}^{E_1E_2}(\mathrm{Ex},\mathrm{En},\mathrm{He})$ 可以表示实体 E_1 对 E_2 的主观信任程度。但是，在实际场景中如果直接向评估方返回 $\mathrm{TC}^{E_1E_2}(\mathrm{Ex},\mathrm{En},\mathrm{He})$，结果并不直观。普通用户更愿意接受的是其更容易理解的信任概念或信任等级。因此，当 $\mathrm{TC}^{E_1E_2}(\mathrm{Ex},\mathrm{En},\mathrm{He})$ 已知时，往往需要选择与 $\mathrm{TC}^{E_1E_2}(\mathrm{Ex},\mathrm{En},\mathrm{He})$ 最相似的信任概念云 $\mathrm{TCC}(\mathrm{Ex}^{\mathrm{TCC}},\mathrm{En}^{\mathrm{TCC}},\mathrm{He}^{\mathrm{TCC}})$。上述过程称为信任的评估，4.2.2 节设计的相似云算子可用于解决该问题。需要说明的是，当存在多个相似云时，相似云算子提供了三种处理方式，这里选择方式一（悲观准则），以获得更高的安全性。为了提高选择结果的准确性，本节在设计信任的评估算法时，引入了参数——相似度阈值 ε，以减少相似云的数量。算法 4.3 描述了信任的评估过程。

算法 4.3　信任的评估（Trust_Assessment）

输入： 信任云 $\mathrm{TC}^{E_1E_2}(\mathrm{Ex}^{\mathrm{TC}},\mathrm{En}^{\mathrm{TC}},\mathrm{He}^{\mathrm{TC}})$；

M 个信任概念云 $\mathrm{TCC}_k(\mathrm{Ex}_k^{\mathrm{TCC}},\mathrm{En}_k^{\mathrm{TCC}},\mathrm{He}_k^{\mathrm{TCC}})$，$M\in\mathbb{N}$ 且 $M\geqslant 1$，$k=1,2,\cdots,M$，$\bigcup_{k=1}^{M}\mathrm{TCC}_k = T$；

云滴数 N，$N\in\mathbb{N}$ 且 $N\geqslant 1$；

相似度阈值 ε，$\varepsilon>0$。

输出： 实体 E_1 对 E_2 的信任等级。

（1）**do until** (产生 M 个 θ_k)

（2）运用式（4-6）和式（4-7）计算 $\mathrm{TC}^{E_1E_2}(\mathrm{Ex}^{\mathrm{TC}},\mathrm{En}^{\mathrm{TC}},\mathrm{He}^{\mathrm{TC}})$ 与 $\mathrm{TCC}_k(\mathrm{Ex}_k^{\mathrm{TCC}},\mathrm{En}_k^{\mathrm{TCC}},\mathrm{He}_k^{\mathrm{TCC}})$ 的距离 θ_k

（3）**end do**

（4）构造 $\mathrm{TC}^{E_1E_2}(\mathrm{Ex}^{\mathrm{TC}},\mathrm{En}^{\mathrm{TC}},\mathrm{He}^{\mathrm{TC}})$ 与信任概念空间 T 中各信任概念云的距离集合 Θ，$\Theta=\{\theta_k \mid k=1,2,\cdots,M\}$

（5）构造集合 $\widehat{\Theta}\subseteq\Theta$，$\widehat{\Theta}=\{\theta_j \mid \theta_j\leqslant\varepsilon,\ j\in[1,M]\}$，其元素个数记为 $|\widehat{\Theta}|$

（6）**if** $|\widehat{\Theta}|=0$

（7）$\varepsilon\leftarrow\varepsilon+\Delta$，$\Delta>0$

（8）重复执行步骤（5），直到 $|\widehat{\Theta}|\geqslant 1$

（9）**end if**

（10）构造集合 $\theta_\varepsilon=\left\{\theta_{\mathrm{TL}} \mid \theta_{\mathrm{TL}}=\min\left\{\theta_{j_1},\theta_{j_2},\cdots,\theta_{j_{|\widehat{\Theta}|}}\right\},\mathrm{TL}\in\{j_1,j_2,\cdots,j_{|\widehat{\Theta}|}\}\right\}$，其元素个数记为 $|\theta_\varepsilon|$

（11）**if** $|\theta_\varepsilon|=1$

（12）$\mathrm{TL}^{E_1E_2}=\mathrm{TL}$

（13）**else**

（14）$\mathrm{TL}^{E_1E_2}=\min\left\{\mathrm{TL} \mid \mathrm{TL}\in\{j_1,j_2,\cdots,j_{|\widehat{\Theta}|}\}\right\}$

（15）**end if**

ε 值的设置直接影响信任的评估算法的效果。若设置过大，则 ε 将失去控制相似云数量的作用；反之，若设置过小，则可能导致没有可以满足阈值的相似云。ε 的确定与云滴数 N 有关。N 越大，ε 可以设置得越小。

2. 算法时间复杂度分析

如果信任概念空间的规模（即信任概念空间中包含的信任概念个数）为 M，用于计算信任云与一个信任概念云距离的云滴数为 N，分析算法 4.3 在最坏情况下的时间复杂度。

设 1 次加法运算、减法运算、乘法运算、除法运算和开方运算的运算时间分别为 C_1、C_2、C_3、C_4 和 C_5。算法 4.3 中，步骤（2）运用式（4-6）计算一对云滴的距离需完成 1 次加法运算、4 次减法运算、2 次乘法运算和 1 次开方运算。为了得到 N 对云滴的距离，需将式（4-6）重复 N 次，运行时间为 $N(C_1+4C_2+2C_3+C_5)$。步骤（2）运用式（4-7）计算信任云和一个信任概念云的距离需完成 N 次加法运算和 1 次除法运算，运行时间为 NC_1+C_4。为了得到信任云与信任概念空间中每个信任概念对应的信任概念云的距离，步骤（2）需重复 M 次。因此，步骤（1）～步骤（3）的运行时间为 $M(N(C_1+4C_2+2C_3+C_5)+NC_1+C_4)=M(aN+C_4)$，其中，$a=2C_1+4C_2+2C_3+C_5$。另设 1 次构造集合的操作时间为 C_6，1 次比较两个数大

小的操作时间为 C_7。步骤（4）需完成 1 次构造集合的操作。步骤（5）需完成 M 次比较操作和 1 次构造集合的操作。最坏情况下，$\left|\widehat{\Theta}\right| = M$，则步骤（6）～步骤（9）只需执行步骤（6），完成 1 次比较操作。为了从集合 $\widehat{\Theta}$ 中确定最小值，步骤（10）需完成 M 次比较操作，同时还需完成 1 次构造集合的操作。最坏情况下，$\left|\theta_\varepsilon\right| = M$，则步骤（11）～步骤（15）只需执行步骤（11）和步骤（14）。步骤（11）需完成 1 次比较操作，步骤（14）需完成 M 次比较操作确定最小者。因此，步骤（4）～步骤（15）的运行时间为 $3C_6 + C_7(3M+2) = bM + c$，其中，$b = 3C_7$，$c = 3C_6 + 2C_7$。综上，算法 4.3 的总运行时间为 $M(aN + C_4) + bM + c = M(aN + C_4 + b) + c$，则算法 4.3 在最坏情况下的时间复杂度可表示为 $O(MN)$。

3. 算法正确性分析

信任的评估算法的目的是从信任概念空间中选择最能体现当前信任云表述的信任程度的一个概念，以更直观的方式将评估结果反馈给用户。因此，该算法应采用合理的方法准确比较两个云的形态。同时，还需保证最终结果的存在性和唯一性。

定理 4.3 信任的评估算法中比较云形态的方法是较合理的，且算法可以保证最终结果的存在性和唯一性。

证明： 算法 4.3 采用 4.2.2 节设计的相似云算子，用两个云之间的距离 θ 度量其相似程度。通常情况下，一个信任概念空间是若干同类概念的集合，各信任概念对应的信任概念云在 Ex 的取值上存在较大差异，而 En 和 He 的取值往往非常接近甚至相同。这意味着各信任概念云在形态（云滴的相对取值范围和离散程度）上非常接近，差异主要体现在最典型样本云滴的取值上。基于这一前提，被评估信任云与信任概念云的平面距离能较好地反映两者之间的相关程度。特别地，相似云算子采用 $[\mathrm{Ex} - 3\mathrm{En}, \mathrm{Ex} + 3\mathrm{En}]$ 区间内的 N 对云滴计算距离，即选择了对信任云和信任概念云表述的信任值作出主要贡献的云滴集合，进一步保证了结果的准确性。

对于最终结果的存在性和唯一性问题，算法 4.3 的步骤（6）～步骤（9）保证备选集合非空，因此一定存在最终结果。步骤（14）采用简单的悲观准则选择最小值，保证了最终结果的唯一性。得证。

4.3.4 信任的更新

1. 基本思想

随着实体间协作过程的不断进行，对一个实体的信任评价会根据其在协作中的行为不断发生变化。每次协作结束后，要求参与实体给出信任评价。基于这些信任评价值，运用逆向云算子可以更新信任云的数字特征。同时，实体的可信度还将随时间衰减，因此除了在协作结束时应依据实时评价重新计算实体的可信度，还需周期性地更新信任值。为此，设置了两种计数器：① 用于整个系统的时间周期计数器 GTP_COUNTER（全局计数器）；② 用于每一对发生过协作的实体的协作次数计数器 LCT_COUNTER（局部计数器）。给定时间周期阈值 Ω（$\Omega>0$）和协作次数阈值 ξ（$\xi \geqslant 1$），一旦 $\text{GTP\_COUNTER}=\Omega$ 或 $\text{LCT\_COUNTER}=\xi$，信任演化策略就根据算法 4.4 更新相关实体的可信度。

算法 4.4　信任的更新（Trust_Update）

输入： 信任云 $\text{TC}^{E_1E_2}(\text{Ex}_{\text{old}},\text{En}_{\text{old}},\text{He}_{\text{old}})$；

一组信任值 $\text{tv}_1,\text{tv}_2,\cdots,\text{tv}_{\text{LCT\_COUNTER}_{E_1E_2}}$，其中，$\text{tv}_i$ 是 E_1 和 E_2 在完成第 i 次协作后，E_1 对 E_2 的信任评价；

时间周期阈值 Ω，$\Omega>0$；

协作次数阈值 ξ，$\xi\in\mathbb{N}$ 且 $\xi\geqslant 1$；

时间衰减因子 τ，$0<\tau<1$。

输出： 更新后的新信任云 $\text{TC}^{E_1E_2}(\text{Ex}_{\text{new}},\text{En}_{\text{new}},\text{He}_{\text{new}})$ 的数字特征 Ex_{new}、En_{new} 和 He_{new}。

（1）检查 $\text{LCT\_COUNTER}_{E_1E_2}$ 和 GTP_COUNTER 的当前值

（2）**if** $\text{LCT\_COUNTER}_{E_1E_2}<\xi$ 且 $\text{GTP\_COUNTER}=\Omega$

（3）计算 Ex_{new}、En_{new} 和 He_{new}：$\text{Ex}_{\text{new}}=(1-\tau)\text{Ex}_{\text{old}}$，$\text{En}_{\text{new}}=\text{En}_{\text{old}}$，$\text{He}_{\text{new}}=\text{He}_{\text{old}}$

（4）重置 GTP_COUNTER，即 $\text{GTP\_COUNTER}\leftarrow 0$

（5）**else**　　　　// 此时，$\text{LCT\_COUNTER}_{E_1E_2}=\xi$

（6）以 $\text{tv}_1,\text{tv}_2,\cdots,\text{tv}_{\text{LCT\_COUNTER}_{E_1E_2}}$ 为样本，运用式（4-4）计算其 $\overline{X}$、Fcm 和 Var 为

$$\overline{X}=\frac{1}{\text{LCT\_COUNTER}_{E_1E_2}}\sum_{i=1}^{\text{LCT\_COUNTER}_{E_1E_2}}\text{tv}_i$$

$$\text{Fcm}=\frac{1}{\text{LCT\_COUNTER}_{E_1E_2}}\sum_{i=1}^{\text{LCT\_COUNTER}_{E_1E_2}}\left|\text{tv}_i-\overline{X}\right|$$

$$\text{Var}=\frac{1}{\text{LCT\_COUNTER}_{E_1E_2}-1}\sum_{i=1}^{\text{LCT\_COUNTER}_{E_1E_2}}(\text{tv}_i-\overline{X})^2$$

（7）运用式（4-5）计算 Ex_{new}、En_{new} 和 He_{new}：

$$\text{Ex}_{\text{new}}=\overline{X}，\quad \text{En}_{\text{new}}=\sqrt{\frac{\pi}{2}}\times\text{Fcm}，\quad \text{He}_{\text{new}}=\sqrt{\left|\text{Var}-(\text{En}_{\text{new}})^2\right|}$$

（8） **if** GTP _ COUNTER $< \Omega$

（9）　　重置 LCT _ COUNTER$_{E_1E_2}$，即 LCT _ COUNTER$_{E_1E_2} \leftarrow 0$

（10）**else**

（11）　　重置 LCT _ COUNTER$_{E_1E_2}$ 和 GTP _ COUNTER，即

　　LCT _ COUNTER$_{E_1E_2} \leftarrow 0$，GTP _ COUNTER $\leftarrow 0$

（12）　**end if**

（13）**end if**

2. 算法时间复杂度分析

当按照算法 4.4 更新一个实体对另一个实体的信任云时，所依据的历史信任值样本规模为 n（即局部协作次数计数器 LCT _ COUNTER 的值为 n），分析算法 4.4 在最坏情况下的时间复杂度。

设 1 次检查变量值和比较两个数大小的操作时间分别为 C_1 和 C_2。1 次加法运算、减法运算、乘法运算、除法运算、开方运算、赋值运算和取绝对值的运算时间分别为 C_3、C_4、C_5、C_6、C_7、C_8 和 C_9。算法 4.4 的步骤（1）需完成 2 次检查变量值的操作，运行时间为 $2C_1$。步骤（2）需完成 2 次比较两个数大小的操作，运行时间为 $2C_2$。如果算法流程选择由步骤（3）和步骤（4）构成的分支，步骤（3）和步骤（4）的运行时间为 $C_4+C_5+4C_8$，算法结束，则整个算法的总运行时间为 $2C_1+2C_2+C_4+C_5+4C_8=a$，算法 4.4 的时间复杂度可表示为 $O(1)$。如果算法流程按由步骤（6）～步骤（12）构成的分支执行，步骤（6）的运行时间为 $nC_3+n(C_4+C_9)+n(2C_4+C_5)+C_4+3C_6=nb+c$，其中，$b=C_3+3C_4+C_5+C_9$，$c=C_4+3C_6$。步骤（7）的运行时间为 $C_4+2C_5+C_7+3C_8+C_9=d$。步骤（8）的运行时间为 C_2。此时，如果算法流程按步骤（9）构成的分支执行，步骤（9）的运行时间为 C_8，算法结束，则整个算法的总运行时间为 $2C_1+2C_2+nb+c+d+C_2+C_8=nb+e_1$，其中，$e_1=2C_1+2C_2+c+d+C_2+C_8$，算法 4.4 的时间复杂度可表示为 $O(n)$。如果算法流程按步骤（11）构成的分支执行，步骤（11）的运行时间为 $2C_8$，算法结束，则整个算法的总运行时间为 $2C_1+2C_2+nb+c+d+C_2+2C_8=nb+e_2$，其中，$e_2=2C_1+2C_2+c+d+C_2+2C_8$，算法 4.4 的时间复杂度可表示为 $O(n)$。综上，算法 4.4 在最坏情况下的时间复杂度可表示为 $O(n)$。

3. 算法正确性分析

如定义 1.1 所述，信任的动态性和时间衰减性也是本书关注的信任属性。信

任的动态性是指一个实体会随时间和其他因素的变化调整对另一个实体的信任评价。信任的时间衰减性则表现为信任值随时间的流逝呈下降趋势。造成信任评价变化的其他因素主要包括被评价实体的历史行为和评价标准。由于评价标准变化的可能性较小，一个正确合理的信任的更新算法至少应能反映时间和被评价实体的历史行为对评价结果的影响。

定理 4.4　信任的更新算法能体现信任的时间衰减性，并能反映被评价实体的历史行为对评价结果的影响。

证明：算法 4.4 的步骤（2）中，如果两个判断条件同时成立，即表示整个系统的时间周期计数器达到阈值，但被评价实体的历史行为还未累积到指定程度。此时，算法流程选择步骤（3）和步骤（4）构成的分支。由于时间衰减因子 $\tau \in (0,1)$ ，则依步骤(3)，有 $\mathrm{Ex}_{\mathrm{new}} < \mathrm{Ex}_{\mathrm{old}}$ ，$\mathrm{En}_{\mathrm{new}} = \mathrm{En}_{\mathrm{old}}$ 。根据定义 4.8，有 $\mathrm{TC}^{E_1E_2}(\mathrm{Ex}_{\mathrm{new}},\mathrm{En}_{\mathrm{new}},\mathrm{He}_{\mathrm{new}}) < \mathrm{TC}^{E_1E_2}(\mathrm{Ex}_{\mathrm{old}},\mathrm{En}_{\mathrm{old}},\mathrm{He}_{\mathrm{old}})$ ，能体现信任的时间衰减性。步骤（4）重置全局计数器，保证了信任随时间衰减的连续性。

如果步骤（2）的两个判断条件中至少是一个不成立，考虑到算法 4.4 的运行时机，则此时必有 $\mathrm{LCT\_COUNTER}_{E_1E_2} = \xi$ ，算法按步骤（6）～步骤（11）构成的分支执行。接下来需分两种情况讨论。

（1）如果此时 $\mathrm{GTP\_COUNTER} = \Omega$ 也成立，即局部计数器和全局计数器同时达到指定阈值，因被评价实体的历史行为更能反映其近期的表现，则算法 4.4 选择依据被评价实体的历史行为计算新信任云的三个数字特征。具体计算方法为 4.2.2 节设计的逆向云算子，其正确性证明见文献[183]。随后，在步骤（11）中重置 $\mathrm{GTP\_COUNTER}$ 和 $\mathrm{LCT\_COUNTER}_{E_1E_2}$ 。

（2）如果此时 $\mathrm{GTP\_COUNTER} \neq \Omega$ ，则表示信任的更新算法因被评价实体的历史行为已累积到指定程度而被触发，显然需依据被评价实体的历史行为计算新信任云的三个数字特征。随后，在步骤（9）中重置 $\mathrm{GTP\_COUNTER}$ 。

综上所述，设计的信任的更新算法可以体现信任的时间衰减性，且能反映被评价实体的历史行为对评价结果的影响。证毕。

此外，根据统计学原理，$\mathrm{LCT\_COUNTER}_{E_1E_2}$ 值越大，$\mathrm{Ex}_{\mathrm{new}}$ 、$\mathrm{En}_{\mathrm{new}}$ 和 $\mathrm{He}_{\mathrm{new}}$ 的误差就越小[183]。同时，时间衰减因子 τ 对协作中不活跃的实体影响更大。通过对算法 4.4 的分析可知，实体在协作过程中越积极，其获得的信任评价就越准确。因此，这种信任更新机制有助于激励实体积极参与并提供正常的协作，以提高自身的信任等级。反之，恶意实体即使积极地参与协作，也会因其行为而遭到恶评，从而降低其信任等级。

4.4 实验与实验结果分析

本节首先介绍仿真实验环境和评估指标，然后描述和分析实验结果。仿真实验重点关注信任的演化过程，因此不考虑任何基础网络资源（如带宽等）和资源调度时间对策略性能的影响。

4.4.1 实验环境

由芝加哥大学社会科学计算研究所开发的多 Agent 仿真工具 Repast[214]是实现大规模分布式系统中 Agent 建模的常用工具。目前，已有多个研究信任管理机制的工作[194-196,199]以 Repast 为实验平台，较好地实现了相关验证工作。因此，本章采用 Repast 3.1（Java 版本）模拟了一个分布式开放环境。模拟环境中无统一的信任评估中心，每个资源提供者需根据直接交互获得的经验或其他实体的推荐信息评估资源请求者的可信程度。实验的基本硬件环境为：Windows XP，Intel Core 2 Duo CPU T7500 @2.2GHz，2GB 主存，150GB 硬盘。

依据定义 4.2，设置了六个信任概念，即信任概念空间 $T=\{$不信任，弱信任，较信任，信任，非常信任，绝对信任$\}$，信任值空间 $\mathrm{TV}\in[0,1]$。T 中的每个信任概念用一个信任概念云描述，从“不信任”到“绝对信任”对应的信任概念云分别设定为 $\mathrm{TCC}_1(0,0.1,0.01)$，$\mathrm{TCC}_2(0.3,0.05,0.05)$，$\mathrm{TCC}_3(0.5,0.05,0.05)$，$\mathrm{TCC}_4(0.7,0.05,0.05)$，$\mathrm{TCC}_5(0.85,0.025,0.01)$ 和 $\mathrm{TCC}_6(1,0.025,0.01)$。这组取值借鉴了相关文献[198-199,201-202]的普遍观点，是示意性的，真实值应根据具体应用场景确定。算法 4.1～算法 4.4 的效果不受该取值的影响。

类似地，定义诚实概念空间 $S=\{$不诚实，弱诚实，较诚实，诚实，非常诚实，绝对诚实$\}$，诚实值空间 $\mathrm{SV}\in[0,1]$。与 S 中的每个概念对应的诚实概念云依次设定为 $\mathrm{SCC}_1(0,0.03,0.01)$，$\mathrm{SCC}_2(0.3,0.1,0.05)$，$\mathrm{SCC}_3(0.6,0.1,0.05)$，$\mathrm{SCC}_4(0.8,0.1,0.05)$，$\mathrm{SCC}_5(0.9,0.05,0.01)$ 和 $\mathrm{SCC}_6(1,0.05,0.01)$。这组取值根据上述信任概念云的设置人为指定，也是示意性的，算法 4.1～算法 4.4 的效果也不受该取值的影响。

借鉴文献[25]对分布式信任模型中实体行为的分类，考虑协作环境中三类典型的实体：积极的善意实体、积极的恶意实体和消极实体。这三类实体具有不同的行为特征。①积极的善意实体：如果实体是资源提供者，则当资源请求者的可信度达到设定的可接受信任等级阈值时，实体将遵循“尽力而为”的原则为资源请求者提供正常的资源服务。如果实体是资源请求者，则在服务交互过程结束后，提供对资源提供者的客观反馈。同时，无论资源提供者，还是资源请求者，均积极且忠实地提供推荐信息。②积极的恶意实体：如果实体是资源提供者，则只要有资源请求者，实体就为其提供低质服务。如果实体是资源请求者，则对资源提供者的资源进行恶意破坏，在资源服务结束后，给出恶意评价（对善意实体给出最低信任等级的反馈，对恶意实体和消极实体给出最高信任等级的反馈）。同时，无论资源提供者，还是资源请求者，此类实体还积极提供虚假的推荐信息。本实验中，如果被推荐方是积极的善意实体，则恶意实体给出最低信任等级的推荐信息；如果被推荐方是恶意实体或消极实体，则恶意实体给出最高信任等级的推荐信息。③消极实体：如果实体是资源提供者，则即使资源请求者的可信度已经达到了设定的可接受信任等级阈值，实体也不为其提供资源服务。如果实体是资源请求者，则在获得服务后，它也不提供任何评价。同时，无论资源提供者，还是资源请求者，即使其拥有被推荐方可信程度的信息，消极实体也不提供该推荐信息。

实验设定了进行资源协作的实体数量。初始化阶段，按照“二八原则”，从三类实体中分别选择 80% 的实体设定其已经完成过协作，而 20% 的实体对于其他实体则是完全陌生的，即没有与任何实体发生过协作。为每个完成过协作的实体配置一定数量的熟识实体。熟识实体的信任等级按以下规则确定：根据实体类型确定 50% 实体的初始信任等级，另外 50% 实体的初始信任等级从 T 中随机选取。而 20% 的陌生实体的初始信任等级被设定为某个特定值。在一次协作模拟中，仿真系统随机选择两个实体：第一个作为资源提供者，另一个作为资源请求者。主要仿真实验参数及其取值如表 4-1 所示。

表 4-1　主要仿真实验参数及其取值

<table>
<tr><th colspan="2">参数名称</th><th>参数值</th></tr>
<tr><td colspan="2">实体数量</td><td>200</td></tr>
<tr><td colspan="2">积极的善意实体的比例</td><td>70%</td></tr>
<tr><td colspan="2">积极的恶意实体的比例</td><td>10%</td></tr>
<tr><td colspan="2">消极实体的比例</td><td>20%</td></tr>
<tr><td colspan="2">为每个完成过协作的实体配置的熟识实体数量（80%的实体）</td><td>6</td></tr>
<tr><td rowspan="3">为每个完成过协作的实体配置的熟识实体中按类型确定信任等级的 50%实体的初始信任等级</td><td>积极的善意实体</td><td>6</td></tr>
<tr><td>积极的恶意实体</td><td>1</td></tr>
<tr><td>消极实体</td><td>3</td></tr>
<tr><td colspan="2">每个陌生实体的初始信任等级（20%的实体）</td><td>2</td></tr>
<tr><td colspan="2">一轮实验中的协作次数</td><td>1000</td></tr>
<tr><td colspan="2">提供资源服务的可接受信任等级阈值</td><td>4</td></tr>
<tr><td colspan="2">云滴数</td><td>100</td></tr>
<tr><td colspan="2">系统更新的时间周期阈值</td><td>10s</td></tr>
<tr><td colspan="2">一对实体的协作次数阈值</td><td>50</td></tr>
<tr><td colspan="2">时间衰减因子</td><td>0.5</td></tr>
<tr><td colspan="2">云相似度阈值</td><td>0.25</td></tr>
</table>

4.4.2 评估指标

为了从有效性和合理性的角度量化比较本章提出的算法与其他同类型算法，定义如下两个指标。

1）服务吞吐率（Service Turnaround Ratio，STR）

如果CN（$\mathrm{CN}\in\mathbb{N}$ 且 $\mathrm{CN}\geqslant 1$）表示资源服务请求总次数，在第 i 次请求中，at_i 表示对实体 E_j（$j\in\mathbb{N}$ 且 $j\geqslant 1$）的服务请求的到达时间，et_i 表示 E_j 评估出资源请求者可信度（包括信任的传递、合并和评估）的时间，ct_i 表示协作的完成时间，ut_i 表示信任更新的完成时间，则平均吞吐时间可表示为 $\left(\sum_{i=1}^{\mathrm{CN}}(\mathrm{ut}_i-\mathrm{at}_i)\right)/\mathrm{CN}$，平均演化时间可表示为 $\left(\sum_{i=1}^{\mathrm{CN}}((\mathrm{et}_i-\mathrm{at}_i)+(\mathrm{ut}_i-\mathrm{ct}_i))\right)/\mathrm{CN}$。定义服务吞吐率（STR）为平均吞吐时间与平均演化时间的比值，即

$$\mathrm{STR}=\frac{\left(\sum_{i=1}^{\mathrm{CN}}(\mathrm{ut}_i-\mathrm{at}_i)\right)/\mathrm{CN}}{\left(\sum_{i=1}^{\mathrm{CN}}((\mathrm{et}_i-\mathrm{at}_i)+(\mathrm{ut}_i-\mathrm{ct}_i))\right)/\mathrm{CN}}=\frac{\sum_{i=1}^{\mathrm{CN}}(\mathrm{ut}_i-\mathrm{at}_i)}{\sum_{i=1}^{\mathrm{CN}}((\mathrm{et}_i-\mathrm{at}_i)+(\mathrm{ut}_i-\mathrm{ct}_i))} \tag{4-10}$$

实验忽略物理网络延迟和资源的调度时间，而延迟主要由信任机制的演化时间决定，因此服务吞吐率反映了一种信任演化策略的效率。

2）成功协作率（Successful Collaboration Ratio，SCR）

如果CN（$\mathrm{CN}\in\mathbb{N}$ 且 $\mathrm{CN}\geqslant 1$）表示资源服务请求总次数，且一次服务请求对应一次协作，则在第 i 次请求中，资源提供者评估资源请求者的信任等级，并通过比较评估结果和设定的可接受信任等级阈值，决定是否进行协作。如果进行，则认为此次协作是成功的，否则认为协作失败。如果 N_A 表示进行协作的数量，则将成功协作率定义为进行协作的数量与总请求次数的百分比，即

$$\mathrm{SCR}=\frac{N_A}{\mathrm{CN}}\times 100\% \tag{4-11}$$

如果信任机制能够准确判断出各类实体，则SCR应与实验环境的配置吻合，因此该指标可以体现信任演化策略的合理性和有效性。

4.4.3 实验结果与分析

本节进行三组仿真实验，分别测试信任的评估算法的有效性，信任的更新算法的合理性和信任演化策略的整体性能。

（1）第一组实验测试信任的评估算法（算法 4.3）的有效性与云滴数 N 对评估算法准确性的影响，实验结果如图 4-6 所示。结果显示定义的云相似度能较好地

反映一个信任云与某个信任概念云的相似性。如图 4-6(a)所示，一个信任云可能与多个信任概念云相似；而如图 4-6(b)所示，与该信任云相似的信任概念云数量明显减少，且在较少实验轮数后就仅与一个确定的信任概念云相似。这一现象说明，随着更多的云滴被产生（图 4-6(a)的云滴数为100，图 4-6(b)的云滴数为1000），计算得到的云间距离更加精确。当云相似度阈值 ε 相同时，云滴数 N 越大，信任云与各信任概念云的距离值区别就越大，信任的评估算法的结果就越精确。

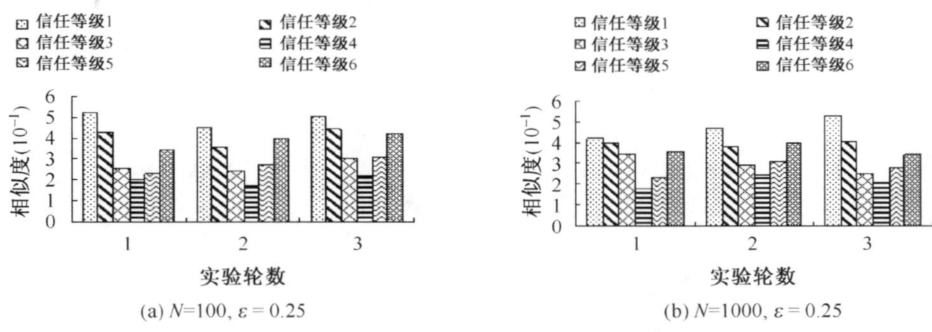

图 4-6　信任云与六个信任等级的相似度

（2）第二组实验测试信任的更新算法（算法 4.4）的合理性，实验结果如图 4-7 所示。如图 4-7(a)所示，积极善意实体的 Ex 逐渐上升，且当到达一个较高值时趋于稳定。而如图 4-7(b)所示，积极恶意实体的 Ex 快速下降。与不同时间衰减因子 τ 对应的消极实体 Ex 的变化情况如图 4-7(c)所示。随着 τ 的增加，Ex 的下降速度越来越快。三类实体信任等级的变化趋势如图 4-7(d)所示。可以发现，对于积极善意实体（或积极恶意实体），信任等级越高（或信任等级越低），信任等级的上升（或下降）幅度就越慢。而消极实体的信任等级快速地下降到最低等级。这些变化趋势说明提出的信任的更新算法能较好地体现仿真实验中三类实体的行为特征。

（3）第三组实验分别从服务吞吐率（STR）和成功协作率（SCR）两个指标的角度比较本章提出的不确定增强信任演化策略（Uncertainty Enhanced Trust Evolution Strategy，UETES）与另外四种有代表性的信任管理机制的总体性能。作为比较对象的信任管理机制包括 Melaye 等提出的机制[188]（用 Melaye 表示）、唐文等提出的机制[191]（用 Tang 表示）、孟祥怡等提出的机制[199]（用 Meng 表示）和黄海生等提出的机制[202]（用 Huang 表示）。其中，文献[188]和文献[191]的工作分别基于随机数学和模糊理论。文献[199]和文献[202]的工作均以云模型为基础。

设定资源请求者的数量为100，五种信任管理机制的服务吞吐率如图 4-8 所示。

UETES 的服务吞吐率与 Melaye、Meng 和 Huang 的服务吞吐率接近。该现象说明 UETES 机制在没有损失过多服务吞吐率的前提下，提供了更完整的信任演化功能。另一方面，UETES 的服务吞吐率远高于 Tang 的服务吞吐率，说明本章提出的基于不确定增强信任演化策略比基于模糊逻辑的 Tang 在信任的推理和计算上更简洁。

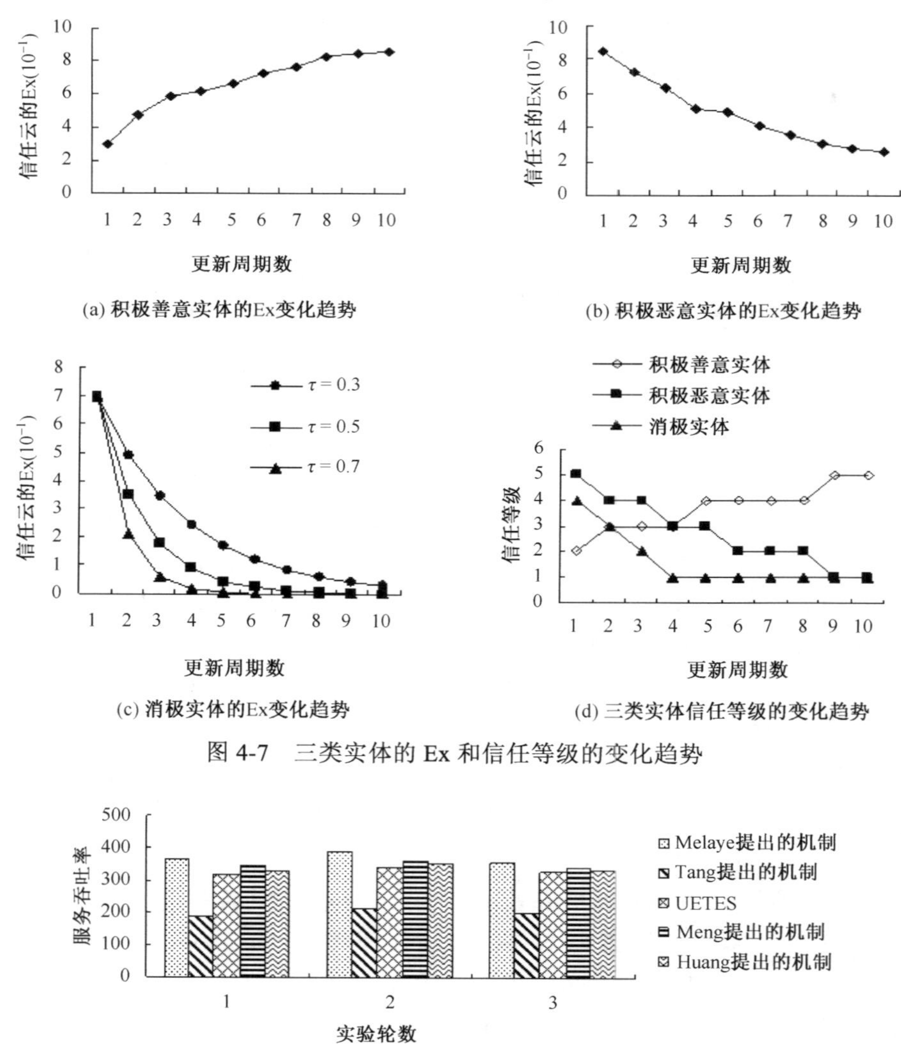

(a) 积极善意实体的Ex变化趋势

(b) 积极恶意实体的Ex变化趋势

(c) 消极实体的Ex变化趋势

(d) 三类实体信任等级的变化趋势

图 4-7　三类实体的 Ex 和信任等级的变化趋势

图 4-8　五种信任管理机制的服务吞吐率

设定资源请求者的数量为100，五种信任管理机制的成功协作率如图 4-9 所示。Melaye、Meng 和 Tang 的成功协作率较稳定，因为这三种机制不支持信任的更新。同时，上述三种机制的成功协作率远低于 UETES 和 Huang 的成功协作率。因此，UETES 和 Huang 为实体提供了更多安全协作的机会。进一步比较 UETES

和 Huang，可以观察到在每一轮实验中 UETES 的成功协作率均高于 Huang 的成功协作率。更重要的是，UETES 的成功协作率较 Huang 的成功协作率更快地达到了一个较高的稳定值，这说明本章提出的策略更敏感、更准确地捕获到了不同类型实体的行为特征。

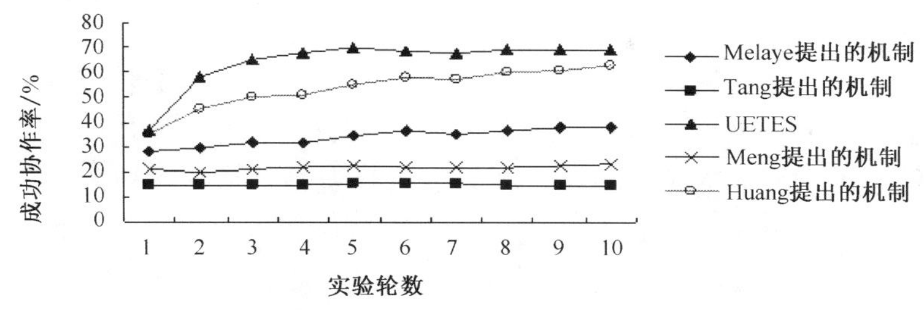

图 4-9 五种信任管理机制的成功协作率

从上述实验结果和对实验结果的分析可知，本章提出的信任演化策略具有以下优势。

（1）以损失较少的服务吞吐率为代价，提供了一个由信任传递、合并、评估和更新四个算法构成的相对完整的信任演化策略。

（2）敏感且准确地反映出了不同类型实体的行为特征。

（3）在保证安全的前提下，为实体提供了更多交互协作的机会。

4.5 本章小结

主观信任管理机制是保证分布式开放环境中实体间资源共享和交互协作安全性的关键支撑技术之一。基于云模型，本章解决了 4.1 节指出的与主观信任评价相关的三个问题。首先，以云的形式定义了与信任相关的若干概念。云模型的应用使得这些定义能综合考虑主观信任的模糊性和随机性，较好地体现了其不确定性特征，恰当地表述了主观信任。其次，借助云度量信任关系，非常自然地实现了定性概念与定量表达之间的相互转换，为以量化方式研究主观信任提供了有力的支持，合理地解决了信任关系的度量问题。最后，基于上述定义及云算子提出的四个算法，分别实现了信任的传递、合并、评估和更新等信任关系的推理和计算，仿真实验结果证明由上述四个算法构成的主观信任演化策略是高效、合理和有效的。

第 5 章　基于风险感知的资源服务可信决策机制

分布式开放环境中的实体可以动态加入或退出，通常无法收集和维护其完整的行为信息。在为资源请求者提供服务之前，资源提供者需要依据获取的不完全信息做出是否提供服务的可信决策。在开放式环境中，信任和风险是影响决策的两个重要因素[215]。而第 4 章提出的信任管理模型仅从信任的角度探讨了服务协作中的信任的评估，没有涉及风险因素，因此无法直接应用于可信决策。

针对上述问题，本章提出了一种风险感知的资源服务可信决策机制。首先，从风险的定义出发，分析信任与风险的关系，讨论现有风险计算方法的不足；其次，形式化定义若干与信任和风险相关的概念；再次，建立一个信任与风险相融合的资源服务可信决策模型，给出一种基于概率的信誉推理机制，并提出一种基于 Chernoff 界的风险量化方法；然后，从理论上分析风险度算法的时间复杂度和正确性；最后，通过仿真实验评估决策机制的整体性能及其对风险的敏感程度。与第 4 章提出的信任演化策略相结合，设计的决策机制将辅助资源提供者完成资源服务过程中的可信决策。

5.1　问题的提出

在分布式开放环境下的资源服务过程中，面对动态的环境和无集中式认证中心（Certificate Authority，CA）（如 PKI 中的 CA）的状况，资源提供者需解决以下三个问题[216]。

（1）资源请求者是不熟悉甚至是完全陌生的实体。在为资源请求者提供资源服务之前，资源提供者应对是否提供资源服务做出决策，以确保资源不被恶意破坏。

（2）由于不存在集中式的安全架构，资源提供者需要自行完成可信决策。

（3）实体（包括资源提供者和资源请求者）可以自由地加入或退出计算环境，因此无法收集和维护其完整的行为信息。

综上所述，为了保证分布式开放环境中被请求资源的安全，资源提供者面临的挑战之一是如何依据不完整信息自主确定资源服务决策的结果。

可信决策是决策者主观意愿的体现。在分布式开放环境下的资源服务过程中，这种主观性表现为：决策者对资源请求者的信任程度和对执行服务过程本身风险的承受程度[25]。虽然上述两个方面关注的焦点不同，但均能对决策结果造成影响。如果资源请求者不可信，则决策结果通常是否定的。然而，认定资源请求者具有较高的可信度，也并不意味着为其提供服务就不存在风险。当风险超过了决策者的可接受程度时，同样也可能做出否定的决策。反之，即使资源请求者的可信度较低，但只要为其提供服务可能产生的风险可接受，且能为资源提供者带来收益，决策结果就可能是肯定的。事实上，信任与风险本质上是有关联的，可信决策是在信任和风险之间寻求平衡的过程[217]，没有风险也就无须进行可信决策了[218]。

早期的研究往往采用两种方式完成可信决策。第一种方式是仅依赖信任模型或传统风险评估手段进行决策。通过上述分析发现，这种思路显然是片面的。第二种方式是将已有的信任模型和风险评估手段进行简单的叠加。如果信任与风险是两个完全独立的概念，分别从不同角度影响可信决策的结果，则该方案不失为一种简洁易行解决问题的途径。然而，遗憾的是，信任与风险是相互关联的一对概念[30,215]，忽视这种联系对决策结果的影响，显然也是不合适的。因此，如果能在决策过程中综合考虑信任和风险两个因素，合适地表述信任与风险的关系，并准确地量化风险，必将有利于获得更合理的决策结果。

5.1.1　风险的定义

与信任类似，风险的定义也随研究领域、研究对象的不同而存在差异。Adams 在文献[219]中总结了各种有关“风险”（risk）的定义和该词汇的使用情况。为了区别不同的使用情况，他将“风险”定义为“在特定时段内某个不利事件可能发生的概率”。同时，还定义了“损害”（detriment）是“与某个不利事件相关的预期危害或损失”。社会学家认为风险是固定的主观值，人们对外界的看法不同，反应也会不同。因此很难度量客观风险，因为人的行为会随感知到的风险而变化。例如，大家都认为某条道路非常危险，而统计发现在这条道路上发生的交通事故反而较少，这是因为大家都非常谨慎[219]。但是从可计算的角度出发，如果风险可以被感知就一定可量化。经济学家 Knight[220]将“风险”定义为一种特殊的不确定性。他认为当输出不确定而异常情况已知时，可以用风险描述这种情形。当输出不确定且异常情况也未知时，就需要用不确定性描述。保险业将“风险”定义为“期望输出的可能偏差，可通过输出分布的标准差量化”[221]。

在计算机科学中，特别是在强调安全属性的领域中，往往采用文献[222]的定义。“危险”（hazard）是一种状态，与环境中其他状况结合将不可避免地引发事故（accident）。“事故”为多个危险同时存在的结果，而事故风险是某些危险同时发生的概率。也就是说，风险是一种危险，这种危险以一定的可能性导致事故，且事故发生前，危险一直潜在存在着。

从上述一系列定义可见，与信任类似，风险的定义也与环境和讨论的问题相关，不能一概而论。但这些定义也反映了风险的普遍特征。

（1）风险是一种潜在的危险，只有在条件符合的情况下才会导致事故。

（2）风险一旦转化为事故，必然造成损失。

（3）风险可以被量化。从计算理论的角度，被感知的风险必然可以被量化。由（1）、（2）两个特征，度量风险的决定因素应包括该风险发生的可能性和发生后造成的影响程度。

5.1.2　风险与信任的关系

能否合理描述信任与风险的关系是成功建立风险感知的信任管理模型的关键之一。1998 年，Manchala 在文献[61]中采用一种基于交互历史和事务代价的风险信任矩阵来描述两者关系，并依据该矩阵，根据定义的模糊推理规则进行决策。该研究首次将信任和风险以量化的形式结合，初步探讨了两者共同作用时对决策结果的影响。但文献[61]仅以图例的方式解释了信任与风险的关系，并没有给出通用的计算模型。此后，围绕信任与风险的关系及如何量化这种关系，国内外学者展开了细致而深入的研究。分析目前已有综合考虑信任和风险的模型，对于两者的关系及其在可信决策中的作用主要有三种观点。

第一种观点认为信任与风险之间存在反向关系，只需依据其一就能完成决策[223]。一次没有太大风险的协作通常具有更高的可信度，而一次高可信度的协作也可以被认为是低风险的[31]。文献[45]从电子交易的角度出发，强调评估潜在合作者主观信任度的重要性。一个潜在合作者越可信，则与其合作的风险就越小。但是，在现实场景中这种反向关系并非永远成立。当一方对另一方的信任达到很高程度时，即使存在较大风险，也可能仍然愿意与另一方进行协作。而风险再小，如果一方不信任另一方，也可能选择放弃协作。可见，高可信度不一定意味着低风险，高风险也不一定表示低可信度[30,224]。

第二种观点认为信任是一种处理风险的方式，即如果信任可能引发风险的实体，则意味着准备接受一定程度的风险[44]。可以通过判断估计的风险度是否超过可承受能力完成决策，也可以将风险分析与信任管理机制结合，根据信任度完成决策。文献[44]将风险的概念引入 McKnight 等的研究中[27]，在已有风险管理模型中加入信任指标、成本和效用函数等与信任相关的若干因素，设计了一种可根据信任意图自动产生信任策略并做出可信决策的扩展风险管理模型。Dimitrakos[225]在文献[44]的基础上，集成基于角色的建模方法与风险评估机制，以支持信任意图的形成和可信行为的执行。但是，文献[44]和文献[225]的贡献更多地体现在指导性框架上，缺乏对信任和风险相关影响因素的具体计算方法。在文献[61]的工作基础上，文献[215]用成功协作的概率表示信任，每个参与协作的实体保持特定的风险态度（采用概率值描述），如果实体的信任等级大于或等于指定的概率（即在可承受风险范围内），则其可信。该研究主要针对交易而非普遍意义的协作，交易中涉及的一些概念无法对应到普通的协作中，因此提出的信任风险模型通用性受限。在文献[226]中，Jøsang 等还采用主观逻辑的 Belief 演算[227]综合产生风险的若干威胁因素和脆弱因素，计算得到的风险评估值以概率的形式体现，更真实地反映了与风险相关的不确定性。遗憾的是，该风险分析模型未与信任的评估机制结合，不能直接应用于可信决策。文献[45]虽然将信任与风险的关系界定为反向关系，但是也认为只要限定一个风险接受阈值，就可以确定是否能与信任度达到一定级别的潜在合作者交易。但是，该研究并未具体提供支持上述决策思想的框架或模型。

第三种观点认为上述两种观点均过于片面，信任等级只是计算风险所需的两个要素之一[224]， 在量化风险时，应同时考虑信任等级和风险可能造成的后果。这种观点为更加动态和深入地研究信任与风险之间的关系开辟了一条新途径。然而，文献[224]的所有结论仅适用于理想信任（well-founded trust），分布式开放环境显然无法满足这种假设。SECURE 项目[216,228-229]评估特定行为的每一个可能的结果，采用成本概率密度函数簇（cost Probability Density Functions，cost-PDF）量化这些结果可能带来的风险。但是，该项目主要研究信任和风险在实施访问控制时的关系，着重改进 SECURE 中的访问控制机制，存在一定的局限性。文献[25]分别采用风险观点和信任观点量化风险和信任，提出了一种基于动态信任关系的时间相关风险信任平衡模型。在计算风险值时，综合考虑风险因素发生的概率和相应的风险代价。最后，根据定义的信任关系优先规则进行可信决策。该模型较好地运用证据理论和主观逻辑理论，设计了一种以安全策略为中心，以信任模型和风险评估模型为基础的决策机制。但是，在计算最终风险观点时，简单地选取了风险值最大者，处理方式过于简化；整个决策制定过程中涉及的重要参数都是人为设定的，虽然增强了模型的灵活性，能反映用户在决策过程中对信任与风险的态度，但是主观性过强，容易出现不公平现象。

综上所述，迄今为止信任与风险的关系还未有定论，主要原因如下。

（1）信任和风险的定义不明确，造成理解和使用上的混淆。

（2）信任和风险的概念适用范围广，随着研究领域和研究重点的变化，可能会有不同的结论。

因此在研究此问题时，必须从上述两方面着手，明确定义这两个概念，界定研究领域，说明研究重点，才能得到合理的结论。从实际场景和可操作性角度出发，本章采用第二种观点处理信任与风险的关系。

5.1.3 风险的量化

为了实现可信决策，必须量化风险因素。SECURE 项目[228]设计了一种基于决策经济理论和 Hirshleifer 的状态偏好方法[230]的风险模型。安全策略的制定需要设置信息位（bit）的下界，以确定应执行的动作。由于获取信息位较困难，所以如何确定所需的下界值是该方法的难点。Mui 等[39]从社会学和生物学的角度提出了一种可计算信任模型。但是，研究中对环境和问题的简化使该模型过于理想化，并不实用。文献[231]～文献[234]均给出了其为风险建模的方法。但是，这些研究更倾向于框架或概念，而非量化的方法。文献[213]和文献[235]提出了一种由信誉评估和风险评估两部分组成的个性化信任模型，并明确定义了计算风险的方法。该模型不考虑直接经验，将信誉值作为可信度。这种处理方式较简洁，但是当推荐信息来自恶意实体时将非常危险。虽然在风险评估部分提及了如何避免上述问题，但会影响整个模型的计算效率。

5.2 基本概念

为了构建风险感知的资源服务可信决策模型，设计相应的决策机制，本节采用形式化方式定义若干与信任和风险相关的概念。

设 E_1 和 E_2 是分布式开放环境中的两个实体，E_1 是资源提供者，E_2 是资源请求者。

定义 5.1（群体） E_2 的群体 C^{E_2} 是实体的集合。如果实体 $E \in C^{E_2}$，则表示 E_2 向 E 请求过资源，且在设定的时间段内能用相同的身份识别 E。

定义 5.2（资源服务决策） 在第 i 次资源服务请求过程中，E_1 根据其对 E_2 的信任程度决定是否允许 E_2 访问其拥有的资源，这是一次资源服务决策。如果用随机变量 $d_i^{E_1E_2}$ 表示对 E_2 第 i 次请求 E_1 所拥有资源的决策结果，则 $d_i^{E_1E_2}$ 的取值表达式为

$$d_i^{E_1E_2}=\begin{cases}1, & E_1\text{允许}E_2\text{访问资源}\\ 0, & E_1\text{不允许}E_2\text{访问资源}\end{cases} \tag{5-1}$$

定义 5.3（经验） 在第 i 次资源服务请求之前，群体 C^{E_2} 对 E_2 的经验 $\mathrm{ES}^{E_2}(C^{E_2})$ 是一个集合，包含 C^{E_2} 中每个资源提供者对 E_2 的资源服务请求的决策，即 $\mathrm{ES}^{E_2}(C^{E_2})=\left\{d_{\alpha}^{E_\beta E_2} \mid \alpha,\beta\in\mathbb{N},\ 1\leqslant\alpha\leqslant i-1,\ E_\beta\in C^{E_2}\right\}$。

定义 5.4（信誉） E_2 在第 i 次资源服务请求中相对于 C^{E_2} 的信誉 $V_{\mathrm{RE}}^{E_2}[C^{E_2},\mathrm{ES}^{E_2}(C^{E_2})]$，体现了 C^{E_2} 根据其与 E_2 的交互经验 $\mathrm{ES}^{E_2}(C^{E_2})$ 对 E_2 可信度的期望。

$V_{\mathrm{RE}}^{E_2}[C^{E_2},\mathrm{ES}^{E_2}(C^{E_2})]$ 的值取决于 E_2 从 C^{E_2} 中的资源提供者处成功获得服务的概率，即

$$V_{\mathrm{RE}}^{E_2}[C^{E_2},\mathrm{ES}^{E_2}(C^{E_2})]=P[d_{\alpha}^{E_\beta E_2}=1\,|\,\mathrm{ES}^{E_2}(C^{E_2})]=E\left(\widetilde{V_{\mathrm{RE}}^{E_2}}\,|\,\mathrm{ES}^{E_2}(C^{E_2})\right) \tag{5-2}$$

式中，$\widetilde{V_{\mathrm{RE}}^{E_2}}$ 是 $V_{\mathrm{RE}}^{E_2}$ 的估计值。特别地，如果 $\mathrm{ES}^{E_2}(C^{E_2})=\varnothing$，则令 $V_{\mathrm{RE}}^{E_2}[C^{E_2},\mathrm{ES}^{E_2}(C^{E_2})]=1/2$。

E_1 面临的风险源于其对 E_2 可信度评估的偏差，而这种偏差主要由 E_2 的信誉估计值 $\widetilde{V_{\mathrm{RE}}^{E_2}}$ 与实际信誉 $V_{\mathrm{RE}}^{E_2}$ 之间的误差决定。因此，可以采用定义 5.5 描述资源服务过程中可能存在的风险。

定义 5.5（风险）　根据经验 $\mathrm{ES}^{E_2}(C^{E_2})$ 计算得到的 E_2 的信誉估计值 $\widetilde{V_{\mathrm{RE}}^{E_2}}$ 与实际信誉 $V_{\mathrm{RE}}^{E_2}$ 之间的误差称为 E_1 向 E_2 提供资源服务时可能面临的风险。

信任的主观性和动态性导致很难获得 $V_{\mathrm{RE}}^{E_2}$ 的精确值，因此，即使能计算 $\widetilde{V_{\mathrm{RE}}^{E_2}}$ 的精确值，也无法求出 $\widetilde{V_{\mathrm{RE}}^{E_2}}$ 与 $V_{\mathrm{RE}}^{E_2}$ 的误差。另一方面，根据 5.1.2 节对信任和风险关系的分析可知，信任与风险是并存的，零风险的可信决策几乎不存在。事实上，只要风险在可承受范围内，决策者就可能做出肯定决策。因此，不妨转换思路，不强求 $\widetilde{V_{\mathrm{RE}}^{E_2}}$ 与 $V_{\mathrm{RE}}^{E_2}$ 的精确误差，转而采用保证误差不超过某范围的途径量化风险。这样，不仅增强了风险评估的可操作性，也更符合真实场景中进行可信决策的要求。通常，一个实体与其他实体交互的次数越多，越有利于准确判断其信誉。基于该常识，采用如下方式定义量化风险的指标——风险度。

定义 5.6（风险度）　设 $\widetilde{V_{\mathrm{RE}}^{E_2}}$ 与 $V_{\mathrm{RE}}^{E_2}$ 的误差 $\left|V_{\mathrm{RE}}^{E_2}-\widetilde{V_{\mathrm{RE}}^{E_2}}\right|$ 不小于阈值 ε 的概率为 p，$\varepsilon\in[0,1]$，即 $p=P\left(\left|V_{\mathrm{RE}}^{E_2}-\widetilde{V_{\mathrm{RE}}^{E_2}}\right|\geqslant\varepsilon\right)$。

为了保证 p 不大于阈值 ξ，$\xi\in[0,1]$，即 $p\leqslant\xi$，要求 $E_j\in C^{E_2}$ 对 E_2 请求资源服务的决策次数下界为 ψ_j。如果进行当前决策时，E_j 对 E_2 请求资源服务的实际决策次数为 k_j，那么当 $k_j<\psi_j$ 时，认为 E_j 对 E_2 信誉估计的误差可能引起风险。如果记 C^{E_2} 中可能引起风险的实体构成的集合为 $C^r=\left\{E_j\,|\,E_j\in C^{E_2},k_j<\psi_j,j\in\left[1,\left|C^{E_2}\right|\right]\right\}$，则采用风险度 γ 量化根据 $\mathrm{ES}^{E_2}(C^{E_2})$ 计算 E_2 信誉估计值存在的风险，并将 γ 定义为 C^{E_2} 中可能引起风险的实体数占 C^{E_2} 总实体数的比例，即 $\gamma=\dfrac{|C^r|}{\left|C^{E_2}\right|}$，其中，$|C^r|$ 和 $\left|C^{E_2}\right|$ 分别表示集合 C^r 和集合 C^{E_2} 的元素个数。

5.3　基于风险感知的资源服务可信决策机制

5.3.1　风险感知的资源服务可信决策模型

如 1.2.3 节所述，分布式信任模型依靠证据评估实体可信度。这里的证据被定义为在某种上下文环境中实体的历史行为信息。按照信息来源不同，证据被分为两类：直接证据和间接证据[67]。直接证据是指通过资源提供者与资源请求者的直接交互收集到的信息。此类证据通常是可靠的。但是，仅依靠直接证据决定是否为请求者提供服务，可能会因过于主观而做出错误的决定。同时，由于分布式开放环境的动态性，对资源提供者而言，资源请求者常常是完全陌生的，因此可能无法获得直接证据。鉴于上述两个原因，资源提供者需从第三方收集信息。间接证据就是指此类信息，体现的是某个群体对资源请求者的总体评价。本章中，前者（即直接证据）称为直接信任，后者（即间接证据）称为信誉。相对于直接信任而言，需谨慎对待信誉。不同的实体可能对相同的事实给出完全不同的评价，某些实体或群体甚至可能为了个人或群体的利益歪曲事实。因此，本书认为信誉是风险的主要来源。

根据定义 1.1、定义 5.4 和定义 5.5，这些概念的关系如图 5-1 所示。实体的可信度 T 由直接信任 WIT（即直接证据）和信誉 RE（即间接证据）共同决定。W_{WIT} 和 W_{RE} 分别为 WIT 和 RE 的权重，表示两种证据在最终可信度评估中所占比例，由决策者自行设置。信心 CO 体现资源提供者对直接证据的认可程度，通过 $\delta\in[0,1]$ 量化。风险 RI 体现间接证据的不可靠程度，通过 $\gamma\in[0,1]$ 度量。

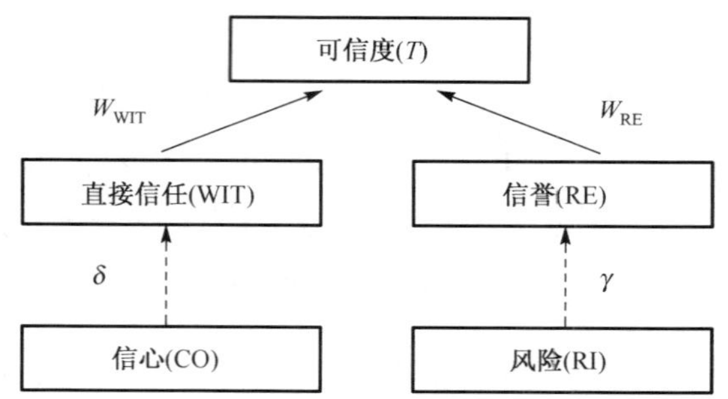

图 5-1　可信度、直接信任、信誉、信心和风险的关系

基于上述关系，信任值 V_{T} 的计算公式为

$$V_{\mathrm{T}}=\begin{cases}(W_{\mathrm{WIT}},W_{\mathrm{RE}})\times(\delta\times V_{\mathrm{WIT}},(1-\gamma)\times V_{\mathrm{RE}})^{\mathrm{T}}, & W_{\mathrm{WIT}},W_{\mathrm{RE}},V_{\mathrm{WIT}},V_{\mathrm{RE}}\in\mathbb{R}\\ & \text{且}W_{\mathrm{WIT}},W_{\mathrm{RE}},V_{\mathrm{WIT}},V_{\mathrm{RE}}\in[0,1]\\ V_{\mathrm{WIT}}, & V_{\mathrm{RE}}=0\\ V_{\mathrm{RE}}, & V_{\mathrm{WIT}}=0\end{cases}\quad(5\text{-}3)$$

式中，$W_{\mathrm{WIT}}+W_{\mathrm{RE}}=1$，$V_{\mathrm{WIT}}$和$V_{\mathrm{RE}}$分别表示直接信任和信誉的值。

分布式开放环境中风险感知的资源服务决策场景如图 5-2 所示。根据式（5-3）的计算结果可以完成资源服务决策。由于W_{WIT}、W_{RE}、V_{WIT}和δ通常由决策者主观决定，且V_{WIT}被认为是有效的事实，所以本章不讨论这些参数的确定方法。在 5.3.2 节和 5.3.3 节中，将分别详细讨论如何获得信誉值V_{RE}和风险度γ。

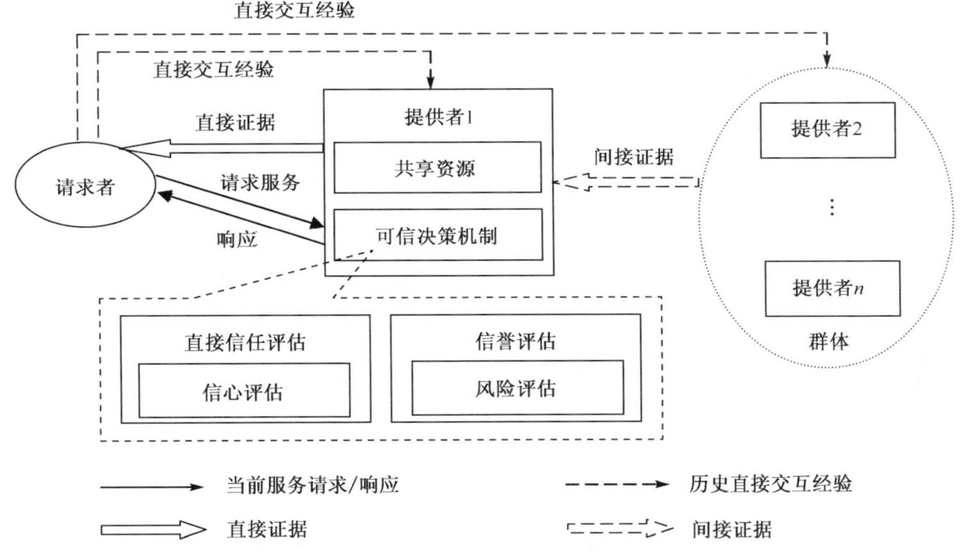

图 5-2　风险感知的资源服务决策

5.3.2　资源请求者的信誉

如果资源请求者y向资源提供者x请求服务，为了完成此次资源服务决策，x需收集y的信誉信息。为了简化表达，将经验$\mathrm{ES}^y(C^y)$和信誉$V_{\mathrm{RE}}^y(C^y,\mathrm{ES}^y)$分别简写为$\mathrm{ES}^y$和$V_{\mathrm{RE}}^y$。

考虑群体C^y中不同的资源提供者E_β，有$\mathrm{ES}^y=\bigcup_{E_\beta\in C^y}\mathrm{ES}^{E_\beta y}$，其中$\mathrm{ES}^{E_\beta y}=\left\{d_1^{E_\beta y},d_2^{E_\beta y},\cdots,d_k^{E_\beta y}\right\}$，$k\in\mathbb{N}$且$1\leqslant k\leqslant i-1$。

如果用$\left|\mathrm{ES}^y\right|$和 provision_Num 分别表示集合$\mathrm{ES}^y$的元素个数和$\mathrm{ES}^y$中

$d_{\alpha}^{E_{\beta}y}=1$ 的个数，$d_{\alpha}^{E_{\beta}y}\in \mathrm{ES}^{y}$，则 V_{RE}^{y} 可表示为 $\left|\mathrm{ES}^{y}\right|$ 和 provision _ Num 的函数，即 $f:\left|\mathrm{ES}^{y}\right|\times \text{provision\_Num}\rightarrow V_{\mathrm{RE}}^{y}$。选择 ES^{y} 中 $d_{\alpha}^{E_{\beta}y}=1$ 出现的频率作为 f，则 V_{RE}^{y} 的估计值 $\widetilde{V_{\mathrm{RE}}^{y}}$ 为

$$\widetilde{V_{\mathrm{RE}}^{y}}=\frac{\text{provision\_Num}}{\left|\mathrm{ES}^{y}\right|} \tag{5-4}$$

式中，$\widetilde{V_{\mathrm{RE}}^{y}}$ 是比例随机变量（proportion random variable），可用 Beta 分布表示[236]，即

$$P\left(\widetilde{V_{\mathrm{RE}}^{y}}\right)=\mathrm{Beta}(\lambda_1,\lambda_2) \tag{5-5}$$

式中，λ_1 和 λ_2 由先验假设（Prior Assumption）决定。设 $\{v_1,v_2,\cdots,v_n\}$ 是 $\widetilde{V_{\mathrm{RE}}^{y}}$ 的一组样本，则根据 Beta 分布参数的确定方法，$\lambda_1=\overline{v}\left(\dfrac{\overline{v}(1-\overline{v})}{\mathrm{Var}}-1\right)$，$\lambda_2=(1-\overline{v})\left(\dfrac{\overline{v}(1-\overline{v})}{\mathrm{var}}-1\right)$，其中，$\overline{v}=\dfrac{1}{n}\sum_{i=1}^{n}v_i$，$\mathrm{Var}=\dfrac{1}{n}\sum_{i=1}^{n}(v_i-\overline{v})^2$。

一个资源提供者独立进行每次决策，即相同 $\mathrm{ES}^{E_{\beta}y}$ 中每个 $d_{\alpha}^{E_{\beta}y}$ 的值是独立获取的，互相无影响。同时，不同资源提供者在进行决策时也是互相独立的，即不同 $\mathrm{ES}^{E_{\beta}y}$ 中 $d_{\alpha}^{E_{\beta}y}$ 的值也是独立获取的。因此，在 $\left|\mathrm{ES}^{y}\right|$ 次资源服务请求中，出现 provision _ Num 次 $d_{\alpha}^{E_{\beta}y}=1$ 和 $\left(\left|\mathrm{ES}^{y}\right|-\text{provision\_Num}\right)$ 次 $d_{\alpha}^{E_{\beta}y}=0$ 的概率为

$$P\left(\mathrm{ES}^{y}\mid\widetilde{V_{\mathrm{RE}}^{y}}\right)=\widetilde{V_{\mathrm{RE}}^{y}}^{\,\text{provision\_Num}}\cdot\left(1-\widetilde{V_{\mathrm{RE}}^{y}}\right)^{\left(\left|\mathrm{ES}^{y}\right|-\text{provision\_Num}\right)} \tag{5-6}$$

其中，Beta 分布是 $P\left(\mathrm{ES}^{y}\mid\widetilde{V_{\mathrm{RE}}^{y}}\right)$ 的共轭先验（Conjugate Prior）[237]。

根据式（5-5）和式（5-6），可得 $\widetilde{V_{\mathrm{RE}}^{y}}$ 的后验估计（posterior estimate）为

$$P\left(\widetilde{V_{\mathrm{RE}}^{y}}\mid\mathrm{ES}^{y}\right)=\mathrm{Beta}\left(\lambda_1+\text{provision\_Num},\lambda_2+\left|\mathrm{ES}^{y}\right|-\text{provision\_Num}\right) \tag{5-7}$$

后验估计的期望为

$$E\left(\widetilde{V_{\mathrm{RE}}^{y}}\mid\mathrm{ES}^{y}\right)=\frac{\lambda_1+\text{provision\_Num}}{\lambda_1+\lambda_2+\left|\mathrm{ES}^{y}\right|} \tag{5-8}$$

结合定义 5.4 和式（5-8），可知群体 C^{y} 根据经验 ES^{y} 对实体 y 的信誉评估为

$$V_{\mathrm{RE}}^{y}(C^{y},\mathrm{ES}^{y})=E\left(\widetilde{V_{\mathrm{RE}}^{y}}\mid\mathrm{ES}^{y}\right)=\frac{\lambda_1+\text{provision\_Num}}{\lambda_1+\lambda_2+\left|\mathrm{ES}^{y}\right|} \tag{5-9}$$

5.3.3 风险分析与风险度算法

1. 基本思想

在 5.3.1 节提出的风险感知的资源服务决策模型中，风险度γ量化描述了信誉的不可靠程度。结合 5.3.2 节给出的信誉推理过程，本节提出一种风险度计算方法。

如 5.3.2 节所述，相同$\mathrm{ES}^{E_\beta y}$中的每个$d_\alpha^{E_\beta y}$的取值是互相独立的。因此，对于y请求E_β拥有资源的每次决策均可作为一次独立的伯努利（Bernoulli）实验，即$d_1^{E_\beta y}, d_2^{E_\beta y}, \cdots, d_k^{E_\beta y}$可以构成$k$个独立 Bernoulli 实验序列。如果每次实验$d_\alpha^{E_\beta y}=1$的概率为ω，即

$$P(d_\alpha^{E_\beta y}=1 \mid \mathrm{ES}^{E_\beta y})=\omega,\quad \alpha=1,2,\cdots,n,\quad n\leqslant k \tag{5-10}$$

并且定义一个随机变量$\widetilde{\omega}$表示k次实验中$d_\alpha^{E_\beta y}$=1的频率，即

$$\widetilde{\omega}=(d_1^{E_\beta y}+d_2^{E_\beta y}+\cdots+d_k^{E_\beta y})/k \tag{5-11}$$

则有$E(\widetilde{\omega})=\omega$。因此，对于$0\leqslant\varepsilon\leqslant1$且$0\leqslant\xi\leqslant1$，有

$$P\left(\left|\omega-\widetilde{\omega}\right|\geqslant\varepsilon\right)\leqslant 2\mathrm{e}^{-2k\varepsilon^2}\leqslant\xi \tag{5-12}$$

Bernoulli 实验的 Chernoff 界可证明不等式（5-12）的正确性[39,239]。比较式（5-11）和式（5-4）可知，ω和$\widetilde{\omega}$可以分别对应于V_{RE}^y和$\widetilde{V_{\mathrm{RE}}^y}$，则$|\omega-\widetilde{\omega}|$可以表示信誉估计值与实际信誉之间的误差，即定义 5.5 所描述的风险。这样，可以将不等式（5-12）中的ε和ξ作为预置参数，由资源提供者根据其特定的安全需求确定。而k应大于某个下界值，以确保提供一次资源服务的风险在可接受范围内。根据不等式（5-12），k的下界为

$$k\geqslant-\frac{\ln(\xi/2)}{2\varepsilon^2} \tag{5-13}$$

采用同样的方法，对于每个实体$E_\beta\in C^y$，可推导出一组与不等式（5-13）类似的不等式，即

$$k_j\geqslant-\frac{\ln(\xi_j/2)}{2{\varepsilon_j}^2},\quad j=1,2,\cdots,\left|C^y\right| \tag{5-14}$$

式中，$0\leqslant\varepsilon_j\leqslant1$，$0\leqslant\xi_j\leqslant1$，$k_j=\left|\mathrm{ES}^{E_\beta y}\right|$。

如果一次信誉评估误差不小于ε_j的概率记为p，为了保证p不大于ξ_j所需进行的资源服务决策次数下界为$\psi_j = -\dfrac{\ln(\xi_j/2)}{2(\varepsilon_j)^2}$，则可通过算法 5.1 计算风险度$\gamma$。

算法 5.1　风险度算法

输入： 资源请求者y的群体C^y；

C^y中的第j个资源提供者对y的实际资源服务决策次数k_j，$j=1,2,\cdots,N$；

资源服务决策次数下界ψ_j，$j=1,2,\cdots,N$。

输出： 风险度γ。

（1）初始化计数器∂，即$\partial=0$

（2）**for**　$j=1$　to　N

（3）　　比较C^y中的第j个实体和y之间的实际资源服务决策次数k_j与资源服务决策次数下界ψ_j

（4）　　**if**　$k_j<\psi_j$

（5）　　　　计数器增 1，即$\partial=\partial+1$

（6）　　**end if**

（7）**end for**

（8）计算风险度$\gamma=\partial/N$

资源提供者x可以根据算法 5.1 的输出γ和自身对风险的承受能力，直接决定是否为资源请求者y提供资源服务。也可以将γ代入式（5-3），计算x对y的可信度评价V_{T}，并根据V_{T}决定是否为y提供资源服务。

2. 算法时间复杂度分析

如果实体y的群体C^y规模为N（即群体C^y中的实体数），分析算法 5.1 在最坏情况下的时间复杂度。

设 1 次赋值运算、加法运算、减法运算和除法运算的运算时间分别为C_1、C_2、C_3和C_4，1 次比较两数大小的操作时间为C_5。算法 5.1 的步骤（1）需完成 1 次赋值运算，运行时间为C_1。步骤（2）需完成N次赋值运算，运行时间为NC_1。在 1 次 for 循环中，步骤（3）需完成 1 次比较两数大小的操作时间，运行时间为C_5。步骤（4）需完成 1 次比较两数大小的操作时间，运行时间为C_5。如果算法流程选择步骤（5）的分支，需完成 1 次加法运算和 1 次赋值运算，运行时间为C_1+C_2。最坏情况下，步骤（3）～步骤（7）需重复执行N次，运行时间为$N(C_1+C_2+2C_5)$。步骤（8）需完成 1 次除法运算和 1 次赋值运算，运行时间为C_1+C_4。因此，算法 5.1 在最坏情况下的总运行时间为 $C_1+NC_1+N(C_1+C_2+2C_5)+C_1+C_4=Na+b$，其中，$a=2C_1+C_2+2C_5$，$b=2C_1+C_4$，则算法 5.1 在最坏情况下的时间复杂度可表示为 $O(N)$。

3. 算法正确性分析

如定义 5.5 所述，资源提供者（也是决策者）x 面临的风险主要取决于根据经验 $\mathrm{ES}^y(C^y)$ 计算得到的 y 的信誉估计值 $\widetilde{V_{\mathrm{RE}}^y}$ 与实际信誉 V_{RE}^y 之间的误差。由于在现实场景中需确定风险是否在决策者可承受的范围内，同时考虑到信誉评估的准确性可随实体交互次数的增加呈上升趋势，所以最终采用根据当前决策进行时实体间的实际资源服务决策次数是否达到预定下界的方式判断风险的存在性，并据此度量风险大小。与直接计算精确误差相比较，该方案更符合实际需求，也更可行。

定理 5.1　算法 5.1 可以获得满足定义 5.6 的风险度。

证明： 依定义 5.6 计算风险度 γ，必须确定两个关键值——保证 $p=P\left(\left|V_{\mathrm{RE}}^y-\widetilde{V_{\mathrm{RE}}^y}\right|\geqslant\varepsilon\right)\leqslant\xi$ 的资源服务决策次数下界和实际决策次数。首先，基于每次可信决策均独立进行这一前提，运用 Bernoulli 实验的 Chernoff 界定理推导得到不等式（5-12）。然后，比较 5.3.2 节资源请求者信誉估计值 $\widetilde{V_{\mathrm{RE}}^y}$ 的计算方法（式（5-4））与 5.3.3 节风险分析过程中对随机变量 $\widetilde{\omega}$ 的定义（式（5-11）），即可确定保证 $p=P\left(\left|V_{\mathrm{RE}}^y-\widetilde{V_{\mathrm{RE}}^y}\right|\geqslant\varepsilon\right)\leqslant\xi$ 的资源服务决策次数下界。又由定义 5.6 可知，γ 为 C^y 中可能引起风险的实体数占 C^{E_2} 总实体数的比例，算法 5.1 完全按照该定义设计，其结果符合要求。证毕。

5.4　实验与实验结果分析

本节首先介绍仿真实验环境的搭建和实验参数的设置，然后定义三个评估指标，最后描述和分析实验结果。在仿真实验中，只关注信誉推理和风险分析的过程，不考虑基础网络资源（如带宽）和资源调度对决策机制性能的影响。

5.4.1　实验环境

本章仍然选择 Repast 3.1（Java 版本）仿真器作为实验平台，模拟了一个分布式开放环境。模拟环境中无统一的信任评估中心，每个资源提供者需根据如图 5-1 所示的决策模型和式（5-3）评估资源请求者的可信度。实验的基本硬件环境为：Windows XP，Intel Core 2 Duo CPU T7500 @2.2GHz，2GB 主存，150GB 硬盘。

实验中的实体分为两类：善意实体和恶意实体。每个实体既可以作为资源提供者，也可以作为资源请求者。在每次资源服务过程中，仿真系统随机选取两个实体。一个作为资源提供者，另一个作为资源请求者。实体的行为特征与第 4 章实验中考虑的积极善意实体和积极恶意实体的行为特征相同。用恶意推荐率（malicious recommendation ratio）μ 表示恶意实体占总实体数的百分比，即

$$\mu = \frac{\text{恶意实体}}{\text{总实体数}} \times 100\% \tag{5-15}$$

在仿真过程中，μ 取 20%、50%和 80%三个值。

为了启动提出的信誉推理过程和风险分析机制，在仿真初始化阶段，设置有50%的实体曾经与另外10个实体有过交互（请求这些实体拥有的资源或为这些实体提供资源服务）。每一对发生过资源服务协作的实体称为一对熟识实体。这些实体之间的可信度从(0,1)区间上的均匀分布中随机取值。剩余 50% 的实体设置为陌生实体，即与任何其他实体不存在历史交互关系，其初始可信度也从(0,1)区间上的均匀分布中随机取值。可接受的可信度阈值设为 0.6 。估计信誉与真实信誉之间的可接受误差在 [0.1,1.0] 间取值。Chernoff 界取 0.5 。直接信任的权重设置为 0.5 ，对直接信任的信心设为 1 。每次交互结束后，实体需给出反馈。每轮实验结束时，系统根据收集到的反馈信息更新实体的可信度。主要仿真参数及其取值如表 5-1 所示。

表 5-1　主要仿真参数及其取值

参数名称	参数值
实体数量	200
一轮实验中的资源服务过程次数	100, 200, 500
恶意推荐率	20%, 50%, 80%
50%实体中，每个实体的熟识实体数	10
一对熟识实体的初始可信度	根据(0,1)均匀分布产生的随机数
剩余 50%的陌生实体中，每个实体的初始可信度	根据(0,1)均匀分布产生的随机数
可接受的可信度阈值	0.6
估计信誉与真实信誉之间的可接受误差	[0.1, 1.0]
Chernoff 界	0.5
直接信任的权重	0.5
对直接信任的信心	1

5.4.2　评估指标

1）资源服务决策吞吐率

讨论的资源服务过程包括三个阶段：资源请求者提交资源请求、资源提供者

做出决策和资源提供者提供服务（如果请求被接受）。如果用 RSP 表示资源服务过程的总次数（$\mathrm{RSP}\in\mathbb{N}$ 且 $\mathrm{RSP}\geqslant 1$），每次决策过程对应于一次资源请求，则在第 i 次资源服务过程中，如果对实体 E_j 所拥有资源的请求的到达时间为 at_i，资源提供者确定决策结果的时间为 dt_i，服务完成时间为 ct_i，则平均吞吐时间可表示为 $\left(\sum_{i=1}^{\mathrm{RSP}}(\mathrm{ct}_i-\mathrm{at}_i)\right)/\mathrm{RSP}$，平均决策时间可表示为 $\left(\sum_{i=1}^{\mathrm{RSP}}(\mathrm{dt}_i-\mathrm{at}_i)\right)/\mathrm{RSP}$。资源服务决策吞吐率（Resource Service Decision Turnaround Ratio，RSDTR）定义为平均吞吐时间和平均决策时间的比值，即

$$\mathrm{RSDTR}=\frac{\left(\sum_{i=1}^{\mathrm{RSP}}(\mathrm{ct}_i-\mathrm{at}_i)\right)/\mathrm{RSP}}{\left(\sum_{i=1}^{\mathrm{RSP}}(\mathrm{dt}_i-\mathrm{at}_i)\right)/\mathrm{RSP}}=\frac{\sum_{i=1}^{\mathrm{RSP}}(\mathrm{ct}_i-\mathrm{at}_i)}{\sum_{i=1}^{\mathrm{RSP}}(\mathrm{dt}_i-\mathrm{at}_i)} \tag{5-16}$$

由于仿真实验忽略物理网络延迟和资源调度时间，延迟时间主要取决于决策机制的计算时间，因此，资源服务决策吞吐率能反映决策机制（包括信誉推理过程和风险分析）的效率。

2）资源提供成功率

如果用 RSP 表示资源服务过程的总次数（$\mathrm{RSP}\in\mathbb{N}$ 且 $\mathrm{RSP}\geqslant 1$），在第 i 次资源服务过程中，资源提供者评估资源请求者的可信度，则通过比较评估结果与预设的可接受可信度阈值，资源提供者决定是否为资源请求者提供资源服务。如果请求被接受，则记为一次成功的资源服务；否则，记为失败。用 D_{S} 表示请求成功的次数，则资源提供成功率（Resource Provision Success Ratio，RPSR）可定义为请求成功的次数占资源服务过程总次数的百分比，即

$$\mathrm{RPSR}=\frac{D_{\mathrm{S}}}{\mathrm{RSP}}\times 100\% \tag{5-17}$$

由于该指标代表决策结果的正确率，所以能反映信誉推理和风险分析机制的有效性和准确性。

3）风险敏感性

一种决策机制的风险敏感性（Risk Sensitiveness，RS）是指其对整个环境中风险的存在及其变化的感知能力。根据算法 5.1 可知，资源提供者对资源请求者的实际资源服务决策次数 k、资源服务决策次数下界 ψ 和群体规模 $|C^y|$ 是影响风险度 γ 的关键因子。通过改变这些因子的取值，可以深入研究其对风险度大小的影响，并据此分析决策机制的风险敏感性。此外，考虑到实验中每一次资源服务过程涉及的两个实体都是随机选取的，如果只统计某一对实体的风险评估结果，则无法反映决策机制对整个环境中风险的感知能力。因此，定义平均风险度（Average Degree of

Risk，ADR）指标，计算一次实验结束后按决策机制评估出的所有风险度的算术平均值。通过观察ADR随关键因子的变化情况，评价决策机制的风险敏感性。

5.4.3　实验结果与分析

实验以文献[235]提出的策略（用PET表示，该决策机制考虑风险因素）和文献[39]提出的策略（用Mui表示，该决策机制未考虑风险因素）为比较对象，评估提出风险感知资源服务可信决策策略（Risk-aware Decision-making Strategy，RDS）的整体性能和对风险的敏感程度。

基于5.4.2节定义的资源服务决策吞吐率和资源提供成功率两个指标，第一组实验比较三种机制的整体性能。首先，设定一轮实验中的资源服务过程次数$n=200$，资源提供者可接受的信誉评估误差$\varepsilon=0.2$，恶意推荐率$\mu=20\%$，比较三种机制的资源服务决策吞吐率，结果如图5-3所示。观察发现，RDS的资源服务决策吞吐率低于Mui的资源服务决策吞吐率。RDS在该性能指标上的损失可归结为RDS支持对决策风险的分析，而Mui没有考虑风险因素，因此基于Mui的决策过程耗时短于基于RDS的决策过程。另一方面，RDS的资源服务决策吞吐率高于PET的资源服务决策吞吐率。这一结果说明，虽然RDS和PET均能在决策过程中完成对风险的评估，但是基于RDS的决策机制效率较高。

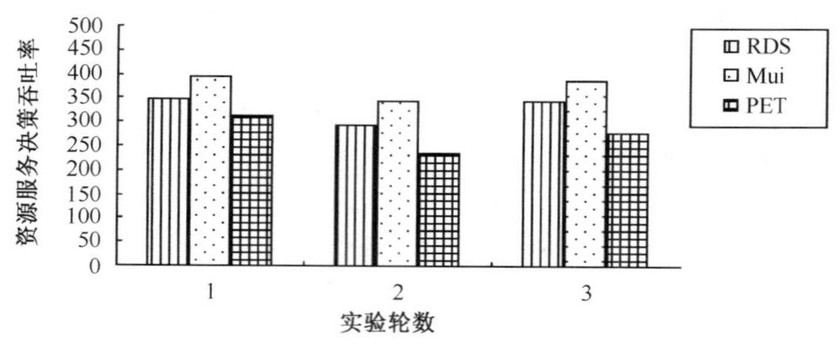

图5-3　三种机制的资源服务决策吞吐率

然后，设定一轮实验中的资源服务过程次数$n=200$，资源提供者可接受的信誉评估误差$\varepsilon=0.2$，恶意推荐率$\mu=20\%$，三种机制的资源提供成功率如图5-4所示。在可接受可信度阈值相同的情况下，RDS和PET均经过较少轮数的实验就获得了较高且较稳定的资源提供成功率，而Mui在更多轮实验后，资源提供成功率才趋于稳定，但仍低于RDS和PET的资源提供成功率。对产生这一现象的原因分析如下。一方面，RDS和PET通过合理的风险评估机制，较快、较准确地掌握了环境中各实体的行为特征。而Mui仅采用传统的加权法处理间接证据可能带来的推荐信息不准确问题，随着实验的进行，Mui对实体特征的判断在不断变化。

因此，Mui 以较缓的速度收敛到较稳定的资源提供成功率。另一方面，Mui 单纯依赖直接证据和间接证据综合计算得到的可信度与可接受可信度阈值的比较结果判断是否提供资源服务。而 RDS 和 PET 在评估资源请求者的可信度时均考虑了量化分析得到的风险值，即这两种机制会在一定程度上接受协作中可能存在的风险，实质是在资源提供者可承受的风险范围内适当放宽了提供资源服务的条件。因此，Mui 对资源提供者行为的要求更严格，从而导致其资源提供成功率较 RDS 和 PET 的资源提供成功率低。观察图 5-4 还可以发现，RDS 的资源提供成功率较 PET 的资源提供成功率高，且更接近环境配置，这说明 RDS 的准确性更高。

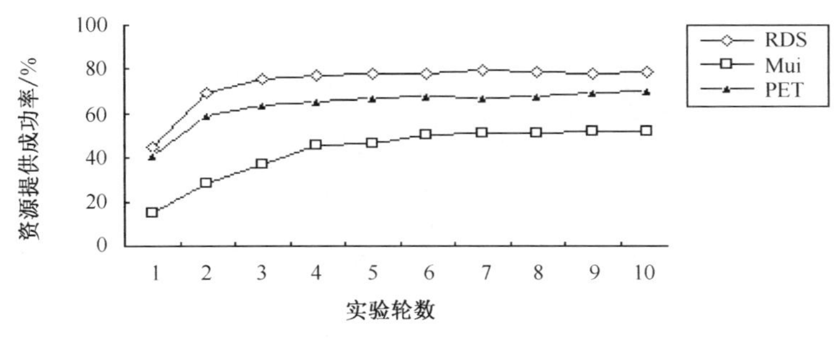

图 5-4　三种机制的资源提供成功率

第二组实验旨在评估 RDS 的风险敏感性，实验结果如图 5-5 和图 5-6 所示。在实际场景中，资源请求者与资源提供者及环境中其他实体的历史交互次数少，资源提供者可接受的信誉评估误差小，资源提供者要求信誉评估误差超过可接受阈值的概率低等，均会使资源提供者认为为该资源请求者提供资源的风险高。该现象与 5.4.2 节定义风险敏感性指标时提出的观点一致，即资源提供者对资源请求者的实际资源服务决策次数 k（由资源请求者与资源提供者的历史交互次数决定）、资源服务决策次数下界 ψ（根据算法 5.1 对 ψ 的定义可知，ψ 由资源提供者可接受的信誉评估误差 ε，资源提供者指定的信誉评估误差超过 ε 的概率上界 ξ 两个参数共同决定）和群体规模 $|C^y|$（根据定义 5.1 可知，$|C^y|$ 由资源请求者与环境中实体的历史交互次数决定）是影响 γ 的关键因子。此外，系统中的恶意实体越多，平均风险度也会相应增加。

设定资源提供者可接受的信誉评估误差 $\varepsilon=0.9$，不同的资源服务过程次数 n 和恶意推荐率 μ 对平均风险度 ADR 的影响如图 5-5 所示。一方面，n 不变时，μ 越大，ADR 越高。这是因为，μ 越大，环境中的恶意实体数量增加，信誉评估误差随之增大，大于设定 ε 的概率其值就会上升。在这种不利于资源提供者的协作环境中，为了更好地控制风险，资源提供者会设置更低的概率上界 ξ，则资源服务决策次数下界 ψ 上升。因此，在 n 不变的前提下，资源提供者对资源请求者的实际资源服务决策次数k达到ψ的可能性降低，平均风险度 ADR 增大。另一方面，μ不变时，n越大，ADR 越低。具体原因可归结为，μ不变，意味着环境中的恶意实体数量不变，信誉评估误差和概率上界ξ相对稳定。此时，设定ε不变，则资源服务决策次数下界ψ也相对稳定。n越大，资源提供者对资源请求者的实际资源服务决策次数k也可能随之增大，k就更容易达到ψ的要求，平均风险度 ADR 相应减小。经上述分析可知，图 5-5 显示的结果符合实际场景，说明 RDS 能较好地感知整体环境的风险。资源提供者可接受的信誉评估误差ε、资源服务过程次数n和恶意推荐率μ，这三个参数对 ADR 的影响更详细的描述如图 5-6 所示。

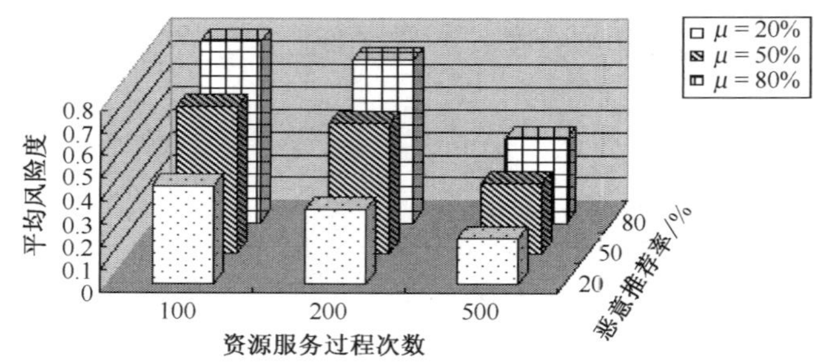

图 5-5 资源服务过程次数和恶意推荐率对平均风险度的影响

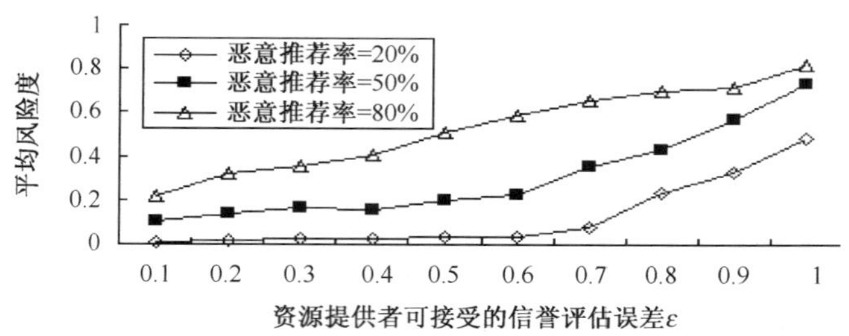

图 5-6 恶意推荐率和可接受评估误差对平均风险度的影响

设定一轮实验中的资源服务过程次数$n=200$，不同的恶意推荐率μ和资源提供者可接受的信誉评估误差ε对平均风险度 ADR 的影响如图 5-6 所示。一方面，当n和ε不变时，ADR 随μ的增加而上升的现象与图 5-5 的结论吻合。说明当群体中的恶意推荐率上升时，平均风险度随之提高。因此，评估信誉的误差受群体成员态度的影响。另一方面，当n和μ不变时，ε越大，ADR 越高。这是因为，μ不变，意味着环境中的恶意实体数量不变，概率上界ξ相对稳定。ε越大，则资源服务决策次数下界ψ上升。此时，n不变，则资源提供者对资源请求者的实际资源服务决策次数k达到ψ的可能性降低，平均风险度 ADR 增大。这一结果说明，资源提供者对根据推荐信息获得的实体信誉误差的容忍程度会影响平均风险度。这种容忍程度实质上也体现了资源提供者对风险可能造成的不良后果的承受能力。

5.5 本章小结

考虑到分布式开放环境中资源服务决策的主观性，为其设计的决策模型应涉及信任与风险两个要素。同时，从实用性角度出发，用于决策的风险应能够被量化。然而，目前大多数决策机制无法较好地满足上述两个基本要求。

本章通过对影响可信度的两类证据的详细分析，认为信誉是造成决策风险的主要原因。基于该结论，构建了一个信任与风险相融合的资源服务可信决策模型，给出了一种信誉推理机制，提出了一种实用性更强的风险量化方法。仿真实验从资源服务决策吞吐率、资源提供成功率和风险敏感性三个角度评估了提出的资源服务决策机制的整体性能和对风险的感知能力，结果显示该机制能有效地辅助资源提供者进行资源服务过程中的可信决策。

第 6 章　基于可靠性感知的多准则数据副本选择策略

目前，无论科学计算领域（高能物理、天气预报、地震预测、生命科学等），还是业务数据分析领域（社会网络、网页搜索、电子交易等），每天都有 TB（TeraByte，太字节，2^{40}B）级、PB（PetaByte，拍字节，2^{50}B）级甚至更高级别的海量数据产生、被收集、被传输、被存储和处理[240]。据国际数据公司（International Data Corporation，IDC）统计，2007 年全球产生的信息总量已达到 281EB（ExaByte，艾字节，10^{18}B）[241]。面对“大数据”（Big Data）[242-243]的快速增长，数据探索（data exploration）成为继实验实证、理论分析和计算模拟后的“第四代科学发现模式”[244-245]，数据密集型计算（data intensive computing）和数据密集型应用（data intensive application）的概念也随之出现。数据密集型应用研究、检索和分析大规模数据集，并以可视化的形式展现最终结果[246]。此类应用在处理海量数据时展现出来的特有计算方式就是数据密集型计算。数据密集型计算综合运用高性能计算、海量数据存储、高速网络等技术，以“数据”为中心，获取和维护持续变化的海量数据，并在此基础上进行大规模计算[247]，是一类典型的分布式开放计算环境。

在数据密集型计算中，由于涉及对海量数据的处理，为了减少执行任务时因大规模数据传输造成的延迟，往往会根据指定的数据复制策略（综合考虑访问请求的局部性、存储资源的负载、可用存储空间等因素）将一份数据复制到多个物理存储资源上，形成多个属性（如位置、价格、质量等）不同的数据副本。复制技术的应用虽然能减少访问延迟和带宽消耗，实现负载平衡，提高系统的可靠性，但是也带来了新问题——如何从众多副本中选择最合适的一个，以满足用户对数据服务的 QoS 需求[248]，即数据副本选择问题。

为了解决上述问题，本章提出了一种可靠性感知的多准则数据副本选择策略。首先，从选择数据副本时应涉及的准则出发，强调了考虑副本可靠性的必要性；其次，采用第 4 章提出的基于云模型的信任管理模型度量副本的可靠性，以体现用户对数据服务 QoS 需求的模糊性和非定量特征；再次，在问题建模时，还反映了副本可靠性对任务调度目标的影响，使构建的模型更符合真实场景；然后，提出了一种基于多准则决策理论的数据副本选择算法，并从理论上分析了该算法的时间复杂度和正确性；最后，通过仿真实验在两种场景（不可靠环境和可靠环境）中评估了算法的整体性能及其对环境的适应能力。

6.1　问题的提出

一个数据副本选择策略通常主要关注以下两个问题[249]。

1. 通过什么准则评价副本，即如何评判副本相对于 QoS 需求的优劣

复制技术被广泛应用于传统的分布式计算和高性能计算，获取时间和使用成本是评价副本的两个常用准则。与上述两种传统计算模式相比，数据密集型计算具有需处理的数据量巨大、计算过程和应用开发复杂等特点[250]。为了满足科学计算的高效性和业务数据分析的时效性等要求，支撑数据密集型计算的环境应灵活、透明、动态，而由此带来的资源不可靠问题也凸现出来。数据密集型计算环境具有高度动态性，任何资源均可能随时加入或离开。同时，存储资源的不可用、本地读写负载和网络连接错误等均可能造成副本的失效[251]。因此，除了时间和成本，还必须强调副本的可靠性，选择最可靠的副本与选择使任务完成时间最短、执行成本最低的副本同样重要。

目前，大多数文献将“时间”作为选择数据的唯一准则。由于数据密集型应用需要访问大规模数据集，所以尽可能降低传输数据集的时间开销将有利于减少应用程序的总执行时间[252]。通常有两种方法可以缩短数据传输时间。一种方法是为一个数据集选择单个“最佳”获取点。文献[249]从离请求站点跳数（hop）最少的站点上获取数据集。文献[253]采用反向神经网络和监督学习方法预测从各站点获取数据集需花费的时间，并从传输时间最短的站点上获取数据集。文献[248]和文献[254]将数据选择抽象为分类问题，利用 K 最近邻（K-Nearest Neighbor，KNN）算法确定最佳数据集。文献[252]将数据主机的选择归结为一个集合覆盖问题（Set Covering Problem，SCP），并利用树搜索算法求解 SCP。该算法减少了远程数据传输的次数，从而缩短了数据移动的总时间。文献[255]引入虚拟的概念，提出了基于虚拟令牌环和拍卖协议的最佳数据选择策略。文献[256]基于层次网络结构，依次从请求节点、请求节点到中心节点路径上的节点及中心节点上查找所需数据集。若从中心节点获取数据集，则综合考虑节点负载以及数据请求节点到副本节点的路径长度，尽量选择负载小、路径短的节点作为数据获取地点。文献[257]通过分析存储资源的读取速度，传输数据文件的两个站点之间的带宽和物理距离，以及计算资源的计算速度等四个特征值，提出了基于蚁群算法的数据选择策略。

另一种减少数据传输时间的方法是基于 Co-allocation 架构[258]，从多个位置并行获取一个数据集。文献[258]提出了 Brute-force Co-allocation、History-based Co-allocation 和 Dynamic Co-allocation 三种策略用于建立服务器与客户端的网络

连接，并且一个数据集被划分为若干数据块分散存储在服务器上，提供给客户端下载。文献[259]允许在下载数据的过程中重新评估能提供该数据的所有服务器的状态，下载点不仅可以在工作服务器间变化，还可以从工作服务器转移到非工作服务器上。这种选择下载服务器的策略能更有效地获取数据集。文献[260]设计了均匀算法、贪心算法和基于预测的配置算法，以确定从哪些位置获取数据集。文献[261]和文献[262]提出一种动态递归 Co-allocation 机制，减少等待最慢服务器的时间，从而缩短数据传输完成时间。

上述研究均在数据网格环境中以任务完成时间作为唯一标准选择数据，但存在两点不足：其一，根据单一准则选取的数据无法满足用户对数据服务的多维 QoS 需求；其二，随着开放环境中“按需付费”资源使用模式的日益普及，用户不再单纯地关注传统 QoS（性能），也开始考虑访问资源的经济成本。而上述文献均未考虑数据资源的使用成本问题，因此无法直接应用于存在此类需求的环境中。

文献[263]和[264]在数据选择时考虑了多个准则。文献[263]提出除了响应时间，还应考虑用户的 QoS 需求。但是，该研究并未明确定义 QoS 的具体内容，也未给出量化 QoS 的方法，其实用性较弱。文献[264]以响应时间、可靠性和安全性为标准，强调用户对有限数据资源的竞争，设计了基于 AHP 的副本选择策略。然而，该研究对三个指标的量化粒度过粗，且仍未将经济成本作为选择数据的准则之一。Buyya 首次将经济成本的概念引入资源选择的研究中[265]。文献[266]设计了一种贪心算法，根据任务截止时间和经济成本预算的限制，将任务映射到一个资源集（包括一个计算资源和若干数据集），以满足用户的偏好（最小化执行时间或最小化经济成本）。在不超过任务截止时间的前提下，以经济成本为优化目标的贪心算法每次均选择当前成本最小的数据集。而在经济成本预算的限制下，以任务截止时间为优化目标的贪心算法每次均选择传输时间最短的数据集。可见，文献[266]的设计思想是以牺牲一个指标为代价换取另一个指标的最优。

这些研究成果在一定程度上弥补了仅以时间为准则的评价方式的不足，但是由于没有涉及副本的可靠性，仍然不能很好地应对数据密集型计算环境中副本选择面临的问题。有部分研究工作[86,251,267-269]在资源选择时考虑了资源可靠性或安全性，也有较少的工作[264,270-271]在副本选择中引入了可靠性的概念。Azzedin 等[86,267]从最小化任务失效率的角度解决网格环境中的资源选择问题。Griffiths 等[251]提出了若干基于信任的资源选择算法。Alunkal 等[268]根据用户反馈选择信誉最好的服务器作为资源提供者。Sedrakiran 等[269]设计了一种寻找最可靠资源，同时能最小化应用完成时间的策略。AL-Mistarihi 等[264]虽然在副本选择时明确考虑了可靠性，但认为网络是可靠的。这种假设说明作者忽略了网络的实时状态对应用程序性能的影响，并不适合数据密集型计算环境。Krishnamurthy 等[270]统计了局域网中副本响应时间的分布规律，预测了一个副本对于特定客户端的时间失效概率。基于此概率，选择一组副本以满足客户端对时间失效的最小概率要求。该工作承认访问副本时可能出现的不可靠及其对访问时间的影响，但实质仅强调了时间准则。文献[271]提出了云计算多数据中心环境下副本选择的三维 QoS 模型，从可靠性、时间性和安全性三个角度考察副本，并采用 AHP 思想选择 QoS 满意度最高的数据副本作为最终目标。但该研究用精确分段的方式度量用户的 QoS 偏好，无法很好地体现偏好的主观模糊性。

2. 按照什么步骤选择副本，即如何设计副本选择算法

选择数据副本的最终目的是完成用户提交的计算任务，而真正能够执行任务的是数据密集型计算环境中的计算资源，因此副本选择过程与计算资源的确定密不可分。完成这两项工作的顺序不同，直接影响着副本选择算法的设计思路。分析已有研究成果发现，对该问题的处理方式大致可分为两类：计算资源优先法和数据资源优先法。计算资源优先法首先确定在处理能力最强的可用计算资源上执行任务，然后按指定的准则选择相应数据副本。数据资源优先法则先根据选择准则确定所需的数据副本，再寻找使设定调度目标最优的可用计算资源。目前，除了文献[271]仅从数据服务的角度考虑副本选择问题，未涉及如何确定计算资源，只有文献[252]采用了数据资源优先法，而第一个问题中综述的其他文献均按计算资源优先的思路设计副本选择算法。由于数据密集型计算中涉及的数据集规模庞大，所以按计算资源优先法，需大量移动这些数据集，必然导致任务执行时间的急剧上升。而文献[252]以时间作为唯一的选择准则，显然无法满足多维 QoS 的需求，特别是没有考虑副本失效问题，不能直接应用于不可靠的分布式开放环境中。

综上所述，无论从副本评价指标的角度分析，还是从副本选择算法的角度考虑，目前已有的数据副本选择策略均不能在保证性能的前提下，较好地满足数据密集型计算环境中用户对数据服务的多维 QoS 需求。

6.2　问题描述与建模

6.2.1　数据密集型计算环境

一个典型的数据密集型计算环境由三类资源构成：计算资源、存储资源和网络资源。计算资源通常是高性能计算平台（如集群等）。存储资源可以是专用存储设备，也可以是依附于某个计算资源的存储设备。如果存储资源是计算资源的附属设备，则称存储资源是计算资源的本地存储。如果存储资源是专用存储设备，则当存储资源与

计算资源处于同一站点时，也认为其是计算资源的本地存储；而当两者处于不同站点时，则认为存储资源不是计算资源的本地存储。网络资源由路由器（router）、交换机（switch）、集线器（hub）和连接计算资源和存储资源的网络链接（link）等物理实体构成。为了模型的简洁，实际建模时仅考虑逻辑网络拓扑结构，上述物理网络资源均被抽象，认为在每个计算资源和每个存储资源之间存在一条独立的逻辑网络链接。

定义 6.1（数据密集型计算环境） 一个数据密集型计算环境可以抽象为 M 个计算资源 $C=\{c_1,c_2,\cdots,c_M\}$，N 个存储资源 $S=\{s_1,s_2,\cdots,s_N\}$ 和若干网络链接 $L=\{\text{Link}(c_i,s_j)\mid c_i\in C,s_j\in S\}$ 的集合。其中，计算资源 c_i 与存储资源 s_j 之间的逻辑网络链接带宽表示为 $\text{BW}(\text{Link}(c_i,s_j))$，其值为

$$\text{BW}(\text{Link}(c_i,s_j))=\begin{cases}\min\{\text{bw}(c_i,e_1),\text{bw}(e_1,e_2),\cdots,\text{bw}(e_k,s_j)\}, & s_j\text{不是}c_i\text{的本地存储}\\ +\infty, & s_j\text{是}c_i\text{的本地存储}\end{cases}$$

式中，序列 $(c_i,e_1,e_2,\cdots,e_k,s_j)$ 是真实物理网络中从 c_i 到 s_j 的最短路径，e_i 是该路径上的路由器、交换机或集线器等物理网络实体，$\text{bw}(x,y)$ 表示 x 与 y 之间的最大网络带宽，$x,y\in\{c_i,e_1,e_2,\cdots,e_k,s_j\}$。

6.2.2　数据集

数据密集型计算环境里存储资源中的数据被组织成数据集。一个数据集可以是一个独立的文件，也可以是多个独立文件的集合。数据集的大小可能是几百 MB，也可能是几千 PB，甚至更大。根据复制策略，一个数据集可能被复制到多个不同的存储资源上。

定义 6.2（数据集） 存储在存储资源中的一个数据集可以表示为二元组 $d_i=\langle \text{ds}_i,\text{lc}_i\rangle$。其中，$\text{ds}_i$ 表示数据集 d_i 的大小，lc_i 表示 d_i 的存储位置，$\text{lc}_i\in S$。

定义 6.3（数据副本） 如果采用指定的复制策略将一个数据集复制到两个不同的存储资源上，产生数据集 d_i 和 d_j，$\text{lc}_i\neq\text{lc}_j$，则 d_i 和 d_j 称为同一数据集的不同数据副本。

本章只关注数据副本的选择问题，故认为在进行副本选择之前，所需数据集已被复制到一个或多个存储资源上。

6.2.3　数据密集型应用

以一类典型的数据密集型应用——独立任务包（BoT）作为研究对象。一个 BoT 可以被分解为多个相互独立的任务，各任务独立运行，任务之间不存在数据依赖关系。因此，在选择数据副本时只考虑应用的输入数据集。一个典型的独立任务包数据密集型应用场景如图 6-1 所示。

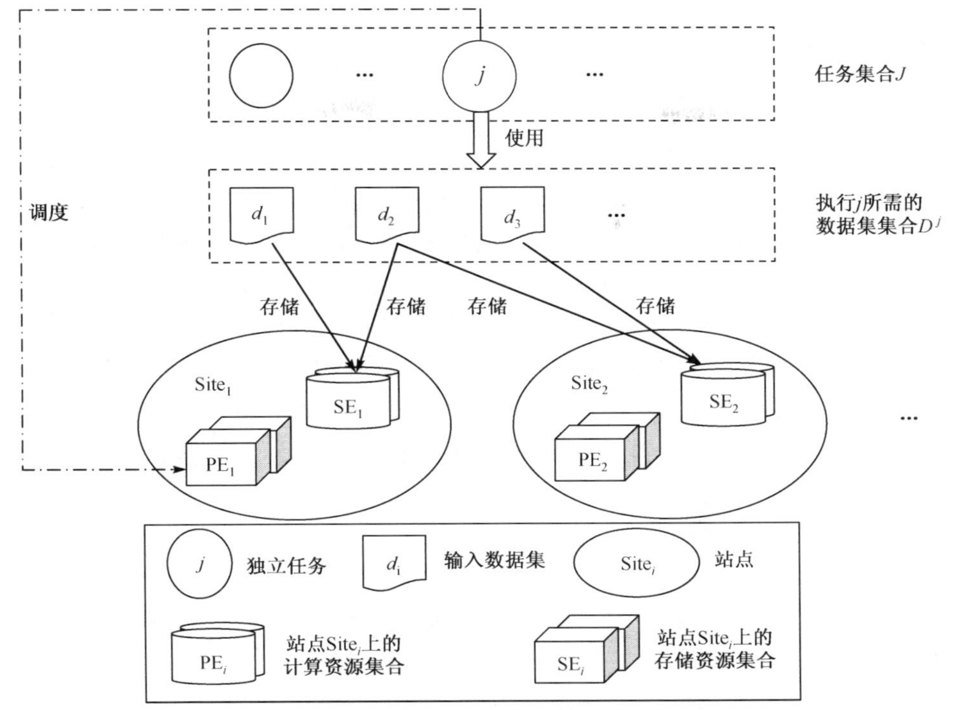

图 6-1　独立任务包数据密集型应用

定义 6.4（独立任务包）　一个独立任务包可以表示为二元组 $BoT = \langle J, D\rangle$。其中，$J = \{j_1, j_2, \cdots, j_P\}$ 是构成 BoT 的 P 个独立任务的集合，D 是执行这些任务所需的输入数据集集合。

通常，独立任务数 P 远大于环境中可用的计算资源数 M，$P >> M$。此外，执行一个独立任务 $j \in J$ 可能需要多个数据集作为输入，而每个输入数据集又可能在多个存储资源上拥有副本。

定义 6.5（独立任务）　独立任务包 $BoT = \langle J, D\rangle$ 的单个任务 $j \in J$ 可表示为二元组 $j = \langle D^j, E^j\rangle$。其中，$D^j \subseteq D$ 表示执行任务 j 所需的输入数据集集合，E^j 表示根据设定的准则为 j 选择的输入数据集集合。如果 $D^j = \{d_1, d_2, \cdots, d_q\}$，$d \in D^j$ 的 k 个数据副本构成的集合记为 R^d，$R^d = \{r_1, r_2, \cdots, r_k\}$，则 $E^j \subseteq \bigcup_{d \in D^j} R^d$。

6.2.4　数据副本选择准则

综合考虑环境特点和用户需求，根据以下三个准则选择数据副本：可靠性、使用成本和获取时间。

1. 可靠性

将一个数据副本的可靠性定义为用户对能成功获取该数据副本的主观期望[264]。如定义 1.1 所述，信任是对一个实体未来行为的主观期望，可以被量化为动态变化的数值[86,267]。经 6.1 节的文献分析发现，已有部分研究采用信任值度量资源的可靠性，经验证是可行的、有效的。因此，数据副本作为一类资源，其可靠性也可以用其可信度进行量化。本章运用第 4 章提出的信任管理模型评估副本的可靠性，即对于 $r \in R^d$，请求访问数据集 $d \in D^j$ 的任务 $j \in J$ 采用 r 在时刻 t 的可信度评估其可靠性 reliability(r,t)。该信任模型基于云模型，采用连续数值动态描述主观信任的不确定性，能较好地体现用户 QoS 需求的主观模糊性，弥补了文献[271]的不足。需要指出的是，评估副本可靠性的信任模型完全独立于副本选择过程，可以用任何其他合理的信任管理机制替换。

2. 使用成本

在经济成本驱动的系统中，访问、传输和处理数据都需要支付费用[266]。处理数据的经济成本由计算资源决定，即对于同一数据集，副本选择的结果不会影响处理成本。因此，计算资源 $c \in C$ 从存储资源 $s_r \in S$ 处获取副本 r 的使用成本 $\mathrm{Cost}(r,s_r,c)$ 可表示为

$$\mathrm{Cost}(r,s_r,c) = \mathrm{Cost}_{\mathrm{a}}(r,s_r) + \mathrm{Cost}_{\mathrm{t}}(r,s_r,c) \tag{6-1}$$

式中，$\mathrm{Cost}_{\mathrm{a}}(r,s_r)$ 是 c 从 s_r 处访问 r 的成本，其值为

$$\mathrm{Cost}_{\mathrm{a}}(r,s_r) = \mathrm{ds}_r \times \mathrm{Cost}(\mathrm{Space}(s_r)) \tag{6-2}$$

式中，ds_r 表示 r 的大小；$\mathrm{Cost}(\mathrm{Space}(s_r))$ 表示 c 从 s_r 处获取单位大小的数据所需要支付的费用（本章以 B 作为数据的单位大小）。式（6-1）中的 $\mathrm{Cost}_{\mathrm{t}}(r,s_r,c)$ 是传输成本，其值为

$$\mathrm{Cost}_{\mathrm{t}}(r,s_r,c) = \mathrm{ds}_r \times \mathrm{Cost}(\mathrm{Link}(c,s_r)) \tag{6-3}$$

式中，$\mathrm{Cost}(\mathrm{Link}(c,s_r))$ 表示在 s_r 与 c 之间传输单位大小的数据所需支付的费用。所有局域网内部的传输开销均为 0。

3. 获取时间

获取一个数据副本的时间 $T_{\mathrm{t}}(r,s_r,c)$ 是指计算资源 c 从存储资源 s_r 上成功获取数据副本 r 所需的时间。该时间由 s_r 的延迟和 s_r 与 c 之间的网络传输速度决定，即 $T_{\mathrm{t}}(r,s_r,c)$ 可表示为

$$T_{\mathrm{t}}(r,s_r,c)=T_{\mathrm{w}}(s_r)+\frac{\mathrm{ds}_r}{\mathrm{BW}(\mathrm{Link}(c,s_r))} \tag{6-4}$$

式中，$T_{\mathrm{w}}(s_r)$ 是从 j 向 s_r 发出访问请求到 c 接收到 r 的第一个字节的等待时间；$\mathrm{ds}_r/\mathrm{BW}(\mathrm{Link}(c,s_r))$ 表示将 r 从 s_r 传输到 c 的实际时间开销。

6.2.5　调度目标模型

为了执行一个数据密集型应用，不仅需要确定从何处获取其所需数据，还应根据调度目标为每个任务选择计算资源，以决定在何处执行任务。当执行任务所需的计算资源和数据均被确定后，才完成了任务到资源的映射过程。本节基于 6.2.4 节构造的选择准则模型，量化两个调度目标：任务完成时间和任务执行成本。

需要指出的是，被选择数据副本的失效可能导致完成时间的延长和执行成本的增加。例如，执行任务 j 需要获取数据集 d，r_1 和 r_2 是 d 的两个副本。假设 r_1 和 r_2 的可靠性分别是 0.99 和 0.9，则使用成本分别是$5/B 和$2/B。j 可能因为 r_2 的低成本和可接受的可靠性而选择 r_2。但是，当 j 获取 r_2 时，如果 r_2 失效，则 j 需重新选择一个可用副本，获取剩余的数据。副本的重新选择过程延长了 j 的完成时间。同时，由于当前时间与 j 的最晚完成时间更接近了，j 可能不得不选择如 r_1 这样更可靠但是更昂贵的副本，从而增加了 j 的执行成本。因此，在为调度目标建模时，应考虑副本可靠性对任务完成时间和执行成本的影响。

1. 任务完成时间

基于文献[252]提出的基本时间模型，结合风险决策理论[272]和机会成本理论[273]量化任务完成时间。

在计算资源 c 上执行任务 j 的完成时间 $T(j,c)$ 可表示为

$$T(j,c)=T_{\mathrm{N}}(j,c)+T_{\mathrm{OL}}(j,c) \tag{6-5}$$

式中，$T_{\mathrm{OL}}(j,c)$ 表示因被选择数据副本失效而造成的时间机会损失，其值为

$$T_{\mathrm{OL}}(j,c)=\frac{\sum_{r\in E^j}(1-\mathrm{reliability}(r,t))}{\left|E^j\right|}\times T_{\mathrm{N}}(j,c)\zeta \tag{6-6}$$

式中，$\left|E^j\right|$ 表示为 j 选择的副本个数；$\zeta\in[0,1]$ 表示时间失效敏感因子，ζ 的取值与任务 j 的重要性或紧急程度成正比。$T_{\mathrm{N}}(j,c)$ 是正常完成任务 j（即无副本失效的情况发生）的时间开销，为等待时间、获取所需所有数据的时间和计算时间之和，可表示为

$$T_{\mathrm{N}}(j,c)=T_{\mathrm{w}}(j,c)+T_{\mathrm{t}}(j)+T_{\mathrm{e}}(j,c) \tag{6-7}$$

式中，$T_w(j,c)$ 表示 j 在 c 的任务队列中等待的时间，$T_e(j,c)$ 表示在 c 上执行 j 的计算时间，而获取所需所有数据的时间 $T_t(j)$ 按下述方式确定。

数据密集型应用的任务有两种访问数据集的方式：① 在执行任务之前获得部分所需数据集，在执行过程中以数据流形式访问其他数据集；② 在执行任务之前，以并行方式获取所有数据集。由于后者更为常见[274]，故本章基于这种方式量化获取单个任务所需所有数据的时间开销。设获取任务 j 所需所有数据的时间开销为 $T_t(j)$，则 $T_t(j)$ 可表示为

$$T_t(j) = \max\left\{T_t(r,s_r,c) \mid r \in E^j\right\} \tag{6-8}$$

将式（6-8）代入式（6-7），则 $T_N(j,c)$ 可表示为

$$T_N(j,c) = T_w(j,c) + \max\left\{T_t(r,s_r,c) \mid r \in E^j\right\} + T_e(j,c) \tag{6-9}$$

2. 任务执行成本

与任务完成时间模型类似，运用风险决策理论[272]和机会成本理论[273]量化任务完成时间。

在计算资源 c 上执行任务 j 的执行成本 $\mathrm{Cost}(j,c)$ 可表示为

$$\mathrm{Cost}(j,c) = \mathrm{Cost}_N(j,c) + \mathrm{Cost}_{OL}(j,c) \tag{6-10}$$

式中，$\mathrm{Cost}_{OL}(j,c)$ 表示因被选择数据副本失效而引起的成本机会损失，其值为

$$\mathrm{Cost}_{OL}(j,c) = \frac{\sum_{r\in E^j}(1-\mathrm{reliability}(r,t))}{\left|E^j\right|} \times \mathrm{Cost}_N(j,c)\eta \tag{6-11}$$

式中，$\left|E^j\right|$ 表示为 j 选择的副本个数；$\eta \in [0,1]$ 表示成本失效敏感因子，η 的取值与任务 j 的价值成正比。$\mathrm{Cost}_N(j,c)$ 表示正常完成任务 j（即无副本失效的情况发生）的执行成本，是访问成本、传输成本和处理成本之和，可表示为

$$\mathrm{Cost}_N(j,c) = \mathrm{Cost}_e(j,c) + \sum\nolimits_{r\in E^j} \mathrm{Cost}(r,s_r,c) \tag{6-12}$$

式中，$\mathrm{Cost}(r,s_r,c)$ 是副本 r 的使用成本，根据式（6-1）计算。$\mathrm{Cost}_e(j,c)$ 表示在 c 上执行 j 的处理成本，其计算式为

$$\mathrm{Cost}_e(j,c) = T_N(j,c) \times c\_\mathrm{Price}(c) \tag{6-13}$$

式中，$T_N(j,c)$ 是正常完成任务 j 的时间开销，根据式（6-9）计算，$c\_\mathrm{Price}(c)$ 是使用计算资源 c 时的单位时间价格。

6.2.6 数据副本选择问题

图 6-1 所示为典型独立任务包数据密集型应用场景，为了执行一个任务，可能需要获取多个数据集，而一个数据集又可能已根据数据复制策略被复制到多个存储资源上。面对众多属性存在差异的数据副本，确定从何处获取所需数据集，以满足用户对数据服务的 QoS 需求是本章着力解决的数据副本选择问题。

定义 6.6（数据副本选择）　对于独立任务 $j\in J$，依据指定的准则从数据集的集合 $\bigcup_{d\in D^j}R^d$ 中为 j 所需的每个数据集选择一个数据副本，被选中的数据副本构成集合 E^j，这一过程称为数据副本选择。

对于一个独立任务 j，可能存在多种可行的数据副本选择方法。在拥有 N 个存储资源的数据密集型计算环境中，一个数据集最多可以有 N 个副本；若执行 j 需要 q 个数据集，则最多存在 N^q 种数据副本选择方法。

定义 6.7（最佳数据副本）　对于执行独立任务 $j\in J$ 所需的某个数据集 $d\in D^j$，在其 k 个数据副本 $r_1,r_2,\cdots,r_k$ 中，综合评价最优者为 d 的最佳数据副本 r_{best}。如果选择准则只有一个，则综合评价最优是指 r_{best} 使该准则取最优值；如果选择准则有多个，则对综合评价最优的理解将因选择过程依据的理论不同而存在差异。

定义 6.8（最佳数据副本集合）　为执行独立任务 $j\in J$ 所需的每个数据集选择最佳数据副本，这些最佳数据副本构成的集合即 j 的最佳数据副本集合 E_{best}^j。

定义 6.9（最优资源集合）　与一个独立任务 $j\in J$ 对应的最优资源集合 S_{best}^j 由该任务的最佳数据副本集合 E_{best}^j 和一个计算资源 c 构成，即 $S_{\text{best}}^j=\left\{\{c\},E_{\text{best}}^j\right\}$，$c\in C$。$E_{\text{best}}^j$ 中所有不在 c 的本地存储资源上的数据集被传输到 c 的本地存储资源上，且 j 被调度到 c 上执行，能使设定的任务调度目标达到最优。

定义 6.10（副本计算资源对）　一个副本计算资源对可表示为二元组 (r,c)，其中，r 是一个数据集的某个副本，$c\in C$。

6.3 可靠性感知的多准则数据副本选择算法

本章根据 6.2.4 节说明的三个准则选择定义 6.7 描述的最佳数据副本，且这些准则被量化后均能获得确定值，则定义 6.6 描述的数据副本选择过程和定义 6.8 描述的最佳数据副本集合的构建可等价于一个确定型多准则决策问题（Certainty Multiple Criteria Decision Making，CMCDM）[275]。本节利用求解 CMCDM 的经典方法之一——优劣解距离法（Technique for Order Preference by Similarity to Ideal Solution，TOPSIS）[275]解决提出的数据副本选择问题。

6.3.1 TOPSIS 方法

根据某个问题的多个确定性定量属性，CMCDM 从若干备选方案中选择最佳方案，以最大化决策者的满意度。定量属性通常分为两种：效益型属性和成本型属性。对于前者，其值越大越好；而对于后者，其值越小越好。目前已有很多成熟的求解 CMCDM 的方法，TOPSIS 方法因其操作简洁而被广泛使用。TOPSIS 方法利用理想解（Positive Ideal Solution，PIS）和负理想解（Negative Ideal Solution，NIS）构造一个 TOPSIS 空间，并将每个备选方案作为该空间中的一个点。然后，计算每个备选方案点与 PIS 的相对贴近度，该值最大者就是最佳备选方案。如果从几何学的角度解释，在欧几里得（Euclid）空间中与 PIS 最近且同时与 NIS 最远的备选方案就是最佳方案。

一个两属性 TOPSIS 空间如图 6-2 所示。属性 1 和属性 2 分别是效益型属性和成本型属性。$X=\{x_1,x_2,x_3,x_4,x_5,x_6\}$ 是备选方案集合。如果分别用 x_{i1} 和 x_{i2} 表示备选方案 x_i 的 x 轴坐标和 y 轴坐标，$x_i \in X$，且 $i\in[1,6]$，则该 TOPSIS 空间的 PIS 和 NIS 分别为 $\mathrm{PIS}=(\mathrm{Max}_1,\mathrm{Min}_2)$，$\mathrm{NIS}=(\mathrm{Min}_1,\mathrm{Max}_2)$。这里，$\mathrm{Min}_j=\min\{x_{ij} \mid i\in[1,6], j=1,2\}$，$\mathrm{Max}_j=\max\{x_{ij} \mid i\in[1,6], j=1,2\}$。

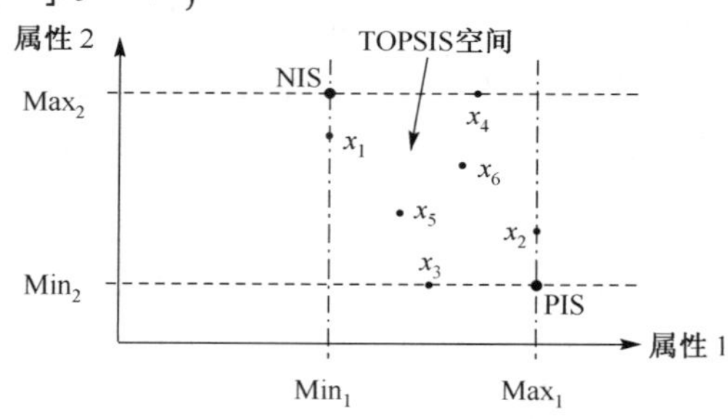

图 6-2　一个两属性 TOPSIS 空间

6.3.2 副本选择算法

1. 基本思想

算法 6.1 描述了提出的可靠性感知的多准则数据副本选择算法。算法的主体部分由一个双重循环构成，具体流程如下。

（1）针对一个独立任务 j，初始化最优资源集合 S^j_{best}，最佳数据副本集合 E^j_{best} 和副本计算资源对集合 EC^j（第 1 行）。

（2）算法流程进入外层循环（第 2～17 行）。每完成一次外层循环，就能获得执行 j 所需的一个数据集 d 的最佳数据副本和对应的计算资源。

在外层循环中，①初始化单元素集合 $\mathrm{EC}^j_{\mathrm{temp}}$ 和两个实数型变量 RC 和 RC^*，

$RC \in [0,1]$，$RC^* \in [0,1]$（第 3 行）。EC^j_{temp} 始终记录当前与 PIS 的相对贴近度最大的副本计算资源对。RC 记录正在被考察的副本计算资源对与 PIS 的相对贴近度。RC^* 记录当前存储在 EC^j_{temp} 中的副本计算资源对与 PIS 的相对贴近度，即相对贴近度的当前最大值。②为正在为其寻找最佳数据副本的数据集 d 构造规模为 $L\times 3$ 的决策矩阵 $\boldsymbol{Y}$（第 4 行），其中，$L=\left|R^d\right|\cdot\left|C\right|$，$\left|R^d\right|$ 表示 d 的副本数，$\left|C\right|$ 是当前环境中满足任务的基本物理需求（如操作系统、体系结构、CPU 个数等硬性指标）的可用计算资源数，即 $\boldsymbol{Y}$ 的每一行对应一个副本计算资源对，而 $\boldsymbol{Y}$ 的每一列对应一个副本选择准则（本章中，$\boldsymbol{Y}$ 的列依次表示可靠性、使用成本和获取时间）。③为了统一三种准则的量纲，对 $\boldsymbol{Y}$ 进行规范化处理，得到矩阵 $\overline{\boldsymbol{Y}}$（第 5 行）。④为了体现决策者对选择准则的偏好，为每个选择准则设置一个权重 w_j，并与 $\overline{\boldsymbol{Y}}$ 进行乘法运算，得到加权规范化矩阵 $\overline{\overline{\boldsymbol{Y}}}$（第 6 行）。根据 $\overline{\overline{\boldsymbol{Y}}}$，确定与 d 对应的 PIS 和 NIS（第 7～8 行）。

（3）算法流程进入内层循环（第 9～15 行）。每一次外层循环结束时，将 d 的最佳数据副本和对应的计算资源构成的副本计算资源对作为一个元素添加到集合 EC^j 中（第 16 行）。

算法 6.1　可靠性感知的多准则数据副本选择算法

输入： 执行独立任务包 J 的一个独立任务 j 所需的数据集集合 D^j；
执行 j 所需的每个数据集 $d\in D^j$ 的数据副本集合 R^d；
数据密集型计算环境中的计算资源集合 C。

输出： 执行 j 的最优资源集合 S^j_{best}。

（1）对于一个独立任务 $j\in J$，初始化 S^j_{best}、E^j_{best} 和 EC^j，即 $S^j_{best}=\varnothing$，$E^j_{best}=\varnothing$，$EC^j=\varnothing$

（2）**for** 执行 j 所需的每个数据集 $d\in D^j$

（3）　　令 $EC^j_{temp}=\varnothing$，$RC=0$，$RC^*=0$

（4）　　构造决策矩阵 $\boldsymbol{Y}=\left[y_{ij}\right]_{L\times 3}$，其中，$y_{ij}$ 是 d 的第 i 个副本计算资源对在第 j 个准则上的取值，$j=1,2,3$

（5）　　构造矩阵 $\boldsymbol{Y}$ 的规范化矩阵 $\overline{\boldsymbol{Y}}=\left[\overline{y}_{ij}\right]_{L\times 3}$，其中，$\overline{y}_{ij}=\dfrac{y_{ij}}{\sqrt{\sum_{k=1}^{L}{y_{kj}}^2}}$，$j=1,2,3$

（6）　　构造矩阵 $\overline{\boldsymbol{Y}}$ 的加权规范化矩阵 $\overline{\overline{\boldsymbol{Y}}}=\left[v_{ij}\right]_{L\times 3}$，其中，$v_{ij}=w_j\times\overline{y}_{ij}$，$w_j$ 是第 j 个选择准则的权重，且 $\sum_{j=1}^{3}w_j=1$，$j=1,2,3$

（7）　令 $\overline{\overline{\boldsymbol{Y}}}=(\overline{\overline{\boldsymbol{Y}}}_1,\overline{\overline{\boldsymbol{Y}}}_2,\cdots,\overline{\overline{\boldsymbol{Y}}}_L)^{\mathrm{T}}$，确定 $\overline{\overline{\boldsymbol{Y}}}$ 的每一列的最大值 Max_j 和最小值 Min_j，即 $\mathrm{Max}_j=\max\{v_{ij}\mid i\in[1,L],j\in[1,3]\}$，$\mathrm{Min}_j=\min\{v_{ij}\mid i\in[1,L],j\in[1,3]\}$

（8）　令 $\mathrm{PIS}=(\mathrm{Max}_1,\mathrm{Min}_2,\mathrm{Min}_3)=(v_1^*,v_2^*,v_3^*)$，$\mathrm{NIS}=(\mathrm{Min}_1,\mathrm{Max}_2,\mathrm{Max}_3)=(v_1^-,v_2^-,v_3^-)$

（9）　**for** 每一副本计算资源对 $(r,c)\in R^d\times C$

（10）　分别计算 $\overline{\overline{\boldsymbol{Y}}}_i$ 与 PIS 和 NIS 的欧氏距离，$\mathrm{ED}^*=\sqrt{\sum_{j=1}^{3}(v_{ij}-v_j^*)^2}$，$\mathrm{ED}^-=\sqrt{\sum_{j=1}^{3}(v_{ij}-v_j^-)^2}$，其中，$\overline{\overline{\boldsymbol{Y}}}_i$ 是 (r,c) 在 $\overline{\overline{\boldsymbol{Y}}}$ 中对应的行向量

（11）　计算 (r,c) 与 PIS 的相对贴近度 RC，$\mathrm{RC}=\dfrac{\mathrm{ED}^-}{\mathrm{ED}^-+\mathrm{ED}^*}$

（12）　**if** $\mathrm{RC}>\mathrm{RC}^*$

（13）　$\mathrm{EC}_{\mathrm{temp}}^j\leftarrow\{(r,c)\}$，$\mathrm{RC}^*\leftarrow\mathrm{RC}$

（14）　**end if**

（15）　**end for**

（16）　$\mathrm{EC}^j\leftarrow\mathrm{EC}^j\cup\mathrm{EC}_{\mathrm{temp}}^j$

（17）　**end for**

（18）　$S_{\mathrm{best}}^j\leftarrow\{\{c\},E_{\mathrm{best}}^j\}$，其中，$c\in C^j$ 是使设定的调度目标最优的计算资源，$C^j=\{c\mid(r,c)\in\mathrm{EC}^j,r\in\bigcup_{d\in D^j}R^d,c\in C\}$，$E_{\mathrm{best}}^j=\{r\mid(r,c)\in\mathrm{EC}^j,r\in\bigcup_{d\in D^j}R^d,c\in C\}$

在每一次内层循环中，计算一个副本计算资源对与 PIS 的相对贴近度 RC（第 10～11 行）。如果 RC 大于 RC^* 的当前值，说明正在被考察的副本更接近 PIS，且同时更远离 NIS，则将 $\mathrm{EC}_{\mathrm{temp}}^j$ 和 RC^* 的值分别替换为正在被考察的副本计算资源对和 RC 的值（第 12～14 行）。对于一个数据集，内循环遍历该数据集的所有副本计算资源对。

当执行独立任务 j 所需的每个数据集的最佳数据副本及其对应的计算资源确定后，根据 6.2.5 节的调度目标（任务完成时间或任务执行成本），从集合 $C^j=\{c\mid(r,c)\in\mathrm{EC}^j,r\in\bigcup_{d\in D^j}R^d,c\in C\}$ 中选择一个计算资源 c，使设定的调度目标值最优（第 18 行）。最终构成 j 的最优资源集合 $S_{\mathrm{best}}^j=\{\{c\},E_{\mathrm{best}}^j\}$，其中，$E_{\mathrm{best}}^j=\{r\mid(r,c)\in\mathrm{EC}^j,r\in\bigcup_{d\in D^j}R^d,c\in C\}$。

接下来，通过一个实例解释算法 6.1 的基本思想。假设有两个计算资源 c_1 和 c_2，执行独立任务 j 所需的数据集 d 有两个副本 r_1 和 r_2。如果 c_1 和 c_2 均满足任务的基本

物理需求，则存在(r_1,c_1)、(r_1,c_2)、(r_2,c_1)和(r_2,c_2)四个副本计算资源对备选方案。d的决策矩阵及对应的规范化矩阵和加权规范化矩阵的一个实例如图 6-3 所示。d的理想解和负理想解分别为$\text{PIS}=(0.2,0.15,0.13)$，$\text{NIS}=(0.13,0.18,0.2)$。

$$\boldsymbol{Y}=\begin{bmatrix}0.5 & 3.0 & 1.5\\0.6 & 3.3 & 1.3\\0.5 & 3.5 & 1.0\\0.4 & 2.8 & 1.2\end{bmatrix}\xrightarrow{\text{规范化}}\overline{\boldsymbol{Y}}=\begin{bmatrix}0.50 & 0.47 & 0.59\\0.59 & 0.52 & 0.51\\0.50 & 0.55 & 0.40\\0.40 & 0.44 & 0.48\end{bmatrix}\xrightarrow[\boldsymbol{W}=(1/3,1/3,1/3)^{\mathrm{T}}]{\text{加权}}\overline{\overline{\boldsymbol{Y}}}=\begin{bmatrix}0.17 & 0.16 & 0.20\\0.20 & 0.17 & 0.17\\0.17 & 0.18 & 0.13\\0.13 & 0.15 & 0.16\end{bmatrix}$$

(a)　　(b)　　(c)

图 6-3　决策矩阵及对应的规范化矩阵和加权规范化矩阵实例

随着算法 6.1 的执行，该例中的ED^*、ED^-、RC、RC^*和$\text{EC}^j_{\text{temp}}$等变量在每次循环中的取值如表 6-1 所示。在第一次内循环中，考察副本计算资源对(r_1,c_1)，有$\text{ED}^*=0.08$，$\text{ED}^-=0.04$，$\text{RC}=0.37$，$\text{RC}^*=0$。显然，RC 的值大于RC^*当前的值。根据算法 6.1，有$\text{EC}^j_{\text{temp}}=\{(r_1,c_1)\}$，$\text{RC}^*=0.37$。类似地，在后续的三次内循环中，依次检测其他三个备选方案。最终，(r_2,c_1)作为d的最佳数据副本和对应的计算资源存储在$\text{EC}^j_{\text{temp}}$中。随后，将$(r_2,c_1)$添加到$\text{EC}^j$中。

表 6-1　ED^*、ED^-、RC、RC^*和$\text{EC}^j_{\text{temp}}$的取值

循环次数 \ 变量	ED^*	ED^-	RC	RC^*	$\text{EC}^j_{\text{temp}}$
0（初始值）	0	0	0	0	$\varnothing$
1	0.08	0.04	0.37	0.37	(r_1,c_1)
2	0.04	0.08	0.63	0.63	(r_1,c_2)
3	0.04	0.08	0.65	0.65	(r_2,c_1)
4	0.08	0.05	0.40	0.65	(r_2,c_1)

2. 算法时间复杂度分析

如果一个数据密集型计算环境中满足：一个独立任务j的基本物理需求的计算资源数量为M；执行j所需的数据集集合记为D^j，D^j的规模为q；一个数据集$d\in D^j$的副本集合记为R^d，R^d的规模为k，则分析算法 6.1 在最坏情况下的时间复杂度。

设 1 次构造矩阵、比较两数大小、构造向量和集合并的操作时间分别为C_1，C_2，C_3和C_4。另设 1 次赋值运算、加法运算、减法运算、乘法运算、除法运算和开方运算的运算时间分别为C_5，C_6，C_7，C_8，C_9和C_{10}。则步骤（1）需完成 3 次赋值运算，运行时间为$3C_5$。在每一次外循环中，步骤（3）需完成 3 次赋值运算，运行时间为$3C_5$。步骤（4）需完成 1 次构造矩阵操作，运行时间为C_1。步骤（5）需完成相应的乘法运算、加法运算、开方运算、除法运算、赋值运算和构造矩阵的操作，其运行时间为$3L(C_5+C_9)+3(LC_8+(L-1)C_6+C_{10})+C_1=$

$3L(C_5+C_6+C_8+C_9)-3C_6+3C_{10}+C_1=La+b$，其中，$L=kM$，$a=3(C_5+C_6+C_8+C_9)$，$b=3C_{10}+C_1-3C_6$。步骤（6）需完成 $3L$ 次乘法运算和 1 次构造矩阵的操作，运行时间为 $3LC_8+C_1=Lc+C_1$，其中，$c=3C_8$。在最坏情况下，步骤（7）需完成 $L-1$ 次两数大小的比较操作才能确定加权规范化矩阵 $\overline{\overline{\boldsymbol{Y}}}$ 某一列的最大值。类似地，确定 $\overline{\overline{\boldsymbol{Y}}}$ 某一列的最小值也需完成 $L-1$ 次两数大小的比较操作。算法 6.1 考虑 3 个准则，则 $\overline{\overline{\boldsymbol{Y}}}$ 的列数为 3，步骤（7）的运行时间为 $6(L-1)C_2=Ld-d$，其中，$d=6C_2$。步骤（8）需完成 2 次构造向量的操作，运行时间为 $2C_3$。在每一次内循环中，步骤（10）的运行时间为 $2(3C_7+3C_8+2C_6+C_{10})$，步骤（11）的运行时间为 $C_6+C_9+C_5$，步骤（12）的运行时间为 C_2，如果算法流程选择步骤（13）构成的分支，步骤（13）的运行时间为 $2C_5$，则一次内循环最坏情况下的运行时间为 $2(3C_7+3C_8+2C_6+C_{10})+C_6+C_9+C_5+C_2+2C_5=e$。步骤（16）需完成 1 次集合的并操作和 1 次赋值运算，运行时间为 C_4+C_5。步骤（18）需完成 q 次比较操作以确定最终的计算资源，运行时间为 qC_2。综上，考虑算法 6.1 需完成 q 次外循环，而每次外循环中又需完成 kM 次内循环，因此其总运行时间为 $3C_5+q(3C_5+C_1+La+b+Lc+C_1+Ld-d+2C_3+kMe+C_4+C_5)+qC_2=q(kMf+g)+h$。其中，$f=a+c+d+e$，$h=3C_5$，$g=3C_5+2C_1+b-d+2C_3+C_4+C_5+C_2$。算法 6.1 在最坏情况下的时间复杂度可表示为 $O(qkM)$。

3. 算法正确性分析

副本选择算法的目标是为独立任务包中的每个独立任务 j 构造两个集合：最佳数据副本集合 E_{best}^{j} 和最优资源集合 S_{best}^{j}。因此，算法 6.1 应能得到符合定义 6.8 和定义 6.9 描述的 E_{best}^{j} 和 S_{best}^{j}。

定理 6.1 算法 6.1 可以获得符合定义 6.8 的最佳数据副本集合，并在此基础上能确定符合定义 6.9 的最优资源集合。

证明：如定义 6.7 所述，综合评价最优的数据集是最佳数据副本。本章在选择数据集时同时考虑可靠性、获取时间和使用成本三个准则，并将数据副本选择问题建模为多准则决策过程，以保证被选中的数据副本对三个选择准则是综合评价最优的。算法 6.1 的步骤（1）～步骤（17）实现了上述设计思想，按照 TOPSIS 方法求解多准则决策问题的思路，采用双重循环构造了副本计算资源对集合 EC^j。该集合中，每个元素的形式均符合定义 6.10 描述的二元组 (r,c)。在一个二元组中，第一个分量是执行 j 所需的某个数据集的最佳数据副本 r_{best}，第二个分量是与该 r_{best} 对应的计算资源 c。

基于步骤（1）～步骤（17）的结果，步骤（18）提取集合 EC^j 中所有二元组的第一个分量构造最佳数据副本集合 E_{best}^{j}。此外，步骤（18）还提取集合 EC^j 中所有二元组中的第二个分量构造备选计算资源集 C^j，并从中选择一个计算资源 c 使设定的调度目标最优。最终，构造最优资源集合 $S_{\text{best}}^j=\{\{c\},E_{\text{best}}^j\}$。

通过上述分析可知，算法 6.1 达到了预定目标，得到的结果分别符合定义 6.8 和定义 6.9 对 E_{best}^j 和 S_{best}^j 的描述。证毕。

6.4　实验与实验结果分析

本节首先介绍仿真实验环境的搭建和实验参数的设置，然后定义评估指标，最后描述和分析实验结果。

6.4.1　实验环境

由欧洲粒子物理研究中心采用 Java 语言开发的 OptorSim[276]是模拟数据密集型计算环境、研究各种数据复制优化算法的常用仿真工具。因其开源、免费、结构开放，特别是支持对数据副本选择策略的扩展，本章选择 OptorSim 2.0 仿真器作为实验平台评估提出的副本选择算法的性能。实验的基本硬件环境如下：Windows XP，Intel Core 2 Duo CPU T7500 @2.2GHz，2GB 主存，150GB 硬盘。

根据6.2 节对副本选择问题的描述、定义和建模，在仿真器中评估副本选择算法的性能需要合理模拟计算资源、存储资源、网络资源、数据集和独立任务包数据密集型应用，以体现数据密集型计算环境中各类资源的基本物理属性。后续内容将详细介绍对上述各类资源的模拟方法。

实验中模拟的数据密集型计算环境网络拓扑结构如图 6-4 所示。考虑到实验硬件设备的条件，从文献[276]搭建的实验床中选择了一个网络子集。该网络包括 6 个站点和若干路由器，站点间通过高速网络连接。站点 1 仅作为存储资源，无计算能力，故不能将任务调度到该站点执行。站点 2～站点 6 均同时具备计算能力和存储能力。

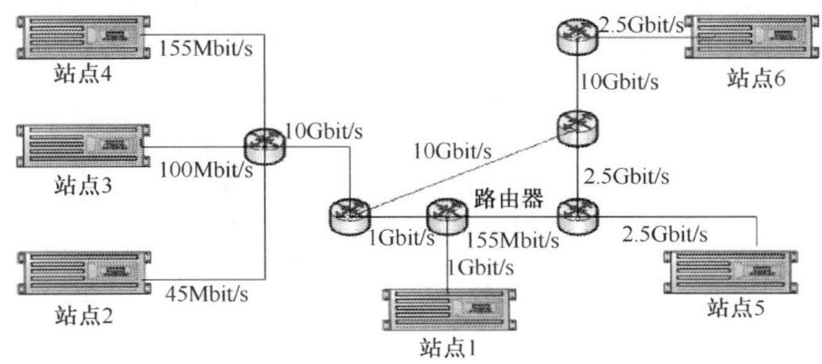

图 6-4　网络拓扑结构

根据文献[252]提供的数据配置各站点上计算资源的物理属性。将一个计算资源模拟为一个集群，由若干单 CPU 的计算节点和若干存储资源构成。每个集群上有一个批处理任务管理系统，配置到某个计算资源上的任务进入其任务提交队列中，等待被批处理任务管理系统按照特定的调度策略配置到某个计算节点上执行。计算节点的处理能力用其每秒可处理百万条指令（Million Instructions Per Second，MIPS）的数量衡量。存储资源表现为每个站点可用的总存储容量。由于数据密集型计算环境中的网络延迟比站点访问延迟时间（如磁盘读时间）大一个数量级，所以仿真时忽略后者。仿真环境中计算资源和存储资源的详细配置如表 6-2 所示。站点间的网络被抽象为路由器和逻辑网络链接。各逻辑链接的最大带宽值如图 6-4 所示。实时的可用网络带宽通过 OptorSim 的网络状态配置文件进行设置。

表 6-2　仿真环境中的计算资源和存储资源

站点	节点数	单个节点的计算能力(MIPS)	站点的存储能力/TB	计算资源的单价/($/s)	存储资源的单价/($/GB)
站点 1	—	—	12	—	1.1
站点 2	13	1000	0.05	1	1.5
站点 3	5	1200	0.25	5	1.3
站点 4	20	1140	5	4	1.1
站点 5	12	1320	1.35	8	1.2
站点 6	41	1140	2.75	4	1.2

计算资源、存储资源和网络资源的经济成本是人工设定的，用仿真环境中的计价单位$表示。需要指出的是，目前资源的经济成本虽然不是根据真实情况决定的，但是借鉴了文献[277]和[278]的定价思想，并采用了文献[278]中的部分价格数据。此外，这些经济成本的取值并不会影响对策略性能的评估结果，且可以随时用真实价格替代。计算资源的价格如表 6-2 所示，该值在[$1/s，$8/s]区间内取值，以体现真实资源市场中提供的服务质量随价格变化的实际情况。网络资源的成本如表 6-3 所示，该值在[$3/GB，$4/GB]区间内取值[277]，真实取值也可以根据因特网服务提供商（Internet Service Provider，ISP）指定的价格确定。存储资源的价格如表 6-2 所示，该值在[$1.1/GB，$1.5/GB]区间内取值，该范围根据 Google GAE[279]、Amazon EC2[280]和 S3[281]公布的价格确定。

表 6-3　连接存储资源与计算资源的网络资源成本　（单位：$/GB）

数据节点 \ 计算节点	站点 2	站点 3	站点 4	站点 5	站点 6
站点 1	3	3.4	3.5	3.9	4
站点 2	0	3.1	3.2	3.6	3.7
站点 3	3.1	0	3.4	37	3.8
站点 4	3.2	3.4	0	3.8	3.9
站点 5	3.6	3.7	3.8	0	3.3
站点 6	3.7	3.8	3.9	3.3	0

仿真实验可用的数据集合包含 200 个可用的数据集。一个数据集的大小在 1～3GB，且 200 个数据集的大小满足对数分布[252,282]。数据集在仿真环境中的初始分布由两个参数决定：数据分布的模式和一个数据集最多可以拥有的副本数。实验在初始化时，根据(1,6)区间上的均匀分布将每个数据集复制到相应存储资源上，即每个数据集被复制到任何一个站点上的机会是均等的。此外，一个数据集最多可以拥有 3 个副本。

为了模拟不同场景，借鉴文献[276]在仿真实验中采用的场景设置方案，并结合定义 6.2 对信任概念空间的描述，将数据副本的可靠性分为 6 个等级，每个等级对应定义 6.2 设定的信任概念空间中的一个信任概念，具体对应关系如表 6-4 所示。其中，第 2～第 5 等级的数据副本可靠性对应的平均信任值取 4.4.1 节中设定的第 2～第 5 个信任概念云的 Ex。由于在实际场景中完全不可靠和完全可靠的数据副本存在的可能性均极小，所以，第 1 等级的副本可靠性对应的平均信任值没有取 $TCC_1(0,0.1,0.01)$ 的 Ex，即没有取 0；第 6 等级的数据副本可靠性对应的平均信任值也没有取 $TCC_6(1,0.025,0.01)$ 的 Ex，即没有取 1。基于上述对数据副本可靠性等级的划分，定义可靠环境和不可靠环境两种场景，具体设置如表 6-5 所示。在仿真初始化时，根据相应环境中可靠性等级的比例，随机确定各数据副本的初始可靠性等级。而为了便于进行副本选择，人为使同等级数据副本的初始可靠性值存在一定差异，按如下方式确定：以表 6-4 中的平均信任值为均值，以 0.1 为标准差，按高斯（Gaussian）分布确定各等级副本的初始可靠性值的 Ex，而 En 和 He 分别取相应等级的信任概念云的 En 和 He。

表 6-4　数据副本的信任等级

可靠性等级	平均信任值	平均失效率
高度可靠（High Reliability，HR）	0.9	1%
非常可靠（Very Reliability，VR）	0.85	6%
可靠（Reliability，R）	0.7	20%
较可靠（Relative Reliability，RR）	0.5	45%
弱可靠（Little Reliability，LR）	0.3	70%
不可靠（Unreliability，UR）	0.1	95%

实验设定，独立任务包数据密集型应用的每个独立任务均可以使用任何资源。每个应用包含的独立任务数记为 N。一个任务的大小或计算量用百万条指令（Million Instruction，MI）度量。执行每个任务所需的数据集数量记为 K，从仿真实验可用的 200 个数据集中随机挑选。为了便于比较，设定一个应用中执行所有任务所需的数据集数量相同。虽然这种假设不符合实际场景，但是并不影响对算法性能的评估。

表 6-5 不同场景中各等级副本的比例

环境 \ 比例 \ 可靠性等级	HR	VR	R	RR	LR	UR
可靠环境	60%	20%	10%	4%	3%	3%
不可靠环境	5%	10%	30%	20%	20%	15%

其他实验参数如表 6-6 所示。

表 6-6 其他实验参数

参数名称	参数值
任务大小（MI）	2×10^5
成本失效敏感因子	0.5
时间失效敏感因子	0.5
调度模式	批调度
调度间隔（ms）	500

6.4.2 评估指标

由于以副本的可靠性、获取时间和使用成本为选择准则，以完成时间和执行成本为调度目标，为了便于从上述各角度评估数据副本选择策略的性能，定义如下三个指标。

（1）平均副本失效率（replica failure ratio）。一个数据密集型应用的平均副本失效率是在执行该应用的过程中，副本失效次数与副本选择总次数的比值。平均副本失效率越小，副本选择算法的性能越好。

（2）完成时间（total makespan）。一个数据密集型应用的完成时间是指从提交该应用的第一个独立任务开始，到该应用的最后一个独立任务被完成所消耗的时间。完成时间越短，副本选择算法的性能越好。

（3）执行成本（total cost）。一个数据密集型应用的执行成本是完成构成应用的所有任务的经济开销。执行成本越低，副本选择算法的性能越好。

6.4.3 实验结果与分析

通过两组实验，比较本章提出的可靠性感知的副本选择（Reliability-aware Replica Selection，RARS）算法，时间感知的副本选择（Time-aware Replica Selection，TARS）算法[266]和成本感知的副本选择（Cost-aware Replica Selection，CARS）算法[266]的性能。

（1）TARS 算法的基本思想：首先，将符合某个任务基本物理需求的计算资源按处理能力排序，以处理能力最强者作为执行该任务的计算资源；然后，为执行任务所需的每个数据集选择获取时间最短的数据副本。

（2）CARS 算法的基本思想：首先，将符合某个任务基本物理需求的计算资源按处理成本排序，以处理成本最低者作为执行该任务的计算资源；然后，为执行任务所需的每个数据集选择使用成本最低的数据副本。

实验采用批处理方式调度任务。资源分派器负责筛选符合任务基本物理需求的资源，并将这些资源作为备选项提供给调度器。每间隔固定时间进行一次调度，任务被匹配到相应的资源集上，并最终被分派到这些物理资源上执行。如果在任务执行过程中出现资源失效的情况，则需在下一次调度时重新进行资源的匹配和分派。

1）第一组实验

第一组实验测试在不可靠环境中，应用包含的独立任务数 N 和执行每个任务所需的数据集数量 K 对三个性能指标的影响。

（1）设定执行每个任务所需的数据集数量 $K=3$，应用包含的独立任务数 N 对三种算法性能指标的影响如图 6-5 所示。

从图 6-5(a)可以看出，一方面，三种算法的平均副本失效率均随独立任务数 N 的增加而呈上升趋势。这是因为，随着应用包含的独立任务数的增加，需要选择更多的数据副本，可能获得更多不可靠的数据集。另一方面，由于 RARS 算法将副本的可靠性作为准则之一，有机会选择更可靠的副本，所以其平均副本失效率最低，且上升趋势比 CARS 算法和 TARS 算法的平均副本失效率的上升趋势更平缓。此外，可靠性较低的副本的使用成本也往往较低，由于 CARS 算法在选择中仅考虑成本，所以其平均副本失效率最高。

如图6-5(b)所示，随着独立任务数 N 的增加，系统需要处理更多的计算任务，因此将任务配置到按三种算法确定的最优资源集合上执行，其完成时间均延长。但是，将任务配置到按 RARS 算法确定的最优资源集合上执行，其时间开销的增长速度慢于将任务配置到按 CARS 算法和 TARS 算法确定的最优资源集合上执行的时间开销的增长速度。这是因为，RARS 算法选择了更可靠的副本，由副本失效引起的时间机会损失显著减少。另外，由图 6-5(a)可知，TARS 算法的平均副本失效率介于 RARS 算法和 CARS 算法之间，即其时间机会损失大于 RARS 算法而小于 CARS 算法，因此将任务配置到按 TARS 算法确定的最优资源集合上执行，其时间开销也相应地长于将任务配置到按 RARS 算法确定的最优资源集合上执行的时间开销，但短于将任务配置到按 CARS 算法确定的最优资源集合上执行的时间开销。

如图6-5(c)所示，随着独立任务数 N 的增加，将任务配置到按三种算法确定的最优资源集合上执行，其执行成本均逐渐提高。但是将任务配置到按 CARS 算法和 TARS 算法确定的最优资源集合上执行，其经济成本的增长速度快于将任务配置到按 RARS 算法确定的最优资源集合上执行的经济成本的增长速度。这是因为，

RARS 算法选择了更可靠的副本，由副本失效所引起的成本机会损失小于另外两种算法。同时，将任务配置到按 TARS 算法确定的最优资源集合上执行，其经济成本在大多数情况下高于将任务配置到按 CARS 算法确定的最优资源集合上执行的经济成本。原因是，虽然 CARS 算法和 TARS 算法都可能因较高的副本失效率而导致成本机会损失上升，但是 TARS 算法在进行副本选择时完全不考虑数据集的使用成本，而在现实场景中物理性能较强的资源其价格也往往较高，因此出现上述现象。需要指出的是，如图 6-5(c)中的曲线趋势所示，将任务配置到按 CARS 算法确定的最优资源集合上执行，其经济成本可能随着任务数的增加超过将任务配置到按 TARS 算法确定的最优资源集合上执行的经济成本。这一现象说明，当无法保证被选择副本的可靠性时，将任务配置到按 CARS 算法确定的最优资源集合上执行的成本机会损失将急剧增长。

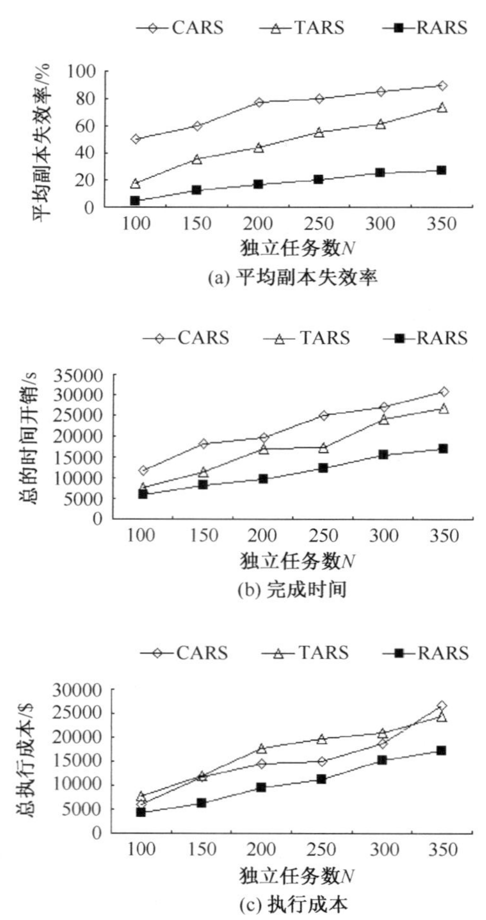

(a) 平均副本失效率

(b) 完成时间

(c) 执行成本

图 6-5　不可靠环境中独立任务数 N 对性能指标的影响（$K=3$，$\mathrm{MI}=2\times10^5$）

（2）设定应用的独立任务数 $N=200$，执行每个任务所需的数据集数量 K 对三种算法性能指标的影响如图 6-6 所示。

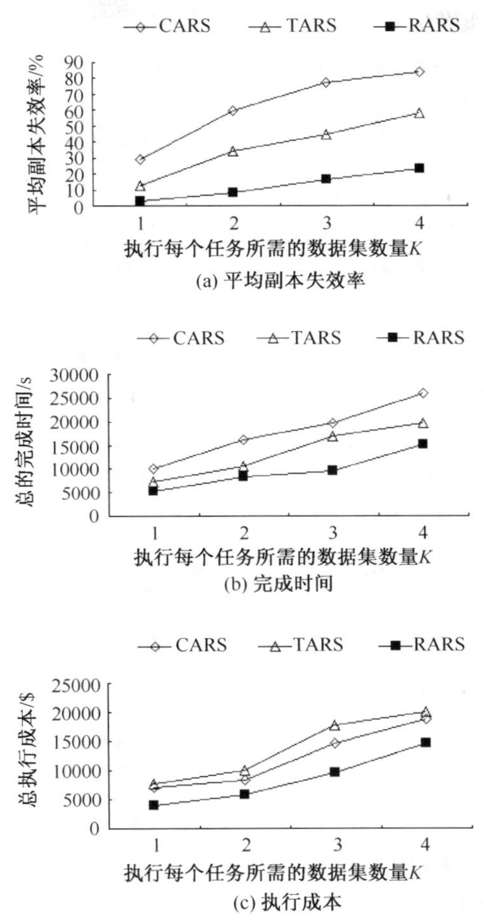

(a) 平均副本失效率

(b) 完成时间

(c) 执行成本

图 6-6　不可靠环境中执行每个任务所需的数据集数量 K 对性能指标的影响

（$N=200$，$\mathrm{MI}=2\times10^5$）

三种算法在不同 K 值下的平均副本失效率如图 6-6(a)所示。显然，当 $K=1$ 时，RARS 算法在三种算法中的平均副本失效率最低。当任务所需数据集的数量增加时，需要选择更多的副本，选择到不可靠副本的机会增大，因此三种算法的平均副本失效率都升高。但是，RARS 算法平均副本失效率的增速明显缓于 CARS 算法和 TARS 算法算法平均副本失效率的增速。这一现象说明将可靠性作为选择副本的准则之一，是有利于提高可靠副本被选中机会的。另一方面，因为 CARS 算法和 TARS 算法选择低可靠副本的机会均大于 RARS 算法，所以 RARS 算法的平均副本失效最低。

如图6-6(b)所示，随着执行每个任务所需的数据集数量K值的增加，将任务配置到按三种算法确定的最优资源集合上执行，其完成时间均增长。可以从以下两个角度解释该现象。首先，执行任务所需数据集的数量增加，为这些数据集选择相应的最佳副本将耗费更多的时间。其次，对图6-6(a)的分析可知，当执行任务所需数据集的数量增加时，可靠性较低的副本被选中的概率也随之增大，从而导致时间机会损失的增加。由图6-6(b)还可以发现，将任务配置到按CARS算法和TARS算法确定的最优资源集合上执行，其完成时间的变化速度均快于将任务配置到按RARS算法确定的最优资源集合上执行的完成时间的变化速度，这说明RARS算法在选择数据集时考虑了副本的可靠性，相对于另外两个算法，其时间机会损失的增速较缓慢。

执行每个任务所需的数据集数量K对执行成本的影响如图6-6(c)所示。将任务配置到按三种算法确定的最优资源集合上执行，其经济成本均随K值的增加而提高，出现这一现象可归结为更多的副本失效引起了成本机会损失的加大。另一方面，由于RARS算法保证了被选择副本的高可靠性，降低了成本机会损失，因此将任务配置到按RARS算法确定的最优资源集合上执行，其经济成本的增幅小于将任务配置到按CARS算法和TARS算法确定的最优资源集合上执行的经济成本的增幅。

2）第二次实验

为了评估RARS对不同场景的适应能力，第二组实验在设计的可靠环境中测试应用包含的独立任务数N和执行每个任务所需的数据集数量K对完成时间和执行成本的影响。由于可靠环境中副本失效的情况较少，故在这组实验中没有比较这三种算法的副本失效率。

（1）设定执行每个任务所需的数据集数量$K=3$，应用包含的独立任务数N对三种算法的性能指标的影响如图6-7所示。

如图6-7(a)所示，将任务配置到按RARS算法确定的最优资源集合上执行，完成时间介于将任务配置到按TARS算法和CARS算法确定的最优资源集合上执行的时间开销之间。产生这一现象的原因如下：在可靠环境中，大多数数据副本的可靠性较高，此时时间机会损失较小，将任务配置到按三种算法确定的最优资源集合上执行，其完成时间都将主要由正常完成任务的时间开销决定。RARS算法选择的是综合评价最优而非获取时间最短的数据集，因此将任务配置到按RARS算法确定的资源集合上执行，其完成时间不会短于将任务配置到按TARS算法确定的资源集合上执行的时间开销。此外，将任务配置到按CARS算法确定的最优资源集合上执行，其完成时间始终是三种算法中最大的。这是因为在现实场景中，物理性能较弱的资源的价格也往往较低，CARS算法仅关注数据副本的使用成本，此类数据集的获取时间可能较长，从而使整个完成时间被延长。

如图 6-7(b)所示，将任务配置到按 RARS 算法确定的最优资源集合上执行，执行成本介于将任务配置到按 TARS 算法和 CARS 算法确定的最优资源集合上执行的经济成本之间。这是因为在可靠环境中，大多数数据副本的可靠性较高，此时成本机会损失较小，将任务配置到按 RARS 算法确定的最优资源集合上执行，其执行成本将主要取决于正常完成任务的执行成本。RARS 选择的是综合评价最优而非使用成本最小的数据集，因此将任务配置到按 RARS 算法确定的资源集合上执行，其执行成本不会低于将任务配置到按 CARS 算法确定的资源集合上执行的经济成本。此外，将任务配置到按 TARS 算法确定的最优资源集合上执行，其经济成本始终是这三种算法中最大的。产生这一现象的原因是，在现实场景中物理性能较强的资源的价格也往往较高，TARS 算法关注数据副本的获取时间，此类数据集的使用成本可能较高，从而使整个执行成本被抬高。

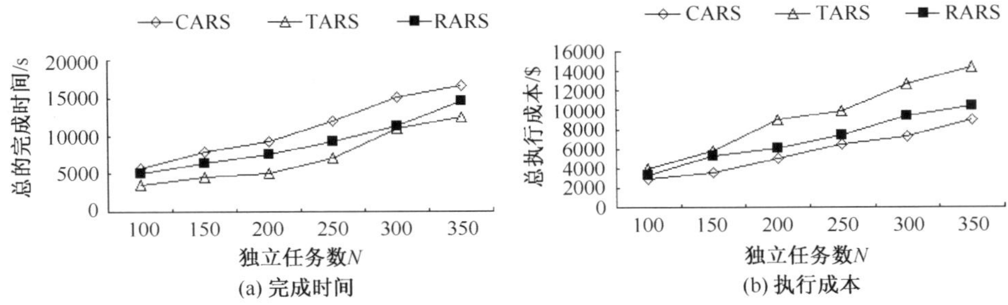

图 6-7　可靠环境中独立任务数 N 对性能指标的影响（$K=3$， $\mathrm{MI}=2\times10^5$）

（2）设定应用包含的独立任务数 $N=200$，执行每个任务所需的数据集数量 K 对三种算法性能指标的影响如图 6-8 所示。

图中表现出来的性能变化趋势与图 6-7 中的结论类似，即将任务配置到按 RARS 算法确定的最优资源集合上执行，完成时间和执行成本均介于将任务配置到按 TARS 算法和 CARS 算法确定的最优资源集合上执行的时间开销和经济成本之间。产生上述现象的具体原因与对图6-7现象的分析类似，这里不再赘述。

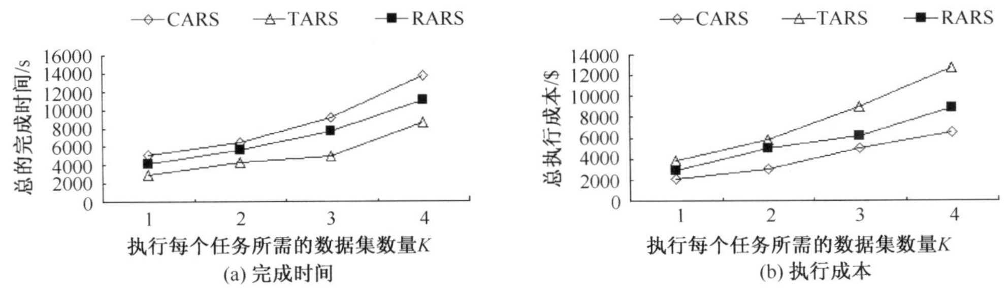

图 6-8　可靠环境中执行每个任务所需的数据集个数 K 对性能指标的影响（$N=200$， $\mathrm{MI}=2\times10^5$）

6.5 本章小结

数据副本选择是保证将独立任务包数据密集型应用中各独立任务顺利映射到合适资源集合上的关键步骤之一。本章综合考虑数据集的可靠性、使用成本和获取时间，将副本选择归结为确定型多准则决策问题。基于TOPSIS方法，提出了一种可靠性感知的数据副本选择算法。从理论上分析了该算法的时间复杂度和正确性。仿真实验结果显示，提出的算法能有效降低任务执行过程中的平均副本失效率、缩短完成时间和降低执行成本，且对可靠性存在差异的实验场景具有较好的适应能力。

第 7 章　总结与展望

7.1　总　　结

随着网络技术的飞速发展，用户对分布式开放环境中资源共享和交互协作的需求与日俱增。网格将因特网上的所有资源链接成一个整体，网格资源的分布、自治、异构、动态等特性使得网格资源的配置成为网络资源共享中的关键问题之一。同时，面对参与实体动态性和环境开放性带来的安全威胁，研究如何建立相应的主观信任管理机制，对提高共享资源的安全性和协作过程的可靠性至关重要。

本书主要研究成果和创新性工作如下。

（1）利用经济方法研究网格资源配置是当前网格研究的新热点，其中拍卖机制是主要的经济方法之一。在当前的拍卖机制中，都是通过用户的报价来竞争资源的，成交价格主要取决于用户的个体效用，没有考虑其社会效用。同时，对于拍卖机制本身来说，使用第一价格拍卖会诱导用户压低报价，从而使服务系统遭受损失。因此本书设计了一种新的拍卖机制，在第二价格拍卖基础上考虑对社会效用的评估。这种新的拍卖机制可以同时维护社会和服务系统的利益，具有明显的优点。此项研究成果主要有以下两个特点。

① 在资源分配时考虑了对社会效用的评估，社会效用是用户经济活动的外部性的度量，用户的成交价格不仅取决于其个体效用，而且取决于个体效用与社会效用的共同作用。

② 采用第二价格拍卖规则，可以诱导用户给出真实报价，避免服务系统遭受损失。

（2）主观信任管理是保障分布式开放环境中用户正常、安全地共享资源和交互协作的核心支撑技术之一。本书以恰当地表述主观信任的不确定性、合理度量信任关系和准确实现信任关系的推理和计算为目标，提出了一种新的基于云模型的信任管理模型。此项研究成果主要有以下四个特点。

① 提出了一个由信任传递、合并、评估和更新四个阶段构成的相对完整的信任演化策略，可以描述分布式开放环境中协作双方信任演化的基本过程。

② 在信任传递算法中引入诚实度参数，并用云的形式度量该值，既体现了推荐诚实度的模糊性，也为量化实体对推荐信息的认同程度提供了统一的标准，还为信任的合并算法的简化奠定了基础。

③ 在信任的评估算法中采用改进的相似云算子评价信任关系。该算子利用同类概念在云形态上相似这一特点，根据被比较的两个云上一组云滴在二维空间中的平均距离度量云的相似性，既能较合理地反映两个云的相似程度，又保证了计算的简洁性。

④ 在设计信任的更新算法时，综合考虑时间衰减参数、实体在协作过程中的行为特征和实体对整个环境的贡献三个因素。与仅考虑上述三个因素中的一个或两个机制相比较，提出的策略能更敏锐、更准确地反映实体可信度的变化趋势。

（3）为了体现可信决策中决策者的主观意愿，应综合考虑信任和风险两个因素对决策结果的影响。风险不同于信任，但又与其存在一定的联系。本研究首先分析了信任与风险的关系，探讨了实体可信度的构成，指出信誉是风险的主要来源。基于上述结论，建立了一个风险感知的资源服务可信决策模型。该模型将信任和风险两个因素自然地结合到了决策过程中，提高了决策结果的合理性和准确性。

（4）对执行资源服务过程本身风险的承受程度是决策结果主观性的一种表现，说明可信决策并不要求零风险。在这一观点的启发下，本研究不强求精确风险值或精确误差值，转而采用保证误差不超过设定范围的途径量化风险，提出了一种基于 Chernoff 界的风险度量方法。这种处理方式避免了获取精确值时可能遇到的困难，在决策者允许的风险范围内增加了实体间资源共享和交互协作的机会，且更符合真实场景中实施决策的思路。

（5）在数据密集型计算环境中，运用复制技术为一个数据集创建多个副本能减少访问延迟和带宽消耗，实现负载平衡，提高系统可靠性。但是环境的高度动态性和用户对数据服务的 QoS 需求又迫使为任务选择执行所需数据集时必须考虑数据副本的可靠性。为了体现 QoS 需求的模糊性和定性特征，本研究运用提出的主观信任管理模型评估副本的可靠性，并充分考虑副本失效对任务完成时间和执行成本的影响，提出了一种可靠性感知的多准则数据副本选择策略。该方法有效地降低了副本的失效率，达到了在不可靠环境中缩短应用的完成时间、减少其执行成本的目的。该研究也在一定程度上验证了提出的主观信任管理模型的实用性。

7.2 展　　望

本书针对适用于分布式开放环境的资源配置机制、信任管理机制及其应用展开了深入的研究，并取得了一定的研究成果。但是，网格资源拍卖机制还不太成熟、在一些细节上还有待进一步完善；而且，主观信任的不确定性导致对其进行准确、合理、高效的计算和评估是一项非常困难和复杂的工作；同时，开放环境中风险的多源性为合理描述信任与风险的关系，精确量化决策结果的风险度造成了极大的障碍；此外，将提出的信任管理机制运用于特定环境，解决与信任相关的若干实际问题，也面临着是否适应具体环境，体现问题特征，能否满足实际应用对效率的要求等方面的挑战。结合目前已完成的工作，未来的研究方向如下。

（1）基于社会效用的拍卖机制是一个初步的构想和主观的想法，这个构想的创新点是在网格资源配置中考虑了对社会效用的评估，但同时这种新的拍卖机制也是不成熟的，例如，在评估社会效用时各要素之间的权重的设置、层次分析法结果的主观性以及评估社会效用时评审专家的选定等问题还需要进一步完善，后续研究考虑在以上所提出的问题上进一步完善，提高这种新的拍卖机制的实际操作性。

（2）信任的初始化是信任演化过程中的基本环节之一。由于分布式开放环境的动态性和复杂性，准确、快速地确定新加入实体或“完全陌生”实体的信任等级显得尤为重要。目前提出的信任管理机制采用悲观策略或乐观策略将实体的初始信任等级设置为某个特定值，这种处理方式的优势是简单、高效，但是也存在武断、脱离实际和不准确的缺陷。作为一种能在完全陌生的实体间建立信任关系的有效方法，自动信任协商[283]的概念自 2000 年提出后就受到了广泛关注，有大量较成熟的研究成果可借鉴。后续研究考虑将自动信任协商策略与提出的主观信任管理机制相结合，以期更好地解决在分布式开放环境中高效、准确地建立实体间初始信任关系的问题，构建出真正完整的信任演化策略。

（3）探讨各种可能产生风险的因素，深入分析风险发生后造成的影响，是全面、合理量化风险的前提之一。目前的成果虽然在风险的分析和度量以及风险在可信决策中与信任的融合方面做出了有益的尝试，但仅考虑了由信任推荐引起的风险，决策机制的完整性还有待改进。后续研究需从更多角度寻找风险的来源，合理、准确地量化风险可能造成的各类后果，设计更加完善的风险评估方法，获得更为准确的风险值，以更好地辅助决策者实施可信决策。

（4）从仿真结果看，目前提出的基于云模型的信任管理机制在度量数据副本可靠性方面取得了较好的效果。但是，与一些相对简单的评估方法相比，该机制在满足用户对数据服务 QoS 需求的模糊性和定性要求的同时，也存在效率上的损失。由于完成时间是数据密集型应用关注的核心指标之一，所以后续研究将从提升效率的角度继续改进现有的信任演化策略，希望在准确和简洁之间取得平衡，以进一步增强策略的实用性。

参 考 文 献

[1] 徐锋, 吕建. Web 安全中的信任管理研究与进展. 软件学报, 2002, 13(11): 2057-2064

[2] Butler D. The grid: Tomorrow's computing today. Nature, 2003, 422: 799-800

[3] 谢晓兰, 牛秦洲, 李春泉. 网格理论与应用. 北京: 冶金工业出版社, 2010

[4] Foster I, Kesselman C. Globus: A metacomputing infrastructure toolkit. International Journal of Supercomputer Applications, 1997, 11(2): 115-128

[5] Ferris M C, Munson T S. Modeling languages and Condor: Metacomputing for optimization. Mathematical Programming, 2000, 88: 487-505

[6] Chapin S J, Katramators D, Karpovich K, et al. Resource management in Legion. Future Generation Computer Systems, 1999, 15(5-6): 583-594

[7] Chervenak A, Foster I, Kesselman C, et al. The data grid: Towards an architecture for the distributed management and analysis of large scientific datasets. Journal of Network and Computing Applications, 2000, 23(3): 187-200

[8] Casanova H, Dongarra J. NetSolve: A network server for solving computational science problems. International Journal of Supercomputing Applications and High Performance Computing, 1997, 11(3): 212-223

[9] Hey T, Trefethen A E. Cyberinfrastructure for e-Science. Science, 2005, 308(5723): 817-821

[10] Tanaka F. Construction of Asia-Pacific grid test bed. AIST Today, 2003, 3(3): 20-23

[11] Allen G, Benger W, Dramlitsch T, et al. Coctus Grid Computing: Review of Current Development. Lecture Notes in Computer Science, 2001, 2150: 817-824

[12] Neary M O, Christiansen B O, Cappello P, et al. Javalin: Parallel computing on the Internet. Future Generation Computer Systems, 1999, 15(5-6): 659-674

[13] Berman F, Chien A, Cooper K, et al. The GrADS project: Software support for high-level grid application development. International Journal of High Performance Computing Applications, 2001, 15(4): 327-344

[14] Nakada H, Sato M, Sekiguchi S. Design and implementation of Ninf: Towards a global computing infrastructure. Future Generation Computer Systems, 1999, 15(5-6): 649-658

[15] Berman F. From TeraGrid to Knowledge grid. Communications of the ACM, 2001, 44(11): 27-28

[16] Martin F J P, Primet P V B. High-speed networks and services for data-intensive grids: The DataTAG project. Future Generation Computer Systems, 2005, 21(4): 439-442

[17] Kunze M. The CrossGrid project. Nuclear Instruments and Methods in Physics Research Section A: Accelerators, Spectrometers, Detectors and Associated Equipment, 2003, 502(2-3): 382-385

[18] Kielmann T, Henri E B, Maassen J, et al. Programming environments for high-performance grid computing: The Albatross project. Future Generation Computer Systems, 2002, 18(8): 1113-1125

[19] Karonis N T, Toonen B, Foster I. MPICH-G2: A grid-enabled implementation of the message passing interface. Journal of Parallel Distributed Computing, 2003, 63(5): 551-563

[20] Foster I, Kesselman C, Tuecker S. The anatomy of the grid: Enabling scalable virtual organizations. International Journal of Supercomputer Applications, 2001, 15(3): 200-222

[21] Desmet S, Volckaert B, Filip D T. Design of a service oriented architecture for efficient resource allocation in media environments. Future Generation Computer Systems, 2012, 28(3): 527-532

[22] Roy S, Mukherjee N. Efficient resource management for running multiple concurrent jobs in a computational grid environment. Future Generation Computer Systems, 2011, 27(8): 1070-1082

[23] Song E H, Yang L T, Jeong Y S. 3-hierarchical resource management model on web grid service architecture. The Journal of Supercomputing, 2008, 46(3): 257-275

[24] Liu L, Shi W S. Trust and reputation management. IEEE Internet Computing, 2010, 14(5): 10-13

[25] 黄辰林. 动态信任关系建模和管理技术研究[博士学位论文]. 长沙: 国防科学技术大学, 2005

[26] Rasmusson L, Jansson S. Simulated social control for secure internet commerce//Proceedings of the 1996 Workshop on New Security Paradigms (NSPW'96), Lake Arrowhead. New York: ACM Press, 1996: 18-25

[27] McKnight D H, Chervany N L. The meanings of trust. Technical Report MISR Working Paper Series96-04, University of Minnesota, Management Information Systems Research Center, 1996. http: //misrc. umn. edu/wpaper

[28] AL-Mutairi M. Preference Uncertainty and Trust in Decision Making. Waterloo: University of Waterloo, 2007

[29] Gambetta D. Can We Trust? Trust: Making and Breaking Cooperative Relations. Oxford: Basil Blackwell, 1988: 213-237

[30] Grandison T, Sloman M. A survey of trust in Internet application. IEEE Communications Surveys and Tutorials, 2000, 3(4): 2-16

[31] Grandison T. Trust Management for Internet Applications. London: University of London, 2003

[32] Jøsang A, Ismail R, Boyd C. A survey of trust and reputation systems for online service provision. Decision Support Systems, 2007, 43(2): 618-644
[33] 路峰. 信任评估模型及其方法研究[博士学位论文]. 南京: 南京理工大学, 2008
[34] 崔永瑞. 网格环境中信任模型与访问控制模型研究[博士学位论文]. 大连: 大连理工大学, 2009
[35] Abdul R A, Hailes S. Supporting trust in virtual communities//Proceedings of the 33rd Annual Hawaii International Conference on System Sciences (HICSS'00), Maui. Piscataway: IEEE Press, 2000: 1-9
[36] Resnick P, Zeckhauser R, Friedman E, et al. Reputation systems. Communication of the ACM, 2000, 43(12): 45-48
[37] Damiani E, Vimercati D C D, Paraboschi S. A reputation-based approach for choosing reliable resource in Peer-to-Peer networks//Proceedings of the 9th ACM Conference on Computer and Communication Security (CCS'02), Washington D C. New York: ACM Press, 2002: 207-216
[38] Azzedin F, Maheswaran M. Evolving and managing trust in grid computing system//Proceedings of the 15th IEEE Canadian Conference on Electrical and Computer Engineering (CCECE'02), Winnipeg. Piscataway: IEEE Press, 2002: 1424-1429
[39] Mui L, Mohtashemi M, Halberstadt A. A computational model of trust and reputation //Proceedings of the 35th Annual Hawaii International Conference on System Sciences (HICSS'02), Big Island. Piscataway: IEEE Press, 2002: 2431-2439
[40] Gupta R, Somani A K. Reputation management framework and its use as currency in large-scale Peer-to-Peer networks//Proceedings of the 4th International Conference on Peer-to-Peer Computing (P2P'04), Zurich. Piscataway: IEEE Press, 2004: 124-132
[41] 曲向丽. 网格环境下互信机制关键技术研究[博士学位论文]. 长沙: 国防科学技术大学, 2007
[42] Marsh S P. Formalising Trust as a Computational Concept. Scotland: University of Stirling, 1994
[43] Blaze M, Feigenbaum J, Lacy J. Decentralized trust management//Proceedings of the 17th IEEE Symposium on Security and Privacy (S&P'96), Oakland. Piscataway: IEEE Press, 1996: 164-173
[44] Povey D. Developing electronic trust policies using a risk management model//Proceedings of the International Exhibition and Congress on Secure Networking (CQRE'99), Düsseldorf. Berlin: Springer-Verlag, 1999: 1-16
[45] Jøsang A, Tran N. Trust management for E-commerce//Proceedings of Virtual Banking 2000
[46] Zimmermann P. The Official PGP User's Guide. Cambridge: MIT Press, 1995
[47] International Telegraph and Telephone Consultative Committee (CCITT). The directory-authentication framework, recommendation X. 509, 1993 update
[48] Perlman R. An overview of PKI models. IEEE Network, 1999, 13(6): 38-43

[49] Blaze M, Feigenbaum J, Joannidis J, et al. The role of trust management in distributed system security//Secure Internet Programming: Security Issues for Mobile and Distributed Objects. Berlin: Springer-Verlag, 1999: 185-210

[50] Chu Y H, Feigenbaum J, Lamacchia B, et al. REFEREE: Trust management for web applications. Computer Networks and ISDN Systems, 1997, 29(8-13): 953-964

[51] Blaze M, Feigenbaum J, Keromytis A D. Keynote: Trust management for public-key infrastructures //Proceedings of the 6th International Workshop on Security Protocols, Cambridge. Berlin: Springer-Verlag, 1998: 59-63

[52] Yu T, Winslett M, Seamons K E. Interoperable strategies in automated trust negotiation //Proceedings of the 8th ACM Conference on Computer and Communications Security (CCS'01), Philadelphia. New York: ACM Press, 2001: 146-155

[53] Winsborough W H, Li N. Towards practical automated trust negotiation//Proceedings of the 3rd International Workshop on Policies for Distributed Systems and Networks (POLICY'02), Monterey. Piscataway: IEEE Press, 2002: 92-103

[54] Li N, Mitchell J C, Winsborough W H. Design of a role-based trust management framework //Proceedings of the 2002 IEEE Symposium on Security and Privacy (S&P'02), Berkeley. Piscataway: IEEE Press, 2002: 114-130

[55] Yao W T M. Fidelis: A policy-driven trust management framework//Proceedings of the 1st International Conference on Trust Management (iTrust'03), Heraklion. Berlin: Springer-Verlag, 2002: 301-317

[56] Abdul R A, Hailes S. A distributed trust model//Proceedings of the 1997 Workshop on New Security Paradigms (NSPW'97), Langdale. New York: ACM Press, 1997: 48-60

[57] Shafer G. A Mathematical Theory of Evidence. Princeton: Princeton University Press, 1976

[58] Teng Y, Phoha V V, Choi B. Design of trust metrics based on dempster-shafer theory. http: //citeseerx. ist. psu. edu/viewdoc/summary?doi=10. 1. 1. 21. 8090, 1992: 1-15

[59] Marsh S P. Optimism and pessimism in trust//Proceedings of the 4th Ibero-American Conference on Artificial Intelligence (IBERAMIA'94), Caracas. New York: McGraw-Hill, 1994: 1-12

[60] Zimmermann H J. Fuzzy Set Theory and Its Applications. 2nd revised edition. Boston: Kluwer Academic Publishers, 1991

[61] Manchala D W. Trust metrics, models and protocols for electronic commerce transaction //Proceedings of the 18th International Conference on Distributed Computing Systems (ICDCS'98), Amsterdam. Piscataway: IEEE Press, 1998: 3-12

[62] Pujol J M, Sanguesa R, Delgado J. Extracting reputation in multi agent systems by means of social

network topology//Proceedings of the 1st International Joint Conference on Autonomous Agents and Multi-agent Systems (AAMAS'02), Bologna. New York: ACM Press, 2002: 467-474

[63] Malaga R A. Web-based reputation management systems: Problems and suggested solutions. Electronic Commerce Research, 2001, 1(4): 403-417

[64] Resnick P, Zeckhauser R, Friedman E, et al. Reputation systems. Communications of ACM, 2000, 43(12): 45-48

[65] Dellarocas C. The digitization of world of mouth: Promise and challenges of online reputation mechanism. Management Science, 2003, 49(10): 1407-1424

[66] Yahalom R, Klein B, Beth T. Trust relationships in secure systems: A distributed authentication perspective//Proceedings of the 14th IEEE Symposium on Research in Security and Privacy (S&P'93), Oakland. Piscataway: IEEE Press, 1993: 150-164

[67] Beth T, Borcherding M, Klein B. Valuation of trust in open network//Proceedings of the 3rd European Symposium on Research in Computer Security (ESORICS'94), Brighton. Berlin: Springer-Verlag, 1994: 3-18

[68] Jøsang A. A logic for uncertain probabilities. International Journal of Uncertainty, Fuzziness and Knowledge-based Systems, 2001, 9(3): 279-311

[69] Jøsang A. The right type of trust for distributed systems//Proceedings of the 1996 Workshop on New Security Paradigms (NSPW'96), Lake Arrowhead. New York: ACM Press, 1996: 119-131

[70] Jøsang A, Knapskog S J. A metric for trusted system//Proceedings of the 14th IFIP/SEC International Information Security Conference (SEC'98), Vienna. Territory: Austrian Computer Society, 1998: 541-549

[71] Jøsang A. A subjective metric of authentication//Proceedings of the 7th European Symposium on Research in Computer Security (ESORICS'98), Louvain-la-Neuve. Berlin: Springer-Verlag, 1998, 1485: 329-344

[72] Xiong L, Liu L. PeerTrust: Supporting reputation-based trust for Peer-to-Peer electronic communities. IEEE Transaction on Knowledge and Data Engineering, 2004, 16(7): 843-857

[73] Zhou R, Hwang K. Powertrust: A robust and scalable reputation system for trusted Peer-to-Peer computing. IEEE Transactions on Parallel and Distributed Systems, 2007, 18(4): 460-473

[74] 李景涛, 荆一楠, 肖晓雪, 等. 基于相似度加权推荐的 P2P 环境下的信任模型. 软件学报, 2007, 18(1): 157-167

[75] 谭振华, 王兴伟, 程维, 等. 基于多维历史向量的 P2P 分布式信任评价模型. 计算机学报, 2010, 33(9): 1725-1735

[76] Capkun S, Nuttyan L, Hubaux J P. Self-organize public-key management for mobile ad hoc network. IEEE Transaction on Mobile Computing, 2003, 2(1): 52-64

[77] Liu Y N, Li K Q, Jin Y W, et al. A novel reputation computation model based on subjective logic for mobile ad hoc networks. Future Generation Computer Systems, 2011, 27(5): 547-554

[78] Cho J H, Swami A, Chen I R. Modeling and analysis of trust management with trust chain optimization in mobile ad hoc networks. Journal of Network and Computer Applications, 2011, doi: 10. 1016/j. jnca. 2011. 03. 016

[79] 叶阿勇, 马建峰. 一种移动自组网中信任评估模型的设计. 计算机研究与发展, 2008, 45(5): 765-771

[80] Roosta T, Meingast M, Sastry S. Distributed reputation system for tracking applications in sensor networks//Proceedings of the 3rd Annual International Conference on Mobile and Ubiquitous Systems: Networking & Services (MOBIQUITOUS'06), San Jose. Piscataway: IEEE Press, 2006: 1-8

[81] Srinivasan A, Li F, Wu J. Secure reputation monitoring system-a novel connected dominating set-based framework for WSNs. Security and Communication Networks, 2011, 4(1): 95-108

[82] 杨光, 印桂生, 杨武, 等. 无线传感器网络基于节点行为的信誉评测模型. 通信学报, 2009, 30(12): 18-26

[83] 王良民, 郭渊博, 詹永照. 容忍入侵的无线传感器网络模糊信任评估模型. 通信学报, 2010, 31(12): 37-54

[84] Denko M K, Sun T, Woungang I. Trust management in ubiquitous computing: A Bayesian approach. Computer Communications, 2011, 34(3): 398-406

[85] 王小英, 赵海, 林涛, 等. 基于信任的普适计算服务选择模型. 通信学报, 2005, 26(5): 1-8

[86] Azzedin F, Maheswaran M. Towards trust-aware resource management in grid computing systems. Proceedings of 2nd IEEE International Symposium on Cluster Computing and the Grid (CCGrid'02), Berlin. Piscataway: IEEE Press, 2002: 452-457

[87] Song S S, Hwang K, Kwok Y K. Trusted grid computing with security binding and trust integration. Journal of Grid Computing, 2005, 3(1-2): 53-73

[88] 林剑柠, 吴慧中. 基于主观逻辑理论的网格信任模型分析. 计算机研究与发展, 2007, 44(8): 1365-1370

[89] 陈建刚, 王汝传, 张琳, 等. 基于模糊集合的网格资源访问的信任机制. 计算机学报, 2009, 32(8): 1676-1682

[90] 刘鹏, 刘欣, 陈钟. 信任管理研究综述. 计算机工程与应用, 2004, 40(32): 39-43

[91] 陈建刚, 王汝传, 王海艳. 信任机制及其在网格安全中的应用. 计算机科学, 2007, 34(7): 80-83

[92] 孙捷, 马范援. 网格环境中用于资源配置的经济模型研究. 计算机仿真, 2006, 23(3): 225-229

[93] 陆松, 苏德富. 网格资源管理中的经济学原理运用. 计算机工程与应用, 2004, (11): 72-74

[94] 李冰峰, 陈琪, 高传善. 计算网格中资源调度研发现状及展望. 计算机应用与软件, 2008, 25(1): 109-111

[95] 林晓鹏, 郭东辉. 基于经济机制的网格资源调度分析. 信息与电子工程, 2010, 8(4): 495-499

[96] 哈尔 R 范里安. 微观经济学: 现代观点. 上海: 上海人民出版社, 2009

[97] Mills K L, Dabrowski C. Can Economics-based Resource Allocation Prove Effective in a Computation Marketplace? Journal of Grid Computing, 2008, 6(3): 291-311

[98] Goldberg M D. Genetic Algorithms in Search, Optimization and Machine Learning, Reading. Mass: Addison-Wesley, 1989

[99] Dorigo M, Maniezzo V, Colorni A. Ant system: Optimization by a colony of cooperating agents. IEEE Transactions on SMC, 1996, 26 (1): 29-41

[100] 汪定伟, 王俊伟, 王洪峰, 等. 智能优化方法. 北京: 高等教育出版社, 2007

[101] Glover F. Tabu search: A tutorial. Interfaces, 1990, 20 (4): 74-94

[102] Kirkpatrick S, Gelatt C D J, Vecchi M P. Optimization by simulated annealing. Science, 1983, 220 (4598): 671-680

[103] Wang L, Siegel H J, Rowchoudhry V P, et al. Task matching and scheduling in heterogeneous computing environments using a genetic algorithm-based approach. Journal of Parallel and Distributed Computing, 1997, 47(1): 8-22.

[104] 李慧贤, 程春田. 一种基于并行遗传算法的网格资源配置方法. 计算机工程, 2006, 32(5): 175-177

[105] Sweeney J P, Ahuja S P. Heuristic solutions to resource allocation in grid computing: A natural approach. The Journal of Supercomputing, 2008, 44(2): 179-198

[106] Manpreet S. GRAAA: Grid resource allocation based on ant algorithm. Journal of Advances in Information Technology, 2010, 1(3): 133-135

[107] Horng S C. Ordinal optimization based approach to the optimal resource allocation of grid computing system. Mathematical and Computer Modeling, 2011, 54(1-2): 519-530

[108] 刘洋, 苏德富. 基于混合思维进化计算的网格资源配置算法. 计算机工程与科学, 2007, 29(1): 76-78

[109] 孙承意, 周秀玲, 王皖贞. 思维进化计算的描述与研究成果综述. Journal of Communication and Computer, 2004, 1(1) : 13-21.

[110] 梁俊斌, 翁鸣, 苏德富. 基于混合并行遗传算法的网格资源配置策略. 微电子学与计算机, 2004, 21(7): 102-105

[111] 穆瑞辉, 苗国义. 基于 QoS 约束的启发式网格资源配置算法研究. 计算机测量与控制, 2012, 20(12): 3357-3360

[112] 邓林义, 林焰. 粒子群算法求解任务可拆分项目调度问题. 控制与决策, 2008, 23(6) : 681-174

[113] 李慧敏, 张金辉. 基于改进 DPSO 的网格资源调度算法. 计算机与现代化, 2012, (3): 30-33

[114] 丁菁, 陈国良, 顾钧. 计算网格环境下一个统一的资源映射策略. 软件学报, 2002, 13(7): 1303-1308

[115] Sarbani R, Nandini M. Efficient resource management for running multiple concurrent jobs in a computational grid environment. Future Generation Computer Systems, 2011, 27(8): 1070-1082

[116] Lee H M, Lee T Y, Yagn C H, et al. An optimal analyzing resources model based on grid environment. WSEAS Transactions on Information Science and Applications, 2006, 3, (5): 960-964

[117] Emmanuel M, Eric S. Fair resource allocation for different scenarios of demands. European Journal of Operational Research, 2012, 218(2): 339-350

[118] 张沪寅, 吴产乐, 叶刚, 等. 基于网格的任务调度与资源配置有效机制的研究. 小型微型计算机系统, 2007, 28(7): 1169-1172

[119] 钟伯成, 杜兆芳, 胡靖. 基于 Agent 的计算网格资源配置. 微电子学与计算机, 2006, 23(4): 166-167

[120] Cao J W, Spoonerb D P, Jarvisb S A, et al. Grid load balancing using intelligent agents. Future Generation Computer Systems, 2005, 21(1): 135-149

[121] 李洪涛, 焦玉玺, 张伟, 等. 一种基于 Agent 联盟的网格资源配置方法. 计算机工程与应用, 2008, 44(27): 115-118

[122] 李春林, 卢正鼎. 计算网格资源配置及算法研究. 武汉理工大学学报(交通科学与工程版), 2004, 28(2): 163-166

[123] 王倩, 刘萍, 肖德宝. 基于角色的多 Agent 的网格资源管理框架与配置策略. 计算机应用研究, 2005, (6): 100-102

[124] 曹鸿强, 肖侬, 卢锡城, 等. 一种基于市场机制的计算网格资源配置方法. 计算机研究与发展, 2002, 39(8): 913-916

[125] 郭权, 李汶, 王希诚. 一种动态自适应的计算网格资源管理方法. 计算机工程, 2004, 30 (21): 5-6

[126] 张瑞, 杨寿保, 路卫娜, 等. 网格市场环境中基于信任团体的资源配置机制. 小型微型计算机系统, 2010, 31(4): 672-677

[127] Rich W, Plank J S, Brevik J, et al. Analyzing Market-Based resource allocation strategies for the computational grid. International Journal of High Performance Computing Applications, 2001, 15(3): 258-281

[128] Saeed P, Parand F A, Hamidreza N. Micro-economics based resource allocation in Grid-Federation environment. Cluster Computing, 2011, 14(4): 433-444

[129] 翁楚良，陆鑫达．一种基于市场机制的网格资源调价算法．计算机研究与发展，2004, 41 (7): 1151-1156

[130] 张煜，林莉，怀进鹏，等．网格环境中信任-激励相容的资源配置机制．软件学报，2006, 17(11): 2245-2254

[131] 杨锦，杨寿保，陈东锋，等．网格资源交易过程中的自主定价策略．计算机科学，2005, 32(5): 120-123

[132] Beck R, Schwind M, Hinz O. Grid economics in departmentalized enterprises. Journal of Grid Computing, 2008, 6(3): 277-290

[133] 陈冬娥，杨扬，刘丽．一种基于效用函数的网格资源优化策略．计算机应用研究，2006, (6): 38-40

[134] 李志洁．一种计算网格资源配置的混合优化算法．大连民族学院学报，2008, 10(5): 458-461

[135] 丁菁，陈国良，单九龙，等．一个基于证券市场的计算网格环境下的资源配置模型．小型微型计算机系统, 2003, 24(1): 14-16

[136] 刘会斌，都志辉．一种基于期货市场理论的网格资源配置机制．计算机科学, 2006, 33(6) : 93-96

[137] 梁正友，李全枝，张凌，等．基于议价机制的网格资源配置研究．计算机应用与软件，2006, 23(5): 90-92

[138] Sepideh A, Ali M, Amir M R, et al. Market_based grid resource allocation using new negotiation model. Journal of Network and Computer Applications, 2013, 36(1): 543-565

[139] Kwang M S. A survey of bargaining models for grid resource allocation. ACM SIGecom Exchanges, 2006, 5(5): 22-32

[140] 李志洁，程春田，黄飞雪，等．基于极大熵方法的网格资源配置策略．系统工程与电子技术, 2007, 29(10): 1738-1741

[141] 林晓鹏．基于博弈理论的经济网格资源配置研究．计算机技术与发展，2012, 22(10): 31-34

[142] 李志洁，程春田，李慧贤，等．一种基于效用函数的网格资源配置策略．计算机工程，2007, 33(24): 1-3

[143] 祁宁，汪定伟．允许不完全拍卖的多轮逆向组合拍卖机制．管理科学学报，2013, 16(3): 61-67

[144] 郑君君，张平，胡晓诗，等．基于随机微分方程的股权拍卖报价策略及模型研究．系统工程理论与实践, 2013, (4) : 893-900

[145] 饶从军, 赵勇, 王清. 基于可变供给量的可分离物品拍卖及其应用. 中国管理科学, 2012, (1): 129-138

[146] 曾宪科, 冯玉强. 基于非对称投标人的反向多属性英式拍卖模型与最优投标策略. 系统工程理论与实践, 2012, (4): 769-775

[147] 倪冠群, 徐寅峰, 郑斐峰. 网上一口价在线拍卖的定价策略设计. 管理科学学报, 2011, (3): 1-9

[148] 孙亚辉, 冯玉强. 多属性密封拍卖模型及最优投标策略. 系统工程理论与实践, 2010, (7) : 1185-1189

[149] 杜黎, 华桂芬. 固定价格与英式拍卖同时使用时顾客行为分析. 中国管理科学, 2010, (5): 113-121

[150] 赵勇, 陈阳, 饶从军. 一种信息优势的比较和拍卖机制研究. 管理科学学报, 2009, (6): 90-99

[151] 马俊, 张杰. 不完全信息采购环境下的供应链协调问题: 拍卖机制的应用. 中国管理科学, 2009, (6): 70-77

[152] 王嫚, 徐惠民. 一种基于市场竞拍机制的网格资源管理配置方法. 计算机应用研究, 2005, (5): 84-86

[153] Bhargava H K, Shankar S. Computing as utility: managing availability, commitment, and pricing through contingent bid auctions. Journal of Management Information Systems, 2004, 21(2): 201-227

[154] Panos P, Berc R. A pricing mechanism for resource management in grid computing. Computational Economics, 2008, 31(4): 381-395

[155] 卢国明, 孙世新. 数据网格资源协同配置问题研究. 系统工程与电子技术, 2006, 28(1): 110-113

[156] Radhanikanth G V R, Narahari Y. Reverse combinatorial auction-based protocols for resource selection in grids. International Journal of Grid and Utility Computing, 2009, 1(2): 109-120

[157] 翁楚良, 陆鑫达. 一种基于双向拍卖机制的计算网格资源配置方法. 计算机学报, 2006, 29(6): 1004-1009

[158] Radu P, Marek W, Hamid M F. Double auction-based scheduling of scientific applications in distributed grid and cloud environments. Journal of Grid Computing, 2011, 9(4): 531-548

[159] 李立, 刘元安, 马晓雷. 基于组合双向拍卖的网格资源配置. 电子学报, 2009, 37(1): 165-169

[160] 程翔, 李立. 单物品多单元双向拍卖环境下的网格资源配置仿真. 吉林大学学报(工学版), 2010, 40(5): 1359-1365

[161] 杨明, 刘元安, 马晓雷. 一种基于定价与信任的网格资源配置算法. 电子与信息学报, 2010, 32(4): 846-851

[162] 杨明, 刘元安, 马晓雷, 等. 基于加权平均的网格资源配置与定价. 北京邮电大学学报, 2009, 32(6): 9-13

[163] 赵彬, 付超, 王慧. 一种基于在线反向拍卖技术的计算网格资源配置方法. 计算机应用, 2008, 28(2): 283-285

[164] 李志洁, 程春田, 黄飞雪. 基于线性费用函数的网格资源投标策略. 系统工程理论与实践, 2008, (4): 73-80

[165] 张建勋, 贺毅朝, 田俊峰. 基于市场的网格资源配置管理模型研究. 计算机技术与发展, 2007, 17(2): 193-196

[166] Maheswaran R T, Tamer B. Nash equilibrium and decentralized negotiation in auctioning divisible. Group Decision and Negotiation, 2003, 12(5): 361-395

[167] 胡周君, 胡志刚, 丁长松. 基于博弈论健壮性增强的资源配置模型. 系统工程理论与实践, 2009, 29(8): 102-110

[168] 王兴伟, 江南, 王家林, 等. 一种基于微观经济学的网格资源配置模型. 东北大学学报(自然科学版), 2006, 27(7): 731-734

[169] 李志洁, 程春田, 黄飞雪, 等. 一种基于序贯博弈的网格资源配置策略. 软件学报, 2006, 17(11): 2373-2383

[170] 丁长松, 胡志刚, 胡周君. 一种面向效益均衡的网格资源预留机制. 小型微型计算机系统, 2010, 31(3): 413-417

[171] 李明楚, 许雷, 孙伟峰, 等. 基于非完全信息博弈的网格资源配置模型. 软件学报, 2012, 23(2): 428-438

[172] Rabiner L R. A tutorial on hidden Markov models and selected applications in speech recognition. Proceedings of the IEEE, 1989, 77(2): 257-286

[173] 胡志刚, 钱莉, 胡周君. 基于贝叶斯策略的网格资源配置方法. 计算机工程与应用, 2008, 44 (35): 88-91

[174] 陈冬娥, 杨扬. 一种面向服务的暗标拍卖网格资源配置方法. 计算机应用, 2007, 27(4): 773-775

[175] 李志洁. 网格资源配置的进化博弈策略. 计算机工程与应用, 2009, 45(15): 132-135

[176] 张小庆, 李春林, 张恒喜, 等. 网格资源非对称进化博弈配置策略. 计算机工程与应用, 2011, 47(35): 25-27

[177] 李志洁, 程春田, 黄飞雪. 仿真网格中资源配置的进化博弈研究. 系统仿真学报, 2008, 20(11): 2914-2919

[178] 李志洁, 程春田, 黄飞雪. 基于合作博弈的网格资源配置. 大连理工学报, 2007, 47(6): 909-913

[179] 荣朝和. 西方运输经济学. 北京: 经济科学出版社, 2004

[180] Friedman L. A competitive bidding strategy. Operations Research, 1956, 4(1): 104-112

[181] Vickrey W. Counterspeculation, auctions and competitive sealed tenders. Journal of Finance, 1961, 16(1): 8-37

[182] 艾里克·拉斯穆森. 博弈与信息博弈论概论. 4 版. 北京: 中国人民大学出版社, 2009

[183] 李德毅, 杜鹢. 不确定性人工智能. 北京: 国防工业出版社, 2005: 137-186

[184] Pearl J. The Handbook of Brain Theory and Neural Networks. Cambridge: MIT Press, 1998: 149-153

[185] Pearl J. Artificial Intelligence. London: Elsevier Science Publishers, 1986: 241-288

[186] Cover T M, Thomas J A. Elements of Information Theory. New York: John Wiley & Sons, 1991

[187] Zadeh L A. Fuzzy sets. Information and Control, 1965, 8(3): 338-353

[188] Melaye D, Demazeau Y. Bayesian dynamic trust model//Proceedings of the 4th International Central and Eastern European Conference on Multi-agent Systems (CEEMAS'05), Budapest. Berlin: Springer-Verlag, 2005: 480-489

[189] Almenarcz F, Marin A, Diaz D, et al. Developing a model for trust management in pervasive devices//Proceedings of the 3rd IEEE International Workshop on Pervasive Computing and Communication Security (PerSec'06), Pisa. Piscataway: IEEE Press, 2006: 267-272

[190] Song S S, Hwang K. Fuzzy trust integration for security enforcement in grid computing //Proceedings of the IFIP International Conference on Network and Parallel Computing (NPC'04), Wuhan. Berlin: Springer-Verlag, 2004: 9-21

[191] 唐文，陈钟. 基于模糊集合理论的主观信任管理模型研究. 软件学报，2003，14(8): 1401-1408

[192] 唐文, 胡建斌, 陈钟. 基于模糊逻辑的主观信任管理模型研究. 计算机研究与发展, 2005, 42(10): 1654-1659

[193] 李德毅，孟海军，史雪梅. 隶属云和隶属云发生器. 计算机研究与发展. 1995，32(6): 1315-1320

[194] He R, Niu J W, Yuan M, et al. A novel cloud-based trust model for pervasive computing //Proceedings of the 4th International Conference on Computer and Information Technology (CIT'04), Wuhan. Piscataway: IEEE Press, 2004: 693-700

[195] He R, Niu J W, Zhang G W. CBTM: A trust model with uncertainty quantification and reasoning for pervasive computing//Proceedings of the 3rd International Symposium on Parallel and Distributed Processing and Applications (ISPA'05), Nanjing. Berlin: Springer-Verlag, 2005, 3758: 541-552

[196] He R, Niu J W, Hu K. A novel approach to evaluate trustworthiness and uncertainty of trust

relationships in Peer-to-Peer computing//Proceedings of the 5th International Conference on Computer and Information Technology (CIT'05), Shanghai. Piscataway: IEEE Press, 2005: 382-388

[197] 路峰, 吴慧中. 基于云模型的信任评估研究. 中国工程科学, 2008, 10(10): 84-90

[198] 路峰, 吴慧中. 网格环境下基于云模型的信任评估与决策方法研究. 系统仿真学报, 2009, 21(2): 421-426

[199] 孟祥怡, 张光卫, 刘常昱, 等. 基于云模型的主观信任管理模型研究. 系统仿真学报, 2007, 19(14): 3310-3317

[200] Meng X Y, Zhang G W, Kang J C, et al. A new subjective trust model based on cloud model//Proceedings of the 5th International Conference on Networking, Sensing and Control (ICNSC'08). Piscataway: IEEE Press, 2008: 1125-1130

[201] Zhang C L, Liu Y. A cloud-based discrete metric trust management model in open networks. Journal of Internet Technology, 2009, 10(1): 79-82

[202] 黄海生, 王汝传. 基于隶属云理论的主观信任评估模型研究. 通信学报, 2008, 29(4): 13-19

[203] 吕慧颖, 曹元大, 刘玉龙. 协同商务环境中的主观信任模型研究. 计算机集成制造系统, 2007, 13(8): 1545-1551

[204] Wang S X, Zhang L, Wang S, et al. An evaluation approach of subjective trust based on cloud model//Proceedings of the 1st International Conference on Computer Science and Software Engineering (CSSE'08). Piscataway: IEEE Press, 2008: 1062-1068

[205] 王守信, 张莉, 李鹤松. 一种基于云模型的主观信任评价方法. 软件学报, 2010, 21(6): 1341-1352

[206] Li D Y, Cheung D, Shi X M, et al. Uncertainty reasoning based on cloud models in controllers. Computers and Mathematics with Application, 1998, 35(3): 99-123

[207] 李德毅, 刘常昱. 论正态云模型的普适性. 中国工程科学, 2004, 6(8): 28-34

[208] 张勇, 赵东宁, 李德毅. 相似云及其度量分析方法. 信息与控制, 2004, 33(2): 129-132.

[209] 张光卫, 李德毅, 李鹏, 等. 基于云模型的协同过滤推荐算法. 软件学报, 2007, 18(10): 2403-2411

[210] 吴国富, 万安福, 刘景海. 实用数据分析方法. 北京: 中国统计出版社, 1992

[211] 高惠璇. 统计计算. 北京: 北京大学出版社, 1995

[212] 刘常昱, 冯芒, 戴晓军, 等. 基于云X信息的逆向云新算法. 系统仿真学报, 2004, 16 (11): 2417-2420

[213] Liang Z Q, Shi W S. Analysis of rating on trust inference in open environments. Performance Evaluation, 2008, 65(2): 99-128

[214] Recursive Porous Agent Simulation Toolkit. http: //repast. sourceforge. net

[215] Jøsang A, Presti L S. Analyzing the relationship between risk and trust//Proceedings of the 2nd International Conference on Trust Management (iTrust'04). Berlin: Springer-Verlag, 2004, 2995: 135-145

[216] English C, Terzis S, Wagealla W. Engineering trust based collaborations in a global computing environment//Proceedings of the 2nd International Conference on Trust Management (iTrust'04). Berlin: Springer-Verlag, 2004, 2995: 120-134

[217] Ruohomaa S, Kutvonen L. Trust management survey//Proceedings of the 3rd International Conference on Trust Management (iTrust'05). Berlin: Springer-Verlag, 2005, 3477: 77-92

[218] Falcone R, Castelfranci C. Social trust: A cognitive approach//Trust and Deception in Virtual Societies. Berlin: Kluwer Academic Publisher, 2001: 55-90

[219] Adams J. Risk. London: UCL Press, 1995

[220] Knight F H. Risk, Uncertainty and Profit. Boston: Houghton Mifflin Company, 1921

[221] Anderson J F, Brown R L. Risk and insurance. Number 1-21-00 in Study Notes. Society of Actuaries, 2000

[222] Leveson N G. Safeware: System Safety and Computers. Boston: Addison-Wesley, 1995

[223] Patrick A. Building trustworthy software agents. IEEE Internet Computing, 2002, 6(6): 46-53

[224] Solhaug B, Elgesem D, Stølen K. Why trust is not proportional to risk//Proceedings of the 2nd International Conference on Availability, Reliability and Security (ARES'07). Piscataway: IEEE Press, 2007: 11-18

[225] Dimitrakos T. A service-oriented trust management framework//Trust, Reputation and Security: Theories and Practice, Proceedings of the Workshop of the 1st International Joint Conference on Autonomous Agents and Multi-agent Systems (AAMAS'02). Berlin: Springer-Verlag, 2002: 53-72

[226] Jøsang A, Bradley D, Knapskog S J. Belief-based risk analysis//Proceedings of the 2nd Workshop on Australasian Information Security (AISW'04). Territory: Australian Computer Society, 2004: 63-68

[227] Hsia Y T. The belief calculus and uncertain reasoning//Proceedings of the 8th National Conference on Artificial Intelligence (AAAI'90). Cambridge: The MIT Press, 1990: 120-125

[228] Dimmock N, Bacon J, Ingram D, et al. Risk models for trust-based access control (TBAC)// Proceedings of the 3rd International Conference on Trust Management (iTrust'05). Berlin: Springer-Verlag, 2005: 1-8

[229] Cahill V, Gray E, Seigneur J, et al. Using trust for secure collaboration in uncertain environments. IEEE Pervasive Computing, 2003, 2(3): 52-61

[230] Hirshleifer J, Riley J. The Analytics of Uncertainty and Information, Cambridge Surveys of Economic Literature. Cambridge: Cambridge University Press, 1992

[231] Asnar Y, Giorgini P, Massacci F, et al. From trust to dependability through risk analysis//Proceedings of the 2nd International Conference on Availability, Reliability and Security (ARES'07), Vienna. Piscataway: IEEE Press, 2007: 19-26

[232] Jøsang A, AlFayyadh B, Grandison T, et al. Security usability principles for vulnerability analysis and risk assessment//Proceedings of the 23rd Annual Computer Security Applications Conference (ACSAC'07). Piscataway: IEEE Press, 2007: 269-278

[233] Kim D J, Ferrin D L, Rao H R. A trust-based consumer decision making model in electronic commerce: The role of trust, perceived risk, and their antecedents. Decision Support Systems, 2008, 44(2): 544-564

[234] Ryutov T. A socio-cognitive approach to modeling policies in open environments//Proceedings of the 8th International Workshop on Policies for Distributed Systems and Networks (POLICY'07). Piscataway: IEEE Press, 2007: 29-38

[235] Liang Z Q, Shi W S. PET: A personalized trust model with reputation and risk evaluation for P2P resource sharing//Proceedings of the 38th Hawaii International Conference on System and Sciences (HICSS'05). Piscataway: IEEE Press, 2005: 201b

[236] Dudewicz E J, Mishra S N. Modern Mathematical Statistics. New York: John Wiley & Sons, 1988: 231-268

[237] Heckerman D. A Tutorial on Learning with Bayesian Networks, Learning in Graphical Models. Cambridge: MIT Press, 1999: 301-354

[238] Mui L, Mohtashemi M, Ang C, et al. Bayesian Rating in Distributed Systems: Theories, Models and Simulations. MIT LCS Memorandum, 2001

[239] Ross S. Stochastic Process. New York: John Wiley & Sons, 1995: 98-162

[240] Cukier K. Data, data everywhere. Economist, 2010

[241] Gantz J F, Chute C, Manfrediz A, et al. The diverse and exploding digital universe: An updated forecast of worldwide information growth through 2011. An IDC White Paper, 2008

[242] Lynch C. How do your data grow? Nature, Special Issue on Big Data, 2008, 455: 28-29

[243] Dealing with data. Science, Special Issue on Dealing with Data, 2011: 331

[244] Bell G, Hey T, Szalay A. Beyond the data Deluge. Science, 2009, 323(5919): 1297-1298

[245] Hey T, Tansley S, Tolle K. The Fourth Paradigm: Data-intensive Scientific Discovery. Washington: Microsoft Research, 2009

[246] Cannataro M, Talia D, Srimani P K. Parallel data intensive computing in scientific and commercial applications. Parallel Computing, 2002, 28(5): 673-704

[247] Bryant R E. Data-intensive supercomputing: The case for DISC. Technique Report, 2007

[248] Rahman R M, Alhajj R, Barker K. Replica selection strategies in data grid. Journal of Parallel and Distributed Computing, 2008, 68(12): 1561-1574

[249] Vazhkudai S, Tuecke S, Foster I. Replica selection in the Globus data grid//Proceedings of the 1st International Symposium on Cluster Computing and the Grid (CCGrid'01). Piscataway: IEEE Press, 2001: 106-113

[250] 廖小飞，范学鹏，许飞，等. 数据密集型大规模计算系统. 中国计算机学会通讯，2011，7(7): 33-40

[251] Griffiths N, Cho K M. Experience-based trust: Enabling effective resource selection in a grid environment//Proceedings of the 3rd International Conference on Trust Management (iTrust'05). Berlin: Springer-Verlag, 2005: 240-255

[252] Venugopal S, Buyya R. An SCP-based heuristic approach for scheduling distributed data-intensive application on global grids. Journal of Parallel and Distributed Computing, 2008, 68(4): 471-487

[253] Rahman R M, Barker K, Alhajj R. A predictive technique for replica selection in grid environment//Proceedings of the 7th International Symposium on Cluster Computing and the Grid (CCGrid'07). Piscataway: IEEE Press, 2007: 163-170

[254] Rahman R M, Barker K, Alhajj R. Replica selection in grid environment: A data-mining approach//Proceedings of the 20th ACM Symposium on Applied Computing (SAC'05). Santa Fe. New York: ACM Press, 2005: 695-700

[255] 柴洁. 数据网格副本选择策略的研究[硕士学位论文]. 武汉：武汉理工大学, 2007

[256] 高田. 数据网格中动态复制技术和副本选择策略的研究[硕士学位论文]. 济南：山东师范大学, 2008

[257] 陆鄂丰. 数据网格中副本选择策略的研究[硕士学位论文]. 天津：天津大学, 2006

[258] Vazhkudai S. Enabling the co-allocation of grid data transfers//Proceedings of the 4th International Workshop on Grid Computing (Grid'03). Piscataway: IEEE Press, 2003: 44-51

[259] Chang R S, Lin C F, His S C. Accessing data from many servers simultaneously and adaptively in data grids. Future Generation Computer System, 2010, 26(1): 63-71

[260] Zhou X L, Kim E, Kim J W, et al. ReCon: A fast and reliable replica retrieval service for the data grid//Proceedings of the 6th International Symposium on Cluster Computing and the Grid (CCGrid'06). Piscataway: IEEE Press, 2006: 446-453

[261] Yang C T, Yang I H, Chen C H, et al. Implementation of a dynamic adjustment mechanism with efficient replica selection in data grid environment//Proceedings of the 21st ACM Symposium on Applied Computing (SAC'06). New York: ACM Press, 2006: 797-804

[262] Yang C T, Yang I H, Li K C, et al. A recursive-adjustment co-allocation scheme in data grid environments//Proceedings of the 6th International Conference on Algorithms and Architectures for Parallel Processing (ICA3PP'05). Berlin: Springer-Verlag, 2005: 40-49

[263] Ferdean C, Makpangou M. A scalable replica selection strategy based on flexible contracts //Proceedings of the 3rd IEEE Workshop on Internet Applications (WIAPP'03). Piscataway: IEEE Press, 2003: 95-99

[264] AL-Mistarihi H H E, Yong C H. On fairness, optimizing replica selection in data grids. IEEE Transactions on Parallel and Distributed Systems, 2009, 20(8): 1102-1111

[265] Buyya R. Economic-based Distributed Resource Management and Scheduling for Grid Computing. Melbourne: Monash University, 2002

[266] Venugopal S, Buyya R. A deadline and budget constrained scheduling algorithm for eScience application on data grids//Proceedings of the 6th International Conference on Algorithms and Architectures for Parallel Processing (ICA3PP'05). Berlin: Springer-Verlag, 2005: 60-72

[267] Azzedin F, Maheswaran M. Integrating trust into grid resource management systems// Proceedings of the 31st International Conference on Parallel Processing (ICPP'02). Piscataway: IEEE Press, 2002: 47-54

[268] Alunkal B K, Valjkovic I, Laszewski G V, et al. Reputation-based grid resource selection// Proceedings of the Workshop on Adaptive Grid Middleware (AGridM'03). Piscataway: IEEE Press, 2003: 28-35

[269] Sedrakiran A, Badia R M, Kielmann T, et al//Reliability and trust based workflows' job mapping on the grid. Technical Report CoreGRID-TR-0069. Barcelona: Polytechnic University of Catalonia, 2007

[270] Krishnamurthy S, Sanders W H, Cukier M. A dynamic replica selection algorithm for tolerating timing faults//Proceedings of the International Conference on Dependable Systems and Networks (DSN'01). Piscataway: IEEE Press, 2001: 107-116

[271] 熊润群, 罗军舟, 宋爱波, 等. 云计算环境下 QoS 偏好感知的副本选择策略. 通信学报, 2011, 32(7): 93-102

[272] Winston W L. Operations Research: Applications and Algorithms. California: Duxbury Press, 2003

[273] Mankiw N G. Principles of Economics. Boston: Thomson South-Western College Publishing, 2008

[274] Ranganathan K, Foster I. Decoupling computation and data scheduling in distributed data-intensive applications//Proceedings of the 11th IEEE Symposium on High Performance Distributed Computing (HPDC'02). Piscataway: IEEE Press, 2002: 352-358

[275] Yoon K, Hwang C L. Multiple Attribute Decision Making: Methods and Application. Berlin: Springer-Verlag, 1981

[276] Bell W H, Cameron D G, Capozza L, et al. Simulation of dynamic grid replication strategies in OptorSim//Proceedings of the 3rd International Workshop on Grid Computing (Grid'02). Piscataway: IEEE Press, 2002: 46-57

[277] Buyya R, Murshed M, Abramson D. A deadline and budget constrained cost-time optimization algorithm for scheduling task farming applications on global grids. CoRR cs. DC/0203020

[278] Buyya R, Abramson D, Venugopal S. The grid economy. Proceedings of the IEEE, 2005, 93(3): 698-714

[279] Google GAE Billing. http: //code. google. com/intl/en/appengine/docs/billing. html

[280] Amazon EC2 Pricing. http: //aws. amazon. com/ec2/pricing/

[281] Amazon S3 Pricing. http: //aws. amazon. com/s3/pricing/

[282] Park K, Kim G, Crovella M. On the relationship between file sizes, transport protocols, and self-similar network traffic//Proceedings of the 4th International Conference on Network Protocols (ICNP'96). Piscataway: IEEE Press, 1996: 171-180

[283] Winsborough W H, Seamons K E, Jones V E. Automated trust negotiation//Proceedings of the 1st DARPA Information Survivability Conference and Exposition (DISCEX'00). Piscataway: IEEE Press, 2000: 88-10